流水桃花满涧香

百年清泉学校的教育探索与思考

钟德强　主编

中国出版集团　现代出版社

图书在版编目（CIP）数据

流水桃花满涧香：百年清泉学校的教育探索与思考 /
钟德强主编. -- 北京：现代出版社，2024.4
ISBN 978-7-5231-0855-0

Ⅰ.①流… Ⅱ.①钟… Ⅲ.①中小学–办学经验–成
都 Ⅳ.①G637

中国国家版本馆CIP数据核字（2024）第080971号

主　　编　钟德强
责任编辑　袁　涛

出 版 人　乔先彪
出版发行　现代出版社
地　　址　北京市安定门外安华里504号
邮政编码　100011
电　　话　（010）64267325
传　　真　（010）64245264
网　　址　www.1980xd.com
印　　刷　成都现代印务有限公司
开　　本　787mm × 1092mm　1/16
印　　张　15
字　　数　290千字
版　　次　2024年5月第1版　2024年5月第1次印刷
书　　号　ISBN 978-7-5231-0855-0
定　　价　69.00元

有传承 有创新 多突破 实现发展
有理论 有实践 有效果 可做样板
—— 贺清泉学校"流水桃花满清兵"付梓

周小山

编委会

—— 序 ——

　　作为校长，我为能在这所百年老校的历史长河中留下足迹而感到自豪。作为校长，我深知我们所肩负的责任与使命。此刻，我站在历史的交汇点上，回顾着清泉学校的百年沧桑，感叹着这所百年老校在时代变迁中的坚韧与活力。这本书是我们名校建设的重要成果，记录了我们学校的教育探索与思考。正如书名所示，"流水桃花满涧香"，这所学校的历史和传统，像一条生机勃勃的溪流，灌溉着我们的未来。在此，我想借此序，与大家分享我们的故事。

　　2008年，三校合一的清泉学校陷入了困境。然而，在"以德治校，依法治校"的治校方略指引下，我们坚持下来。我们始终坚信，一所学校的灵魂在于其教育理念与管理体系。我们以民主法治的方式，实现了人文和谐。我们以无比的毅力和热情，使学校焕发出新的生机，蓬勃发展，充满活力。这个过程是艰难的，但结果是喜人的。这是我们的坚守，也是我们的荣誉。

　　"予人以星火者，必胸怀火炬。"在我心中，每一位清泉学校的老师都是一盏明灯，他们以自己的德才和热忱照亮了孩子们的前行之路。他们不仅有卓越的专业知识，更有无比的热情和对教育的执着。多位优秀教师的案例展示了我们的团队力量，正是这些默默无闻的园丁，用他们的辛勤耕耘，换来了满园春色。他们的故事和经历，是我们学校最宝贵的财富。他们胸怀火炬，照亮了清泉学校的未来。

　　在"泉文化"的浸润下，我们致力德育特色管理，努力构建"参与式德育"体系。我们坚持以德育人，德润心灵，博观约取，厚积薄发的理念，让学生"在体验中领悟，在领悟中习得"。我们希望每一个孩子都能在这片土地上茁壮成长，每一个从清泉学校走出去的孩子，都能带着这份独特的文化烙印，走向更广阔的世界。

新时代的教育实践要求我们不断探索与创新。我们深入推进课程建设和课堂改革，致力"体悟式教育"的探索与发展。植根于"泉文化"的校本课程建设为我们的教育注入了新的活力。"一驱四环三阶递进"高效课堂教学模式的构建，"一导三学"读本的编撰与使用，让我们的课堂更加生动，将课堂还给学生，让他们"在体验中学习，在学习中领悟"。在这个过程中，我们全面落实"五育并举"，认真贯彻"双减"政策，致力让每一个孩子都能在清泉学校找到属于自己的成长路径。

展望未来，我们将继续秉承"勤奋自强，厚德载物"的校训，以"泉源溃溃，汇流成英"为办学理念，在"水润万物，渐以成之"的教育理念引领下，追求"涓涓细流，润物无声"的教育境界。致力将清泉学校办成独具乡村风味的高品质九义名校，让山区孩子得以全面发展，共享优质教育。这既是我们的目标，更是我们的责任。

此刻的我，深深感谢各级领导和社会各界对清泉学校的关爱和支持，深深感谢曾经为清泉学校付出过辛勤努力的每一个人。这本书既是我们对过去一百多年的回顾，也是我们对未来的期许。我希望通过这本书，能让更多的人了解清泉学校的历史和文化，理解清泉学校的教育理念与办学特色。同时，也希望能吸引更多的人加入我们的行列，共同为清泉学校的未来而努力。

最后，我要说：让我们一起为清泉学校的未来而努力奋斗！让我们的学校如流水桃花般，满涧香远！让我们的教育如泉源溃溃，汇流成英！让我们一起书写清泉学校的下一个百年辉煌！

让我们一起走进《流水桃花满涧香》，感受这百年老校的独特魅力吧！

钟德强

2023年12月

—— 目 录 ——

第 *1* 篇　历史的回想

往何处去，首先要知道我们从哪里来。

第 2 篇　予人以星火者　必胸怀火炬

若待上林花似锦，出门俱是看花人。于学校而言，想把学生培养成什么样的人，那么教师就应该先成为什么样的人。

第 *3* 篇　推陈出新

人可变，路可延，校可迁。惟"居善地，心善渊，与善仁，言善信，正善治，事善能，动善时"之心不变。

第 4 篇　新时代的教育实践

学校的生存发展，不会有固定不变的先导模式；每一次变革，一切都是在寻求符合校情的蹚水而行。

第 *1* 篇

历史的回想

- -

往何处去，首先要知道我们从哪里来。

- -

＞＞＞

第一节　至今瑶华心　每想清水源

"明月松间照，清泉石上流。"

——【唐】王　维

在青白江区欧洲产业城旁，龙泉山城市森林公园南面，成南、成巴、成都二绕等多条高速公路形成的"钻石围合"中心，坐落着一所历史悠久，人杰地灵的学校——成都市青白江区清泉学校（以下简称为"清泉学校"）。学校周围青山绿水，遍植果蔬，一年四季郁郁葱葱，瓜果飘香。校园内，绿树浓荫，小桥流水，百余年来，孕育着独特而丰厚的校园文化。一路走来，清泉学校虽一直深居于乡野之所，却承载着百年教育变迁与历史，一直都在默默地谱写着许许多多美丽动人的故事。它的成长历程是一部乡村学校办学的百年教育史，绝非一帆风顺，更有许许多多的波澜起伏。历史的洪流滚滚向前，站在开创中华民族伟大复兴中国梦的时代潮流中，让我们一起去探秘它的前世今生共筑学校办学的未来蓝图。正所谓：往何处去，首先要知道我们从哪里来。

"落其实者思其树，饮其流者怀其源"，清泉学校历史源远流长，文化底蕴深厚，本固枝荣。经历了从萌芽到融合的两个重要阶段，这是清泉学校成长过程中不可或缺的一环。在这段不同凡响的发展历程中孕育了得天独厚的泉文化，它滋养着一代又一代奋力拼搏、力争上游的清泉学子。而且它的源泉活水永不枯竭，永远保持着青春活力，永远朝气蓬勃，欣欣向荣。让我们缓缓地循着这活水源头，追寻它的成长足迹。

一、萌芽：有本有源，流水潺潺

清泉学校是一所九年一贯制公办学校，它的前身是三所相互独立、各自发展的学校。在漫长的发展历程中，这三所学校犹如源头活水，它们带着自己经岁月沉淀下来的底色，在时光的某个交汇点相遇后，朝着共同的方向潺潺流淌，最终汇聚成了现在的清泉学校。从历史的角度，可以这样说：这三所学校就是现今的清泉学校的源流学校。

"源"：即开源、开始，亦即引源、源起。

"流"：即流动、传动，亦即移动、启承。

清泉学校的发展从这三所源流学校开始，它们都有着各自不平凡的发展历程，它们最初叫作五桂书院（1905）、金堂县云顶公社小学校（1963）和金堂县太平公社"五七"中学（1970）。

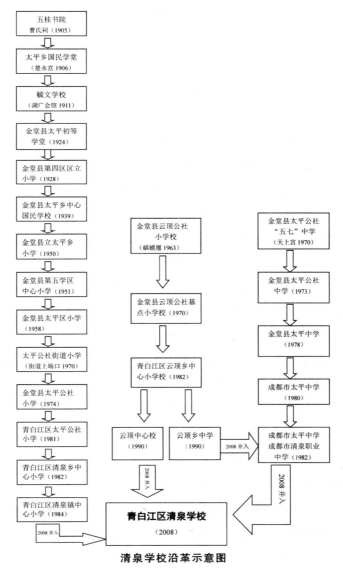

清泉学校沿革示意图

1. 从"五桂书院"到青白江区清泉镇中心小学校

从1905年的"五桂书院"到2008年的青白江区清泉镇中心小学校，这是三所源流学校当中历史最悠久，也是充满着希望与光明的一所学校，这所学校带着它深厚的历史记忆，拨开岁月的尘雾，迈着矫健的步子，缓缓地向我们走来。在这期间，由于历史和地域发展等多种因素的影响，学校曾几易其名，与此同时，学校的办学规模不断壮大，办学质量也在逐步提升。其发展主要经历了以下阶段：

第一阶段：清末民初和民国时期的太平乡小学校

第二阶段：新中国诞生后的太平区小学

第三阶段：划归青白江后的清泉中心小学

在这之中，有一些耀眼的名字，一些刻骨铭心的往事，被镌刻在了时光里。

（1）先贤王著卿：创办书院，别开生面

光绪三十一年（1905年）初一个阳光明媚的早晨，一切皆如往常的样子，鸟儿在树林深处舒展歌喉，一抹抹新绿绽放枝头，空气中弥漫着山乡独有的纯朴与清新，这对普通人来说是平凡的一天，然而却发生着不平凡的故事。

这一天，一位温文尔雅的先贤来到了镇上的太平曹氏祠。他在祠内进行了一番细致的考察后，觉得环境称心合意，就决定在此创办一座书院。其实，创办书院绝非心血来潮，他已酝酿良久，深思熟虑；选址在曹氏祠也并非偶然，一切都是适逢其时。他将自己创办的这座书院取名为"五桂书院"，至于为何要给自己的书院取这样一个名字，由于历史久远，相关资料稀缺，已不可考。

清泉镇上有一个桂花飘香的小村庄，正好也叫五桂村。那里山明水秀，蔓生蔬果，或许那位先贤正是出生于这个景色宜人的村子，想要将那山水灵气赋予这座亲手创办的书院。时光回溯到一百多年前的曹氏祠，或许我们能够看到一位文质彬彬的学者一袭长衫，月夜中挺立于一棵桂花树下，对着一树金黄凝神静思。抑或是一身笔挺的中山装，坐在办公桌前奋笔疾书。不论真相如何，那位一手创办了五桂书院的先贤无疑在清泉的整个教育史上留下了浓墨重彩的一笔。这位创办书院的先贤名字叫王著卿，虽然他的样貌已消失在历史的洪流之中，杳无踪影，但他的名字永远的留了下来，被清泉学子铭记于心。

五桂书院属于私塾书院，书院的规模比较有限。创办之初，所招收的学生只有十余名。虽然最初的规模比较有限，但是这座书院依然书声琅琅，在这琅琅的读书声中，这座私塾学堂内蕴含着的强大生命力正在时间的洪流中慢慢爆发出来，一所鸟语花香、令人神往的小学校正在襁褓之中慢慢成长。

1906年，五桂书院迁入太平永州会馆楚永宫，学校更名为"太平乡国民学堂"。

1911年，学校迁至湖广会馆侧，王著卿先生与饶先庸先生联合办学，学校更名为"毓文学校"。

（2）先贤张思林：投入巨资，鼎力兴学

由五桂书院始，清泉镇不仅有了自己的学堂，而且随着时间的推移，其办学规模越来越大，教学涵盖的范围越来越广，学习风气日开，大家的求学欲望日益高涨，教育之风盛行。但是这样一来，现有的规模已经完全不能满足学生入学的需要，这是个亟待解决的难题。1929年，一位叫张思林的先贤认识到了这一问题，便努力号召大家一起筹集资金，用于兴办学堂，以满足大家求学的需要。

为了实现自己的理想，他投入巨资，鼎力办学，振兴教育。经过一番深思熟虑后，他将学堂选址于福建会馆的天上宫（现清泉学校初中部），将此地改建成了学校。

他在学校的改建方面花费了诸多心思，下了很大功夫。首先，他把当时的两廊改建成了教室，分为楼上和楼下两层，一共六间，这样一来，可容纳学生数就增加了许多。除此之外，他还为教师们配备了专门的办公室，教师宿舍也逐渐发展完备，教学所需一应俱全。不仅如此，他还改变了校门旧观，改建后，拱形门洞上方"金堂县第四区区立小学"几个红色大字赫然在目。虽然他对原来的天上宫进行了诸多改造，但并不是一味地"否"掉，其中大殿内的几尊神像在改建过程中被保留了下来，直到多年后因历史原因，这几尊神像才被毁掉。

张思林先生自己出资鼎力办学，为本地教育事业发展做出了突出的贡献。1941年5月，时任校长黄德诚先生为了纪念张思林先生办学功绩和贡献，请人撰文刻碑，立于天上宫学校办公室门外。这座碑于1964年移作他用而毁弃，根据时任校长赖植先生和教育干事陈达泗先生回忆，又经多位年长教师核实，原文均为繁体字，隶书体，竖式排列，无标点符号。为便于阅读用横式排列，繁体字改为简化字，并且加注了标点，呈现如下：

张思林先生兴学纪念碑

先生讳维淦，字思林，乡之贤哲也。鉴于民风拥塞，教化未开，毓文学馆规模简陋，不足以适应日新月异之新风，学子就学难焉。乃与乡贤廖申五选原天上宫旧址，筹资二万余缗，鸠工庀材，兴修学校。旋因经费拮据，始商贾杨海峰、彭子健、钟粹文、饶俊德、孝东山诸君子，捐助余资。首倡兴学，先生之力尤多。越年余始藏事，学校规模具焉。今人游于学校，睹莘莘学子书声琅琅，生机盎然，犹觉先生之精神往来于其间也，而先生千古矣！

双江刘咸荣　撰文

邑人谢志国　敬书

中华民国三十年五月　立

（3）黄德诚校长：品学兼优，体恤师生

自张思林先生鼎力兴学之后，好几位校长也都在自己任职期间认真办学，勤勤恳恳，兢兢业业，真切解决实际问题，为这所小学赢得了一次又一次的发展机会。在1939年至1945年，由黄德诚担任校长，此时学校已经更名为"金堂县太平乡中心国民学校"。

黄德诚校长是一位地地道道的清泉人，他来自太平乡五桂村，生长于充满爱与温馨的黄家院子，并逐渐成长得出类拔萃。黄德诚校长在学生时代起就时常受到周围人的关注。他不仅在学习上天赋异禀，成绩优异，在班级里起到了模范带头作用，而且在为人处世方面也广受赞誉。他品格出众，待人和善，深得老师和同学的信任，因此与大家相处得十分融洽。品学兼优的他虽然广受世人赞誉，但是他并不恃才傲物，他一直秉持着虚怀若谷的胸怀，为人温恭自虚。

"没有理念，实践就会盲目"。黄德诚校长有着自己的一套教育理念，他一直崇尚孔子道德理论和儒家思想，提倡务实主义，重视为人师表，注重品德教育。"没有实践，理念就会空洞"。在任职期间，他也一直在坚守并且用自己的实际行动来践行着自己的这一份教育理念，最突出的体现在于他采用营造校园文化的方式来表达自己的理念：在校园里张贴标语，礼堂有礼堂铭，教室有教室铭，办公室有办公室铭，这些标语全都是四书五经里一些有关人格魅力和为人处世的名言佳句。除此之外，黄德诚校长还十分注重自己的行为风范，他身着长袍马褂，风度翩翩，保持着"坐如钟、站如松、行如风、卧如弓"的学者行为风范，对当时的校风校纪产生了很大的影响。他作风正派，师德高尚，廉洁奉公，深受广大教师和社会各界的敬重和爱戴。

黄德诚校长还关心教师疾苦，关怀学生成长，为太平地区的教育办了许多实事。当时正处于抗日战争时期，受时局的影响，教师们待遇菲薄，有的教师甚至

为了生计发愁，压力日增，对教育教学也产生了一定影响。黄德诚校长重视这一问题，他不仅保证了教师的收入兑现，还专为教师筹集一定数量的"尊师米"作为教师的伙食，帮教师解决了"老大难"。此举使教师们感到"久旱逢甘露"，教师们的现实问题得到了解决，终于可以专注于教学，这一举动也使他们对校长的为人更加地信任，因此极大地稳定了当时的教师队伍。除了教师的收入问题以外，黄德诚校长还经常关注家境贫苦学生，他甚至自己掏钱资助因家境困难不得已辍学的学生，让他们不至于过早地流入社会。除了正面资助，他还有一些巧妙的良策。当时的贫苦学生王声财就被他安置在了图书管理角担任课余的图书管理员，这样这名家境困难的学生就能够名正言顺地获得一些生活补助，解除了生活和学业的双重危机。

黄德诚校长不仅关心教师和学生的生活，他对教育也是致知笃行。在暑假期间，黄德诚校长义务为学生补课，帮助学生们重拾对学习的信心。在他崇高师德的影响下，学校在每年暑期都办有义务补习班，使老百姓的子女受到了良好的教育，让他们的生活增加了许多可能性。由于他一心扑在工作上，勤奋工作，潜心办学，这样长期操劳，导致积劳成疾，但是他仍然在工作，依旧坚守在自己的岗位上，让老师、学生和家长都心疼不已，并由衷地敬佩。到1945年，他重病缠身，体力无法支撑他继续工作，他这才委托教务主任赖植全权接管他原本的教务工作。后来，黄德诚校长在自己重病缠身之际仍临危受命，辛勤工作，日夜操劳，直到1949年秋病故。

黄德诚校长把自己毕生精力都奉献给了教育事业，也取得了辉煌的成绩，到1944年时，学校已经发展成了12个教学班，学生人数最多时达到了524人。在民不聊生、社会动荡的年代里，学校有这样的发展实属不易。黄德诚校长毕生的艰苦奋斗，终于结出了累累硕果。这位学识渊博、潜心办学、忘我工作、胸怀宽广、待人真诚的校长，以他自身的人格魅力受到上级领导的肯定和社会各界的赞誉，是清泉地区办学历史上一位深受人们敬重的好领导、好老师。

（4）陈思蓉校长：真抓实干，实现飞跃

1981年，因行政区域规划变更，"金堂县太平公社小学"更名为"成都市青白江区太平公社小学"。1984年，清泉乡改清泉镇，学校又因此更名为"青白江区清泉镇中心小学"。这个阶段学校规模不断扩大，办学条件也逐步改善。

1982年，区教育局调陈思蓉到学校担任校长并主持学校工作。他到任之后，根据农村学校现状和当地的实际情况，有建设性地开展着自己的工作。陈思蓉校长非常重视工作氛围的营造，极力维系一种良好的工作关系，因此，他常常同教师们开展座谈，并根据座谈情况开展相应的工作，协调新型的上下级关系，正确处理同事间的工作关系。同时，他还深入教学一线，到班上听课，希望为教师们提供更多有效的帮助，解决学校存在的实际问题。

陈思蓉校长任职期间，领导班子团结协作，学校管理科学规范，教育理念不断更新，师资建设不断加强，教学质量节节攀升。在普及初等教育后，为了进一步提高教育教学质量，在反复商量研究和广泛征求意见的基础之上，学校一致确定改革那些不适应提高农村教育教学质量管理的措施：

①修改民师劳动报酬的计算方式。

②建立适度的教师奖惩机制。

③改进村小管理体制。

④提高教师业务水平。

⑤请进来，走出去。

⑥扎实开展教学研究活动。

由于学校办学条件的改善，教育教学质量的大幅度提升，学校的名声在青白江区及周边市县大振，前来参观学习的省内外代表团络绎不绝，清泉小学门庭若市。至1999年，学校"普初"和"普实""普九""双基"等工作都高标准合格，真正实现了飞跃式发展，一展这所乡村学校的雄风。对于清泉小学当时的发展盛况，陈思蓉校长后来回忆道：

一提起清泉，令人思绪万千、魂牵梦萦，眼前浮现出一幕幕令人难忘的感人场景。记得那时全校有公民办教师220多人，其中，民师150至160多人，全校师生一般都超过5000人，最多达到5500余人。清泉小学在短短的几年内，教育教学质量在全区二十七八所学校排名中跃居前三名，且保持了很多年，超越当时的华严、弥牟、城厢南街学校，多次被区教育局或区政府评为一等奖。真是一年跨越一大步，一年一个新飞跃。我想：如果没有乡党委政府的倾心重视，没有前任垫底铺路，没有全体教师的敬业奉献，清泉小学就不可能有那么快速地腾飞和辉煌的过去。

此时的清泉小学，依山傍水、空气清新、环境幽静。校内设置有若干小景点："勤奋学习"的雕塑在写有邓小平同志"三个面向"题词的屏风下熠熠生辉；高大的雪松和整齐的塔柏在花草和建筑的掩映下显得更加苍翠；古老的黄葛树散发出青春的迷人风采；操场的堡坎上镌刻着象征活力与健硕的运动简图；各式花台、花坛共10余个，其间种植有月季、玫瑰、宝株香、茶花、牡丹、芍药、月月红、虞美人、菊花、紫罗兰、金边莲、海棠、罗汉松等40余种花草树木，使得本就幽静的校园更加优美和谐，清泉小学成为少年儿童发展自己的青春个性和健康快乐成长的重要场所。

2. 从金堂县太平公社"五七"中学到太平中学/清泉职业中学

成都市太平中学位于青白江区清泉镇的东北隅，倚傍着景色宜人的桃花山，被起伏的深丘拥在怀中。出校门，直通纵横的公路网点；右行可登风景秀丽、古木参天的云顶山慈云寺览胜探幽；左往能入历史久远的东山首场——廖家场，饱览乡村场镇风情。西湖塘河与廖家山小溪流经校园汇合，合二为一，沿操场，经教学大楼，顺着教师宿舍向东北方向流去。河内鹅鸭戏游，河边竹木参差，花草丛生。校内房舍纵横交错、树木遮阴蔽日，鸟语花香，穿舍绕梁，别有洞天。这所学校历经38年，几经校名变更和办学形式的改变：普通初中、高完中、普高与职高融合一体的多种办学形式。

（1）始建金堂县太平公社"五七"中学

学校初名为"金堂县太平公社'五七'中学"，它始建于1970年，自出生起就经受着重重的考验，但是在发展过程中，它一路"过五关，斩六将"，在全校师生的共同努力下，茁壮成长起来。当时，学校遵循国家"教育必须为无产阶级政治服务，必须与生产劳动相结合""应该使受教育者在德育、智育、体育几方面都得到发展，成为有社会主义觉悟有文化的劳动者"教育方针，团结一心坚定不移地克服各种艰难条件，使学校办学取得了较好的成绩。时任教师刘德燧老师如是回忆道：

我是1972年1月调到太平中学任教的，当时在太平中学从事初、高中语文教学13年半。那时太平中学是一所初高中和职业教育混合的完全中学，学校办学条件相对落后，但学校有一批年富力强、忠于职守、爱岗敬业的教师。那时的学生吃苦耐劳，学习积极性极高，刻苦钻研的劲头十足。回忆起昔日的情景，脑海里闪现出一幕幕感人的画面。

（2）一校两牌，普职并行

"山重水复疑无路，柳暗花明又一村。"1980年，学校更名为成都市太平中学，并开始了它新的旅程，旅程中风光旖旎，硕果累累。1982年，学校实行"一套班子，两个牌子"，普通高中（成都市太平中学）和职业中学（成都市清泉职业中学）并行发展。

校训

求实　奋进　尊师　守纪

1995年，清泉镇已经基本普及九年义务教育，此后，为了巩固"普九"成果，提高教育教学质量，学校加强了教师的"两个素质"工作，强化"能者上，庸者下""不爱岗就下岗""不敬业就失业"的观念，增强教工的紧迫感、责任感，提高敬业爱岗意识。在这一期间，学校开展了许多有计划、有组织、有安排的培训活动，有效地提高了教师的思想道德水平和文化业务水平，专任教师学历达标率达到了100%。1995年至1999年，学校教师共有12节课获得区级优质课奖，有6位教师被评为区级优秀青年教师。与学校成长相应的，一支相对稳定、生龙活虎、德才兼备的年轻教师队伍也正在茁壮成长。

在学校不断成长的过程中，学校还合并了原云顶中心校。云顶中心校的全称是金堂县云顶公社小学校，学校位于云顶乡，那里景色秀丽，物产丰富，气候宜人，乡风淳朴，人民纯洁善良。这座美丽的学校就在这样得天独厚的环境中孕育而生了。后来，受到特殊历史原因的影响，这所小学校内又开设了初中班，当时人们称之为"戴帽初中"。1990年，原"戴帽初中"分离出来，组建成云顶乡级中学。2003年9月，云顶中学合并到了太平中学。

（3）初创九年一贯制学校

2008年，原成都市太平中学与成都市青白江区清泉镇中心小学、成都市青白江区云顶乡中心小学三校合并为一所九年一贯制学校，即现在的清泉学校。合校中，原有的职业技术教育也从太平中学中剥离出来，纳入成都市技师学院（清泉校区），开始了它自己的发展历程。

至2008年，清泉学校正式成立，同时也开启了一段新的光辉历程。

二、融合：泉水溃溃，同源共流

潺潺流水，汇聚成河。清泉镇因泉而得名，加之校内泉源丰富，故将合并后的学校命名为"成都市青白江区清泉学校"。清泉学校的校徽和吉祥物均与水、与泉有不可分割的联系。

| 2023年之前的校徽设计 | 2023年的校徽设计 | 清泉学校吉祥物 |

现在的清泉学校，环境优美，独具乡村风韵，有着如诗如画般的自然景观。四周青山环抱，园内古木参天。高架桥悬挂东方，古场镇坐落西面。楼前绿荫掩映，河畔鸟语花香。画栏小桥流水潺潺，泉眼无声喷涌汩汩。百余年风雨岁月，积淀了丰厚的文化底蕴。校园内的"凉水井"，千百年来喷涌不息。她是泉之源，就像甘甜的乳汁哺育和滋养了一代又一代师生，她是力量的源泉，她胸怀博大、慈祥仁爱，勤奋自强，默默奉献。清泉学校，泉之教育！这是一个上善若水、开启智慧的人文之地！在这样幽静而儒雅的环境中，清泉学校屡创佳绩。

1. 党政搭台，工会唱戏

莫学蜘蛛各结网，要学蜜蜂共酿蜜。

（1）党政工团结协作

以人为本，关注民生，是构筑和谐校园的根本。2009年，青白江区教育局任命彭兴德同志为清泉学校校长、党支部书记。面对新校成立和进一步打开学校办学局面的若干问题，新一届党支部成立后，党支部书记彭兴德带领支部委员、广大党员积极开展社会主义核心价值观学习活动和党的群众路线教育实践活动，教育党员干部要清正廉洁，勤奋敬业，保持了党组织的纯洁性和先进性。学校从合校以来，一直高度重视关心教职工的工作和生活。党、政、工三套马车团结协作，齐头并进，学校先后获得多项荣誉和奖项，办学效果得到了社会的一致好评。

彭兴德校长在中国台湾学习

彭兴德，男，汉族，四川省成都市青白江区清泉镇人，中共党员，大学本科学历，中学高级教师。曾任福洪中学、龙王中学教导主任、副校长，日新中学、祥福中学校长、党支部书记，2009年9月起任清泉学校校长、党支部书记。

彭校长带领全体教师开拓创新、锐意进取，在短短两三年里，把一所被人称为薄弱学校的清泉学校建设成为领导班子团结、教师锐意进取、教学质量优良、校园环境优美的成都市首批新优质学校和青白江区的窗口学校，受到了教育部、省、市、区领导肯定和省内外教育专家的高度关注。几年来，到学校来参观并向他取经的省内外同行络绎不绝，学校常常门庭若市。

（2）首倡校务公开

校务公开是民主办学的具体体现，更是反腐倡廉的有效保障。为此，学校成立了以党支部书记、校长为组长的校务公开工作领导小组和由工会主席任组长的校务公开监督小组。领导小组下设办公室和经审领导小组，负责校务公开具体工作的实施，形成了主要领导负责，层层抓落实的领导机制和广大教职工积极参与的工作机制。在公开途径和方式上主要有通过直接参与、设立公开专栏、会议通报、召开教代会、公示公告、广播、短信、网络平台等，形成了决策民主化，办事制度化，结果公开化，并且向二级（校园区）三级（班级）延伸的校务公开良好格局，2013年9月被市总工会评为"校务公开先进集体"。

2. 泉韵浸染，法治携行

在清泉学校《三年发展规划（2019年1月—2021年12月）》中为学校的发展制定了这样的总目标：全面贯彻党和国家的教育方针，逐步将学校办成一所以"泉文化、德教育"为内涵的独具乡村风韵的品质品位特色学校，为区域内的两类高中输送德智体美劳全面发展的优秀生源。

古人云："近朱者赤，近墨者黑。"校园文化是一种氛围，更是一种精神。有位哲人也曾说过："对学生真正有价值的东西，是他周围的环境。"学校的校容校貌，表现出一个学校整体精神的价值取向，是具有强大功能的教育资源。

自2008年合校以来，学校高度重视校园文化建设，逐渐形成了以"泉文化、德教育"为核心的文化价值体系，学校确立了"以德治校，依法治校"的治校方略，以"以德育人，立德树人"为办学理念，以"面向全体和谐发展"为办学思想，以"健全制度，创新机制"为办学方法，在不到三年的时间里，将一所乡村薄弱学校提升为一所校风、教风、班风、学风优良，教育教学质量稳步提高的优质学校。学校校园文化的确立极大地提升了学校的文化品位，对教师人格魅力和学生品性的形成具有渗透性、持久性和选择性，对于提高师生人文道德素养，拓宽视野、开拓创新具有深远意义。

2011年春，在彭兴德校长的主持和策划下，学校充分挖掘了"泉文化"内涵，巧妙地与学校教育融合，精心打造了清泉学校的泉文化景观。其中包括清泉源、慧潭、灵溪、太极池、濯池和泉石。为此，彭校长特赋诗一首：

　　　桃花山下凉水泉，

　　　奔涌不息千百年。

　　　立德树人增智慧，

　　　清泉学子尚良贤。

清泉学校校园环境，特别是经过精心打造后的校园环境，和谐优美，很适合读书学习。清泉学校初2011级学生郑欣就有感而发：

　　我第一次走进学校的大门，就被它的美深深吸引。古木参天，鸟语花香，小桥、流水……这真是一个读书学习的好地方。

清泉学校不仅校园环境优美，而且校园的文化建设也取得了很好的成绩。关于学校的法治建设，清泉学校小2008级学生王博不禁感叹：

　　清泉学校是一所名副其实的法治学校。在学校里处处可见法，人人都守法。我们学校最具特色的莫过于法制广场了，是一个学习法律常识的好去处。老师们和蔼可亲，对我们谆谆教诲，把我们这些祖国的花朵浇灌得更加绚丽多彩！

学校校园文化的建设不仅让学生如沐春风，也得到了家长的一致肯定和赞许。初2012级一位学生的家长这样评价清泉学校：

　　一走进环境优美的清泉学校，我就感受到浓浓的法制教育氛围，这是一所名副其实的"依法治校示范校"。在这里，我的孩子受到了很好的法制熏陶，他很有礼貌，很有孝心，也很遵守学校的纪律。老师对他的生活关怀备至，对他的学习要求很严格，孩子也非常喜欢他的老师。我们当家长的把孩子送到这样的学校学习，特别放心。

经过多年的实践，学校逐步树立起"泉文化、德教育"的文化育人功能，教育教学质量节节攀升。党政搭台，工会唱戏，泉韵浸染，法治携行。清泉学校在这样的校园文化氛围熏陶之中逐渐成长起来，成为一所学生、教师和家长心向往之的书香圣地。

第二节　乘风破浪　激越清泉之源

> "长风破浪会有时，直挂云帆济沧海。"
>
> ——【唐】李　白

林木浓荫，鸟语泉韵，小桥流水，这座有"园林式单位"之称的清泉学校，现有小学部和初中部两个校区，在校师生3000余人，三校合一的清泉学校在发展的道路上并不是一帆风顺的，但取得的成就是有目共睹的。

一、知不足而奋进，扬优势而笃行

清泉学校认真贯彻落实国务院《关于基础教育课程改革与发展的决定》精神，提出了一系列学校教育教学改革目标、任务和要求，结合学校的实际，围绕学校办学理念和发展规划，以课程建设为核心，更新教育观念，优化教育资源，提升学校文化品位，整体提高了学校的教育教学质量。

1. 发扬特色寻出路

通过多年的教育教学改革实践，学校初步建构起了以"涓涓细流，润物无声""自强不息，勤奋奉献"的泉文化属性为核心的文化理念系统，契合了学校的地理属性与办学理念，形成独特亮点。

学校坚持开展法治教育，初步建构了法治特色课程体系，并按照学校体悟式教育的基本主张开设模拟法庭，开辟法制教育场域，取得了比较好的成效，并在该领域产生了一定的影响力。

学校在教学管理上始终坚持"常规为本，落实取胜"的策略，认真落实教学"八认真"工作，严格评价考核，教学管理努力做到规范、精细，并实行家长督导制度，促进了管理和教学质量的提升。

2. 直面不足找差距

清泉学校在发展过程中也会遇到瓶颈期，面临着一些挑战和困难。首先是学校"泉文化"内涵挖掘不足，无论是体现泉文化的景观设计，还是学校的文化符号、标志及标语口号、文化理念系统等，其间的逻辑关系、与泉文化的联系等都不是很清晰，比较杂糅，不能很好地凸显学校的办学理念。其次是学校师资队伍建设不足，多年来，学校一直严重缺编。编外教师人数较多，这部分教师虽然也很努力，但由于临聘教师的不稳定性，教学质量受到比较大的影响，学校还缺少有影响力的名师来支撑学校的名校建设，教师的专业素养还需进一步提高。

学校的基础建设、硬件设施设备陈旧，不能很好地满足教育教学需求，小学部教学楼年久失修，初中部学生寝室的门窗、墙壁等已很破旧，住宿条件亟须改善；初中部没有图书馆，仅有的阅览室面积仅80余平方米，数字化实验室实验设备陈旧。理化生实验室桌凳也很陈旧，多功能厅面积不足，等等。这些都是学校所面临的亟待解决的问题。

另外，清泉学校跟其他九年一贯制学校不一样的地方就是校区分散，在管理上存在难度，加之行政人员偏少，管理力量稍显不足，这导致学校管理较为粗放，不够精细。即使目前困难重重，清泉学校的师生对清泉学校未来发展也是充满信心的，有老师笑着说过一句话："越是困难，我们越要努力，知不足而奋进嘛。"

3. 乘风奋进迎难上

当然，困难和挑战也伴随机遇的到来，随着国家三部委发布《关于深入推进义务教育薄弱环节改善与能力提升工作的意见》，文件指出："鼓励各地建设九年一贯制学校。"这无疑是学校发展的大好机遇。同时，区委区政府对教育高度重视，大力推进一流教育强区建设，以及区教育局党组即将实施的关于提高农村学校教育质量的一系列重大举措，乡村学校有望各方面得到更大扶持。

区委区政府提出的"一港引领、双核共兴、四片协同"空间发展布局，清泉学校地处作为双核之一的"欧洲产业城"，提升了学校区位优势，有利于吸引或稳定师资。区教育局党组继续推进教师"区管校聘"管理改革，缺编问题有望逐步得到改善。目前，学校已建立起一套科学合理、高效规范、职责明晰、公平公正、奖惩适度、调节有力的管理运作机制，校园人文和谐，教师规则意识强、吃苦耐劳、工作积极、勤奋敬业。学校行政班子勤勉团结，执行力强，协调配合服务意识强。班子及教师队伍有强烈的进一步发展学校的内驱力，对学校近几年来的进步有较高的认同度，教师团队对学校的管理给予了充分的肯定。

学校建立和完善了德育工作机制，班主任队伍健全，德育管理规范，学生行为习惯养成教育成效显著，学生文明有礼、勤学上进。课程建设、课堂改革已有一定基础；学校教学常规管理到位，建立了比较完整的常规管理制度，教育教学秩序良好，常规工作运作规范。学校目前推行的教师"双向竞聘""教学免检"等机制，都有利于教师专业发展。另外，学校确立了以"泉文化"为核心的价值追求，初步构建起了学校核心文化价值体系，"泉文化、德教育"核心文化基本形成。

学校将法治教育作为学校的特色。学校坚持依法治校，组织机构健全，充分发挥教代会参政、议政的作用，干群之间、教师之间、师生之间及家校之间比较和谐，各内设部门执行力较强，管理规范有序，效率高。这突出了"民主法治"这一办学特色，取得了比较显著的成效，在一定范围内有较大的影响力，提高了学校的知名度。

4. 道阻且长绽光芒

虽说学校的发展之路困难重重，但正是这种压力，点燃了我们前行的动力。如同羽翼在逆风中翱翔，学校在挑战中成长。每一次困境都是我们蜕变的契机，每一次压力都是我们前进的力量。在艰难中披荆斩棘，我们迎难而上。因为，唯有直面困难，我们才能看到更广阔的天空；唯有感受压力，我们才能展翅翱翔。我们相信，学校在压力和困难中成长，必将绽放出更加绚丽的光芒。

二、以泉源而育人，润英才以明德

1. 泉之源

清泉学校位于成都东部龙泉山脉之下，校园内有泉源——凉水井，泉水汩汩而出汇流成溪，故而得名清泉。建校一百余年来，清泉学校正如其名，如一泓清泉滋养着学校，滋润着师生的心灵，陶冶着师生的情操。水的品质给人以智慧和启迪："上善若水，水善利万物而不争，处众人之所恶，故几于道。""天下之至柔，驰骋天下之至坚。""智者乐水"，体现了一种智慧与求知精神；"水滴石穿"，体现了一种以柔克刚的坚定精神；"海纳百川"正是学校教育的包容精神；"一碗水端平"体现了教育的公平精神，以及学校管理崇尚法治的精神；"泉源溃溃，汇流成英"是学校的办学理念。

2. 荟英才

"涓涓细流，润物无声。"清泉学校如同一道清泉，孕育着无尽的智慧与知识。在这清泉之中，我们注重培养学生的道德修养，以明德为基石。因为只有拥有高尚的品德，学生才能成为德行兼备、秉持正义和善良的人。同时，学校也是培养英才的摇篮，为学生提供了成长的土壤。在这沃土里，我们注重激发学生成长的潜能，培养他们的才能和技能。我们注重学科知识的传授，提供全面的学习资源。我们也注重培养学生的创新能力、领导才干和团队合作能力，让他们在实践中展现自己的才能，"以泉源而育人，润英才以明德"，我们相信，只有培养学生的良好品德，才能使他们成为具有高尚情操和正确价值观的英才。让学生在学校里感受到温暖和关怀，让他们树立起正确的人生观和价值观。让每一个学子都能成长为既有知识才干，又有高尚道德的人。

三、勤奋自强以修身，厚德载物以立世

校训是一种精神，一种追求，一种理念。"勤奋自强，厚德载物"，这一校训正是清泉学校在办学历程中历史沉淀和思想升华的结晶。

1. "勤奋自强"

勤奋自强者，会持续不断提高自己的能力和素质，追求进步和成功。"穷且益坚，不坠青云之志"，他们还具有坚韧不拔的意志和勇往直前的乐观精神。清泉学子时时刻刻将此信念铭记于心。"书山有路勤为径，学海无涯苦作舟"，他们勤勉求学，自强不息，乐观自信，茁壮成长。看，操场上，一个个清泉学子欢快奔跑，朝气蓬勃；听，楼道里，一阵阵琅琅书声，萦绕耳际；瞧，教室里，一张张专注的脸庞，求知若渴。勤奋自强和泉水"泉源溃溃，不释昼夜"的深沉内涵相映照，彰显了学校"泉文化"的核心要义。正是——少年策马奋蹄疾，不负时代壮我行。

2. "厚德载物"

"厚德载物"乃待人处事的道德准则。厚德，方能载物；人品，可立一世。宽容善良、诚实正义、包容关爱的美德和胸怀，是清泉学校的办学初心和精神追求。为师者，"学为人师，行为世范"，要以崇高的道德、博大精深的学识培育学生成人成才；求学者，"博学明辨，慎思笃行"，要养成良好的道德品行，学好文化知

识，修身正己，投身社会，成就精彩。

3．"勤奋自强，厚德载物"

"勤奋自强，厚德载物"的校训集中体现了学校"泉文化、德教育"的价值追求。怎样来增厚美德，容载万物呢？途径只有一个——勤奋自强。"勤奋自强"与"厚德载物"相辅相成，相互依存。只有在坚持奋斗，学有所成的基础上才能更好地立足于世，服务社会。"勤奋自强，厚德载物"是一种高尚的人生态度和行为准则，更是清泉学校的精神之魂。

四、百舸争流立特色，奋楫前行创"体悟"

在当下课改内容百花齐放之时，清泉学校始终认为：教育的目的，是让学生们的心灵散发生命的芬芳。学校在遵循教育发展规律和学生身心成长规律的基础上，结合我校校情和学情，进一步对"泉文化"进行深度挖掘，创造性地提出"体悟式教育"。

1．"体悟式教育"的提出

"润物无声"是泉的本质特性，用之于教育，即教育的一种境界，有如泉水一样"泉源溃溃""涓涓细流"，潜移默化地滋养着学生的心灵，"求知、求真、向善、向上、尚美"的种子才能扎根发芽。要实现这种教育境界，一个基本途径就是让学生"在体验中学习，在学习中领悟，在领悟中升华"，将学科知识和做人的真谛和谐相融。

2．"体悟式教育"的内核

"体悟式教育"，旨在回归教育的本真。教育的本真在于学生的自我发现、自我反思、自主领悟和自我价值的实现。"体悟式教育"着重培养学生四个方面的品质：会体验、善领悟、重坚持、净心灵。"体验"即用身去体察、体会，是学习的手段、途径和方法，强调体验性与探究性，以实现体验的丰富性。"领悟"即指在体验过程中有所感受、有所顿悟，力求灵犀深刻。在一堂别具特色的小学《道德与法治》课堂上，老师带着孩子们体验不同的生活情景，并将教材内容融入生活实际中，课程设计极其注重学生的真实体验，让学生从生活中学习，从情景中领悟，最终将课本所学转化为生活经验。总的来说，清泉学校"体悟式教育"培养的是感知力强，情感丰富，观察敏锐，善于学习，奋发图强的国之英才。

　　如今，课堂教学改革遍地开花，树立特色教育品牌迫在眉睫。清泉学校始终认为，推进课改应坚持以学生生命发展特性为主，秉承"以生为本，生生不息"的理念，按照"高位求进、树区域品牌"的发展定位，通过专家团队的引领，力争将清泉学校办成一所以"泉文化、德教育"为内涵的独具乡村风韵的品质品位特色学校，成为区内领先、全市知名、全省有一定影响力的农村九义名校。

第三节　依法治校　清泉学校焕发勃勃生机

"人能胜乎天者，法也。法大行，则是为公是，非为公非。"

——【唐】刘禹锡

法，在人们的生活中扮演着极其重要的角色。梁启超曾言："法者，天下之公器也。"学校作为具有公共管理职能的社会组织，必须以法为圭臬。清泉学校坚持"依法治校、以德治校"，学校期待"石以砥焉，化钝为利；法以砥焉，化愚为智"。清泉学校一直铭记着，往事堪堪亦澜澜，前路漫漫亦灿灿。

一、困：于泥淖中仰望星空

黑沉沉的泥巴路，仿佛是一条漫长婀娜的蛇，阻碍着清泉学校前行的步伐。这一天我们开始仰望星空，欣喜地发现，星并不远，梦并不远，只要我们踮起脚尖，开始改变。

作为整合后的九年一贯制学校，我们面临着诸多新问题，尤其在学校管理上具有一定的特殊性和复杂性，使清泉学校犹如在泥淖中苦苦挣扎！

1. 多校合并造成管理缺失

合并之初，学校设初中、小学、幼儿园三个教学部，共有7个教学点，近70个教学班。在校学生3600余人，在岗教职工230余人。合并前后的一段时期，由于制度缺位、落实不力，致使学校办学一度陷入困境：管理混乱，干群关系紧张，教职工上访络绎不绝……严重影响了学校教育教学工作的正常开展。

2. 体制不健全导致民主缺失

传统的"人治"观念根深蒂固，学校缺乏有效的民主管理机制。由于民主机制的缺乏，教师参与学校民主管理的机会很少。教师作为学校的重要组成群体尚且没有"参与权""发言权"，那么，学生、家长和社区对学校的管理参与度就更低了，甚至可以说基本没有参与，这就导致了师生民主意识的缺失。这种"家长制"的管理机制限制了师生民主意识的觉醒，阻碍了学校民主制度的发展。

3. 九年一贯制学校管理经验不足

合校之后，学校成为九年一贯制学校，办学模式改变了，办学规模也扩大了。由于学校年级跨度大，教师来自不同的校区，导致管理难度加大。并且经济待遇、考核标准、人事编制等问题也给教师管理带来相当的难度，原来的管理体系不再适用，学校急需在原有管理体系的基础上进行大胆的改革创新，探索出一套新的管理体系，以适应新的办学模式。

4. 教学质量严重下滑

教学是学校的中心工作，教学质量是学校的生命线。由于缺乏系统的教育教学管理机制和激励机制，教师工作普遍不在状态，导致教师缺乏竞争意识，干好干坏一个样，得过且过，上进心缺失，严重影响了教育教学质量，教学成绩一度呈下滑态势，多个年级多个学科在全区排名中靠后甚至垫底。

我们困于泥沼中，困于黑暗里，但是只有在黑夜里选择坚持不懈，才能迎来属于自己的黎明曙光。

二、破：披荆斩棘济沧海

面对困局，学校管理者思考着：为什么会这样？如何破解难题？学校如何发展？学校的未来在哪里？这是黎明前的黑暗，但是学校既不敢也不能闭眼，因为不敢直视黑暗的人，也看不到明天的第一缕光明。

1. 无规矩不成方圆

"离娄之明，公输子之巧，不以规矩，不能成方圆。"新一届的学校领导班子积极开展调研，寻找破解之法。一次，大家看见打麻将的人酣战甚欢，彭兴德校长感慨地对大家说："你看他们既有序又舒心，为什么能这样？那是因为在游戏前大家就定好了规则，都在按规则'出牌'，其实我们的学校就是需要建立这样的规则！"

2. 破除旧规迎新生

经过广泛交流研讨，新一届领导班子逐步形成了共识：现代学校管理，强调科学管理和科学精神，注重管理内容、管理程序、管理方式的科学化；强调民主管理，注重以人为本，充分调动广大教职工参与学校管理的积极性、主动性；强调管理的公平、公正与效率，注重向管理要质量，向管理要效益。所有这些，离不开管理工作的科学化、规范化、制度化，都需要依法来推动和保障。

依法治校不是约束，而是解放，它督促学校以法律的眼光审视办学，以科学的要求规范办学，以民主开放的过程保障办学，以公平正义的原则指导办学，而这正是清泉学校走上健康快速发展，更加民主、法治、和谐的必由之路。从此，清泉学校确立了依法治校理念，找到了破解学校发展困局的有效办法。

不破不立，破而后立。凤凰命将绝灭时，浴火而得重生；鹰乃天空的至兽，年过二十，嘴骨因弯曲过深，而无法进食，必须磨掉原来的利器，忍受三月的痛苦，才得来生命的延续。彭校长就是用"麻将原理"将清泉学校带上了依法治校的改革之路，破除旧规，学校迎来了新生。

三、立：轻舟已过万重山

"不破不立，破而后立，大破大立，晓喻新生。"李嘉诚说过："鸡蛋，从内打破是生命，从外打破是食物。"若是靠自己的力量奋力挣扎，承受痛苦磨炼，那才能经得起风吹雨打。

破而后立，是苏轼仕途失意却仍有"西北望，射天狼"的豪情；是李白怀才不遇却仍坚信"长风破浪会有时，直挂云帆济沧海"的壮志；是王安石"不畏浮云遮望眼，只缘身在最高层"的迎难直上。

破而后立，也是清泉学校确立了依法治校的理念后，迅速推进依法治校步伐，使学校的管理脱胎换骨，学校面貌发生了巨大的变化。

就像学校领导在学校行政会上强调：我们建立的制度既要符合法律法规，又要符合学校实际，制度的建立不是为了限制师生，而是为了更好地保障他们的权益，我们一定要了解师生心里是怎么想的，他们需要什么，他们目前缺少什么？通过我们的制度建设，我们的学生能得到什么？只有搞清楚了这些问题，我们建立的制度才有群众基础，法治才能赢得尊重、取得实效。因此，我们的调研必须深入群众，从群众中来，到群众中去。

因此学校利用教代会、职工大会、教研组活动、支部活动、班队活动等方式，组织广大师生积极开展讨论，而讨论的过程就是各种思想相互碰撞的过程，只要有改革就会有阻力，任何一项制度的确定都难免会让一小部分人感到不适应，甚至产生抵触的情绪，一部分平时自由散漫惯了的老师开始私下里对学校制度建设进行抨击：

"学校不是监狱，老师又不是犯人，为什么要建立那么多的制度?"

"学校的这些制度就是不想让老师过好日子，想方设法'整'老师。"

"这些制度，就只会约束老师，又管不了学校当官的。"

面对这些不和谐意见，学校领导班子并没有泄气，因为这些思想在教师群体中确实存在，他们提出的想法既体现了教师对学校制度建设的关注，同时也反映出以前学校管理中存在的一些真实问题。这是好事，关键是看如何利用好这些"不和谐"的言论谋求学校发展。彭校长将这些言论在全体职工大会上做了宣读，同时还表扬了这部分教师对学校工作的关心，并将学校法治理念和老师一起做了探讨，尤其是在提到以前学校管理混乱，学校教师能力得不到发展，利益得不到保障，在全区造成极其恶劣影响时，在很多教师心中引起了极大共鸣。彭校长还将教师对制度建设的顾虑一一做了解答，表示学校领导班子要身先士卒，率先垂范，自觉接受教师们的监督，全体教职工永远是学校的主人。

首先学校着力于培养师生民主法治思维，让"按规矩办事""民主、和谐、公平、公正"的理念成为一种自觉。我国有着两千多年的封建人治传统，在国家法治建设取得巨大进步的同时，仍然存在诸多的问题，最突出的就是人们法律意识淡薄。体现在学校中，制度缺失，观念陈旧，即使有制度，也是一种虚设，没有得到有效落实。在依法治校的过程中，最大的阻力就是"人情"关。"规矩"可能在"人情"和"面子"前大打折扣，从而使"制度"失去公正与公平的原则。所以，管理者必须敢于打破"人治"局面，以"法治"来破除人情关系的阻力，一切按规矩办事，才能在管理中实现公正和公平。这就需要学校通过多种形式的学习和培训来提高师生的法治思维，唤醒他们沉睡的民主法治意识。然后通过民主法治建设，促进师生成长和发展。教育教学是学校一切工作的核心，开展依法治校实践构建民主管理制度体系的最终目的，是为学生的成长和发展奠基。以民主法治为依托，我们构建民主管理机制，培养师生民主意识；我们创新德育管理，培养新时代社会主义建设者；我们深化教学改革，培养学生核心素养，为终身学习奠基。

多年来，在依法治校这一办学理念指引下，学校在广泛民主的基础上，通过教代会、行政扩大会等建立健全了一系列制度体系。譬如工作质量考核激励体系、各种安全预案体系、目标管理责任奖惩体系……这些制度体系的建立，从各个方面保障了学校健康、科学的良性发展，推动了学校法治化进程。

学校民主法治建设的探索实践取得了显著成效：实现了学校人文和谐、教职工勤奋敬业、学生上进进取，教风、学风、班风、校风优良，教育教学质量稳步提高，在较短的时间里，学校由一所薄弱的乡村学校成长为成都市首批"新优质学校"。一代代清泉人在民主法治的旗帜下精耕细作，现在，清泉学校已经成为区域内名副其实的窗口学校，学校的发展迎来前所未有的机遇。

1. 法治理念深入人心，校园政通人和

依法治校的探索实践，不仅促进了学校快速健康发展，更重要的是，培育了师生的法治意识和法治自觉。学校坚持依法治理，充分信赖、依靠教职工，将学校事务置于教职工的广泛监督之下，公开透明，公平公正，实现了校园风清气正的工作环境；学校坚持共创共享，共同规划学校发展愿景，教职工在发展愿景的激励下，以主人翁精神，始终保持昂扬斗志，实现了校园力争上游的工作局面；学校坚持民主法治，共同制定规则，自觉遵守规则，实现了校园人文和谐的工作氛围。最终使全校师生深切感受到：民主法治、公平正义、公开透明，气顺心齐、泰山可移！

2. 学校发展，学生权益得到更好保障

在依法治理理念的指导下，激发出了教职工巨大的工作热情和潜能，素质教育有效实施，课堂改革深入推进，学校办学水平不断提升，学生发展权益得到了前所未有的有效保障：学校充分尊重学生个性差异、特长需要，社团活动丰富多彩；学生阳光自信、文明礼貌、行为规范、上进进取、学业水平不断提高。乡村孩子发展权益的有效保障，使同在一片蓝天下的乡村孩子同享优质教育的梦想在清泉学校成为现实！

3. 法治文化校园特色逐步显现

法治文化建设的不断优化，逐步铸就了学校法治文化校园特色，赢得了各级领导广泛关注，吸引了全国各地教育、司法系统众多单位到校学习参观交流和各级媒体的广泛报道，取得了良好的示范效应。

2014年至2020年，教育部政策法规司副司长柯春晖、四川省司法厅督导组、四川省总督学刘东等多位上级领导到校视察，海南省教育司法系统、天津市教育司法系统、内蒙古教育司法系统等省内外多家教育司法系统到校参观学习。

学校先后被评为区级、市级、省级"依法治校示范校",于2011年被评为"全国青少年普法教育先进单位"。依法治校取得的丰硕成果为学校民主建设开创了良好的局面。

4. 师生民主理念得到显著提升

学校通过构建民主管理制度,实施了一系列民主管理策略,学校师生民主意识得到明显提升,由于民主建设工作取得突出成绩,学校2014年被评为成都市厂务公开民主管理先进单位,2015年被评为成都市厂务公开民主管理示范单位。2017年3月,学校总结多年民主管理实践经验,在学校领导班子的高度重视下,学校章程编制成功,这是一套科学的现代教育制度管理体系,这套体系以"泉文化、德教育"为价值核心,以"体悟式教育"为基本理念,充分体现了学校独特的育人特色。

5. 经验在省市各级会议交流推广

2012年3月省教厅在西昌召开全省教育系统普法工作会,学校以《坚持依法治校促进全面发展》为题作经验交流。2014年4月,四川省教育厅在攀枝花市召开"全省依法治校工作推进会",学校作"执依法治校之旗,奠现代学校之基"经验交流发言。2014年5月,"成都市依法治校工作现场会暨现代学校制度建设专题培训会"在清泉学校召开,学校作了以"执依法治校之旗,奠现代学校之基"为主题的依法治校工作情况汇报。同年在清泉学校举行"教科文卫体系统深化民主管理构建和谐劳动关系"工作现场会,学校工会作了《深化民主管理建设人文和谐校园》等3篇报告。2015年9月,在"全省深化法律进学校暨校园核心价值观建设"电视电话会议上,清泉学校以《深入践行核心价值观,全面推进法律进学校》为题作交流发言。

彭兴德校长在全省依法治校推进会上交流发言

6. 各级媒体宣传报道

2014年5月21日,四川电视台《四川新闻》播放清泉学校专题片《创新形式让法治思维深入人心》。

2014年至2020年,四川新闻网、成都电视台(CDTV)、青白江电视台等各级媒体报刊报道和刊登了学校法治建设成果。

模拟法庭现场

花开花落，云卷云舒，想要看到绝美的风景就要无畏其险，因为无限风光在险峰。清泉学校就是这样，在困顿中仰望星空，怀揣梦想，破旧立新，化险途为坦途，赢得属于清泉学校的灿烂未来，坚持依法治校，清泉学校焕发勃勃生机。

再回首，轻舟已过万重山。

第四节 践行民主与法治 扶摇直上九万里

"法者，治之正也。法令既行，纪律自正，则无不治之国，无不化之民。"

——【北宋】包 拯

全面依法治国是党领导人民治理国家的基本方略。党的十六大指出，实行依法治教，把教育管理和办学活动纳入法治轨道，是深化教育改革，推动教育发展的重要内容。依法治校是依法治教的重要组成部分，随着教育教学法律法规的发展完善，依法治校成为必然趋势。高校的依法治校实践已先行一步，作为一所九年一贯制学校，缺乏成功经验，必须结合实际进行探索，为依法治校建构实践路径，突破管理瓶颈，提升师生法治思维，进而促进学校管理水平的提升。

一、奠基：建立健全制度体系

"从来治国凭圭臬，毕竟安邦靠经纶。"依法治校的核心是建立一套科学、合理的规章体系，建立完善学校章程是开展依法治校的基本前提，依据章程自主管理是学校的法定权利。清泉学校根据自身实际，对原有管理制度进行补充和完善，形成一套较为完整的学校管理章程，并提出相关的实施要求和标准，为实施依法治校奠定基础。

1. 规范管理，建立健全制度体系

（1）构建制度体系

学校在广泛的民意基础上，通过教职工代表大会，建立起了一套科学合理、高效规范、职责明晰、公平公正、奖惩适度、调节有力的学校管理运作新机制，形成了《清泉学校办学章程暨管理制度汇编》。如：劳动纪律规范体系；工作质量考核激励体系；教职工职称晋升、评优选先考核激励评价体系；等等，确立了学校管理的制度体系。这些规章制度在学校的发展过程中按照现代学校制度建设的基本精神不断优化和完善，学校管理凸显出科学、人文、文化的特色。学校对规章制度建立、修正、废止的规程等作了具体明确规定。建立、修正和废止规程，充分保障了教职工的民主参与权、话语权，为制度的建设和实施奠定了广泛的民意基础。

制度体系的构建与实施，充分调动了教职员工工作的主动性，使学校的管理步入正轨，逐渐呈现出团结和谐、积极向上的新局面。

（2）建立绩效考核机制

《清泉学校教师绩效考核实施方案》，就是在上级绩效政策指导下，坚持绩效原则，充分发扬民主的基础上制定产生的。教师实施绩效工资，是新中国成立以来教师计酬方式的一次大变革，涉及每一个教师的切身利益。作为兼有小学、初中的九年一贯制学校，必须面对和解决学校实施奖励性绩效工资政策的统一性和客观存在的差异性，找到最佳平衡点，协调好各方面利益。更为重要的是如何利用奖励性绩效工资，充分调动教职工工作积极性，最大化地推动学校工作，提高学校教育教学质量。这个问题处理不好，不仅会导致绩效工资实施困难，也必将导致学校教育教学管理困难，影响学校工作有序开展。为避免这一情况出现，学校根据实施教师绩效考核相关文件精神，结合本校具体实际，提出了《清泉学校教师绩效考核实施方案》（草案），交由全校教职工充分讨论，广泛征求意见建议。在此基础上，学校行政会议根据教职工意见建议，反复论证修订，提出草案修正案交由教代会及全体教职工充分讨论，再次征求意见建议。通过这样反复论证和修订，教职工在讨论中不仅增进了学科间、岗位间、校区间工作的相互了解和理解，也对实施绩效的目的意义，教师应有的责任态度、价值追求，全面发展的育人观、质量观等有了更清醒的认识。通过充分的民主，集思广益，一个坚持公平正义、体现绩效原则、凝聚共识、符合学校实际的绩效考核实施方案基本形成。最后，由学校行政扩大会再次论证和修订，提出《清泉学校教师绩效考核实施方案》（提案），提交教职工代表大会审议通过。

这份方案囊括了教师工作的方方面面，条目清晰，分工明确。老师们都说："看到这份方案，我们就知道自己该怎么做，年终都能大致算出自己能拿多少绩效奖。"年终考核结果公布后，教师之间的绩效奖金差距最大达到5倍左右。面对差距，开始也有部分教师难以接受，也有教师担心学校能否严格按考核结果执行。在教师大会上，学校明确表态：坚决执行考核结果，全程接受大家的监督。彭校长语重心长地强调："几千上万元，对我们教师个人确实很重要，但是面对几十上百名学生，你误人子弟，学生的前途未来该值多少钱！在同一标准下为什么考核结果差距这么大，考核结果差的老师要多作自我反思。"

为了加强绩效考核工作的过程管理、增强透明度，学校根据考核方案还开发了一套绩效考核专用软件。该软件让教师能及时了解自身绩效过程考核情况，及时纠错，促进了工作。

正是因为学校将绩效考核工作做得如此精细，学校绩效考核工作得到了广大教职员工的坚决拥护，教师工作积极性也得到了极大提升，学校各项工作呈"稳中快进"，各项荣誉也纷至沓来。

钟德强校长在教师大会上说道："我们实施绩效工资政策的意义——那就是奖勤罚懒，多劳多得，优绩优酬。我们的老师要明白干好干坏不一样，干多干少不一样，干与不干不一样的道理。只有做了更多的工作，工作上取得了更优的业绩，才会享有奖励性绩效，至于享有多少，取决于具体的工作和业绩的大小。"

（3）规范管理，人文和谐

为确保各项制度有效落实，《清泉学校教代会代表巡视制度》应运而生。教代会坚持每学期组织教代会代表对各校区、各部门工作分板块进行巡视2~3次。该项工作得到了广大教师的极大支持，现在学校老师都把能参与"教代会巡视小组"当作一种荣誉，当成相互借鉴、相互学习的机会。接受巡视的部门也从开始的不适应、不习惯变得乐于接受巡视督导，因为他们体会到了通过巡视，能帮助自己和部门改进提高。

常规工作理顺后，学校又将目光定在了师生行为规范上。由于学校地处偏远地区，大部分学生属留守儿童，加上合校因素，学生之间、教师之间都存在着很多的矛盾冲突，经常滋生一些社会治安事件，严重影响学校的社会形象。为了减少学生之间、教师之间的矛盾，将这些矛盾尽可能地调和，消除在萌芽状态，学校便建立了一整套学生纠纷调解和教职工争议调解制度体系，不仅有效地解决了师生纠纷、争议，更重要的是，通过学生纠纷自治调解、教职工争议调解实践，很好地培育了师生的法治意识、规则意识、诚信意识、责任意识，促进了学校人文和谐。

清泉学校开展纠纷调解法律知识培训

2. 创建了"三位一体"民主管理模式

学校创建了"三位一体"民主管理模式。即在党总支领导下的"三会制度"，教代会、学代会和家委会，参与主体分别是教师、学生和家长。

民主管理组织机构

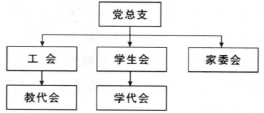

（1）教代会

学校在广泛的民意基础上，通过教职工代表大会（以下简称教代会），建立起了一套科学合理、高效规范、职责明晰、公平公正、奖惩适度、调节有力的学校民主管理运作机制。主要有：《教职工代表大会制度体系》《教职工民主参与学校制度建设保障体系》《校务公开民主监督责任体系》《规范办学行为民主监督责任评价体系》等。这些规章制度在实践过程中不断地修订完善，对学校的管理起到了极大的促进作用。

（2）学代会

民主管理意识应辐射到学生层面，培养学生的民主意识是学校教育的重要责任。为培养学生民主意识和树立学生主人翁精神，2015年3月，学校成立学代会，4月召开了第一届学代会大会。学代会实行三级学生代表大会制度，即学校学生代表大会、年级学生代表大会、班级学生大会。

学生会组织结构图

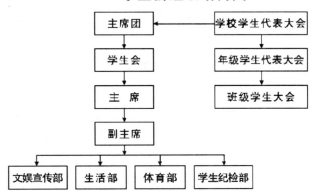

（3）家委会

家委会是实现家校共育的重要机构，是提升学校民主管理的有效途径。学校家委会主要指学生家长委员会，是由家长代表成立的组织，是与学校沟通的桥梁，肩负关注学校的发展、关注学生教育的重要使命。清泉学校分设三级家长委员会，即班级家委会、年级家委会和学校家委会。

家委会组织结构图

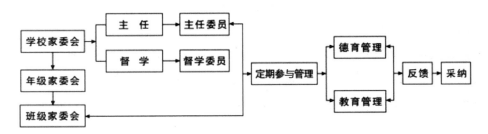

"欲知平直，则必准绳；欲知方圆，则必规矩。"在不断健全的制度体系下，每个人，每个团队，每个部门，每个组成部分都不是为了个人的利益或荣誉而工作，而是为了学校整体的利益做出自己的努力，使清泉学校得以健康发展。

二、明理：法治与学校文化融合

"蓬生麻中，不扶而直，白沙在涅，与之俱黑。"良好的环境对人的教育能起到潜移默化的作用，"随风潜入夜，润物细无声"胜过生硬的说教。清泉学校充分利用了校园文化环境，将法治文化纳入学校文化建设，统一规划部署，建立起了独具特色的法制宣传教育平台，为学校深入开展法制教育和法制实践奠定了良好基础。

1. 构建法制宣传平台，营造法治文化氛围

（1）普法大道

学校因地制宜，充分利用校园一条主干道两旁的绿化带内的空间，精心布置了一系列法制宣传设施，让师生在休闲中受到法治文化的浸润。同时结合大部分学生住校的情况，在普法大道旁设置富有教育寓意的照明系统，通过图文并茂的形式摘录法制名言警句等进行法制宣传，既为师生照亮了通行的道路，也为师生的人生指明了前进方向。

（2）法制文化长廊

学校在"通惠桥"和"文星桥"之间的河道旁，修建了别具特色的法治文化长廊，长廊内展示了学校在法治建设和民主管理方面取得的丰硕成果。长廊尽头是"中兴楼"，学校巧妙利用"中兴楼"内廊式格局，合理利用建筑物柱头、墙面等进行法治人物、法治典故介绍，让师生对古今中外法治建设的历程及法治名人有所了解，明白自古"不以规矩，不能成方圆"之真谛。

（3）法制活动室

为开展形式多样的法制活动，学校专设法制活动室。活动室包括三部分：一是模拟法庭；二是法制展厅；三是纠纷调解室。模拟法庭模仿真实法庭设施设备进行布置，学校组织学生定期开展模拟审判活动。法制展厅是师生法制书画、法制手抄报、法制征文、法制漫画等的展览场所，让师生充分交流、展示自己对法制的理解。纠纷调解室则是师生纠纷调解的专用场所。

（4）法制教育专栏

学校以校网站为平台，专设了法制教育专栏。专栏通过图文并茂的形式开展法制知识宣传，对学校内外法制活动进行图片文字报道，对本校优秀法制征文、

优秀法制书画进行刊发连载，给师生提供一个学习和展示的平台，激发师生的成就感和荣誉感。法制专栏由指定的法制辅导员专门管理，内容定期更新，为师生学法知法提供了多元化平台。

根据法治育人目标，"大道"强调法制意识，"广场"强调法制知识，"长廊"强调法制责任，"法庭与调解室"强调法制能力，进而形成"意识—知识—责任—能力"的目标序列。根据学生学习的过程和层次，法治文化区分为触发区（触动和引发学生的学习动机）、体验区和感召区。其中，触发区包括大道和回廊，体验区包括法庭和调解室，感召区包括展厅和长廊。

法治环境

2. 开展法治教育，提升师生法治思维

学校把普法教育作为素质教育的重要内容，从不同的侧面开展了形式多样、卓有实效的法治宣传教育活动，把普法教育贯穿学校教育的始终。

（1）扎实上好法治教育课

学校将法治教育作为特色校本课程排入课表，纳入学校课程管理。学校先后开发了多本针对性、操作性强的校本教材，如以法治典故、法治人物为主要内容的《法治典故、人物》读本和以法律基本常识为主要内容的《法律常识》读本等。另外还通过学科教学渗透法治教育，通过德育管理强化法治实践，不断培育学生法律素养。

（2）潜心开发通俗易懂的法治校本教材

"这是我们学校自己的校本教材……"手拿《知规守章　平安幸福》教材的六年级学生孙××骄傲地说，"通过阅读和学习，我们从教材中知道了应该怎样做一个遵章守法的小公民。"开设法治教育课程，积累法治教育经验，编写法治校本教材，是学校着眼法治教育的另一个侧重点。学校先后开发了多本针对性、操作性强的校本教材。另外，学校还组织专人编写具有浓郁学校特色的校刊《泉水叮咚》，着力引导学生发现美、崇尚美、抒写美、践行美、创造美。

（3）开展法治专题教育活动

学校聘请相关部门专业人员为法治副校长、法治辅导员指导学校依法治校工作。聘请消防官兵进行消防法律知识教育，聘请防疫人员进行防疫、食品卫生法律知识教育，聘请交警进行交通法律知识教育等。法治专题教育活动成为学校依法治校常态化管理的一项重要内容，对活动质量提出了更高的要求：每次活动都能让师生有新的认识，每次活动的师生参与率要达到百分之百。教育效果得到师生高度认可。

（4）开展形式多样的法治主题活动

让师生积极参与各种法治竞赛活动是提升法治素养的有效方式。每期学校会组织学生以年级为单位进行模拟法庭竞赛活动，在模仿真实的法庭审判活动中，学生深刻感受到法律的威严，心灵得到洗涤和净化。另外，还通过开辟班级法治教育专栏，举办师生法治书画展，开展法律知识竞赛、"知法守法"征文比赛、"学法用法"演讲比赛、"法治手抄报"展览等活动来丰富师生的业余生活，增强师生的法治意识。

通过各种有效的法治宣传和教育，教师和学生在实践中体悟，在体悟中提升，学校内形成了浓厚的法治氛围，法治观念深入人心，为学校进一步深入实施依法治校方略奠定了坚实的基础。

校园法治文化节

3. 搭建法治平台，开展法治体验活动

一位教育学家曾经说过："教育好孩子只靠说教是远远不行的，最好的办法就是多让孩子体验！"而法治实践平台主要就是为学生提供运用法律法规、规章制度解决实际问题的实践场所。当前，社会媒体的强势介入、家庭教育的缺失，学生很容易沾染一些社会的不良习气，而在社会闲散人群的挑唆下，往往对教师的说教不予理睬，甚至产生抵触，学生之间也是纠纷不断，打架滋事难以杜绝。如何找到一条捷径，改变这一现状呢？早在2011年，学校就建成了"模拟法庭""学生纠纷调解室"和"教职工争议调解室"，为师生开展法治实践和体验提供了条件。

（1）模拟法庭——开庭打官司，拍案断是非

学校与区法院合作，定期将一些对师生有教育意义的案子移至"模拟法庭"现场审判，学校师生旁听警示。与此同时，学校每学期举行学生模拟审判竞赛，让全校师生收集大量有教育意义的案例，由学生进行模拟审判，促使学生在此过程中通过阅读法律书籍、寻找法律依据、了解宣判程序等活动获得法治体验。下一步学校还将建设"模拟法庭"闭路视频传输系统，扩大师生旁听的参与面，使这种参与法院审判旁听面达到100%。通过法院实案审判和学生模拟审判，不仅让师生受到深刻的法治教育，更让师生感受到法律的至高无上，法治的严肃与威严。

2011年10月，青白江区法院在清泉学校"模拟法庭"公开审理了一起"社会闲散青少年聚众斗殴导致他人意外伤害"案件，从庄严的警笛响彻校园，犯罪嫌疑人被押送到学校模拟法庭（作为区法院的外设流动法庭），再到审判完毕罪犯被押送远去，在广大师生中引起了强烈反响，学生亲身感受了法律的威严和震慑力，

我们也随机采访了几位在现场听庭审的学生，记录下了他们当时的想法。

谭某，男，14岁，初三学生。

谭某："我一直觉得在外面有几个哥们儿是很威风的事情，这样学校就没有人敢欺负我了，有什么事情他们自然会帮我出头，就像电视里面演的一样。今天听了法庭的庭审，我觉得有点害怕，也有点庆幸，庆幸的是我幸好没有像今天的×××一样被判刑，我以后遇到麻烦还是找老师解决，不要相信外面的哥们了。"

李某，女，15岁，初三学生。

李某："我现在都还觉得很震惊，他们竟然真的把别人刺伤了，还要在牢里待几年，我看到他们的父母都哭得像泪人似的，要是我出了这样的事情，我妈妈肯定会在别人面前抬不起头来，想到这些，我觉得太可怕了。"

清泉学校"模拟法庭"审判活动

（2）纠纷调解——明辨是非曲直，化解矛盾纠纷

师生中间流传着这样一句话："不出校门进法庭，审判调解我都行。"为更好地化解学生之间的矛盾冲突，调解教职工争议，将校园不和谐因素消除在萌芽状态，培养师生的法治意识，学校建立了学生纠纷调解室、教职工争议调解室。

学生纠纷调解，总体由学生纠纷调解委员会负责。但在具体调解操作上，学校以班为单位，成立"学生纠纷自治调解小组"，各班班委增设调解委员一名，由调解委员任自治调解小组组长，另加调解员1~3名，班主任做顾问，组成各班学生纠纷自治调解小组。学生的一般纠纷由各班自治调解小组按调解程序自治调解，班级自治调解小组调解不成的，按程序由学校学生纠纷调解委员会调解。这样做的目的：一是培养学生运用法律法规、学校规章制度解决矛盾纠纷的能力；二是让学生在纠纷解决的过程中更深刻地认识了法律法规、规章制度的严肃性；三是促使学生养成解决矛盾纠纷的法治化途径，培养学生的法治意识，规则意识。实践证明，自学生纠纷调解机制建立以来，学生纠纷逐渐减少，杜绝了非正常途径解决纠纷的现象，学生因纠纷打架斗殴的现象基本消除。

教职工争议调解由党、政、工、团、教职工代表组成的"教职工争议调解委员会"负责，凡因学校管理、教育教学工作中出现的争议，争议当事双方均可向学校教职工争议调解委员会申请调解。调解委员会接到调解申请后，必须及时组成调解小组，详细了解情况，依法依规公正及时调解。对调解不成或对调解协议仍有争议的，当事方可向学校行政会议申请复议。行政会议收到复议申请后，必须在最近的一次行政会议上予以通报，组成复议小组，会同调解小组再次详细了解情况，及时依法依规调处，作出复议决定。若当事双方或一方对复议决定仍有争议，可向上级教育行政部门申请复议，直至诉讼解决。教职工争议调解机制的建立并有效运行，调处的是争议，培育的是教职工的法治自觉，得到的是人文和谐，解脱的是管理者，最终呈现的是学校的安定有序、教职工的勤奋敬业、各项工作的全面落实、教育教学质量的稳步提高！

4. 规范教师行为，开展依法执教实践

（1）健全组织机构

学校建立了依法执教督查领导小组，由教导处和学生处分别落实。

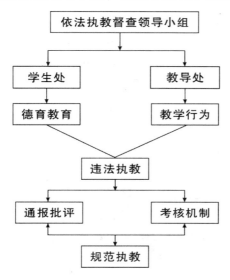

（2）健全制度体系

依法治校的主体之一是教师，教师依法执教实践的前提，是必须遵守国家教育教学的法律法规。教师的主要任务是教书育人，依法执教是为了更好地完成教书育人的重任。为此，学校主要从"教学行为""德育管理"两条途径开展依法执教实践。

在"教学行为"实践活动中，教师的依法执教，主要是通过教师在教育教学实践活动中来体现，就是教师要依据法律法规履行教书育人的职责。一是，教师的教育教学行为要在法律法规所允许的范围内进行；二是，教师要善于利用法律手段来维护自身的合法权益。即通过教师的具体教育教学行为的合法性来体现，教师严格按照法律法规开展教育教学活动，依法执教的目标就能达到。

教书与育人是一个有机整体，要靠教师来具体实施。通过育人，使学生懂得人生的意义和做人的道理，增强道德意识和集体观念，激发其爱国热情和学习积极性，树立正确的人生观，选择好人生道路，确立为社会主义事业建功立业的崇高理想。学校"依法育人"，在育人的过程中，教师始终要明确"培养什么样的人，为谁培养人"的育人理念，同时在育人实践中落实教育法律法规，达到"依法育人"的目的。

（3）落实管理过程

为落实依法执教，学校制定了一系列督查制度：教学常规管理条例、行政包年级包班包学科管理制度、学校听课评课制度、课程管理制度等。学校每年度对教师执教行为进行考核评价并计入绩效考核。教师依法执教的观念得到提升，多年来学校教师教育教学行为实现了零投诉。

　　路虽远，行则将至；事虽难，做则必成。"不积跬步，无以至千里；不积小流，无以成江河。"积少成多，聚沙成塔的道理自古恒之。时间是最好的见证者，也是最好的验证者。徒善不足以为政，徒法不能以自行，在探索依法治校的道路上，我们也曾步履蹒跚，但一步一个脚印，走到了越来越好的今天。

三、务实：师生广泛参与民主管理

　　"大鹏一日同风起，扶摇直上九万里。假令风歇时下来，犹能簸却沧溟水。"清泉学校犹如大鹏鸟，通过自身的不断发展，羽翼渐丰。依法治校已开繁花，正待结果。但是制度再好，制度不执行，比没制度危害更大。依法治校要是没有师生的广泛参与也是空谈，因为依法治校的主体是教师和学生，只有师生的广泛参与，依法治校才能落到实处，并在学校民主管理中体现其现实意义。

　　为实现民主管理良好局面，清泉学校充分运用依法治校的策略，搭建了一系列实现民主管理的平台，在广大师生的参与下，学校民主管理体系得到不断的完善，师生民主意识进一步提高。清泉学校坚持依法治校已取得明显成果，这为民主建设提供了成长的土壤。虽然法治和民主是独立的两个概念，但法治是民主发展的重要前提，理想的民主建设必须以法治学校建立的稳定秩序为基础。那么，运作新机制，是学校能够高效持续发展的关键。学校在广泛的民意基础上，以学校章程为指导，已初步建立起了一套民主管理制度体系，并在实践中有效运行，学校管理呈现出科学、法治、人文、文化的特色。

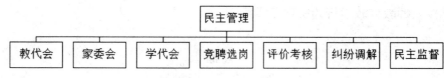

清泉学校民主管理体系示意

1. 教代会履职，民主监督

教代会是清泉学校教职工行使民主权利，参与学校民主管理和民主监督的基本形式和制度，是学校管理体制的重要组成部分。教代会是推进学校民主化建设的重要载体。

首先，我们建立了教代会《章程》，完善了源头参与机制。涉及教职工切身利益的改革方案、制度、奖惩条例等必须经教代会审议通过，以切实保障教职工对学校重大事项决策的民主参与、民主管理和民主监督的权利。其次，充分落实教代会督查和管理功能，如健全提案征集机制、对学校管理人员进行民主测评等，使学校工作的开展真正实现集思广益，决策民主，避免了随意性和独断性，促进了学校各项工作和谐顺利开展。

学校充分尊重和信赖教职工，不断拓宽民主渠道，完善民主监督机制，充分发挥教职工的主人翁精神，积极引导教职工广泛参与学校管理事务，履行民主参与、民主监督。

（1）规范校务公开制度

落实校务公开是教代会一项重要职能，工会是这一职能的实施部门。学校除设立固定校务公开栏外，还利用学校网络办公综合平台、校讯通等，通过一整套行之有效的监督检查办法，做到"有章可依，有章必依"，保证校务公开工作健康有序地开展。通过内外公开相结合的方式，接受社会、家长和教职工的监督，使学校各项工作的操作程序进一步民主化、规范化和科学化，得到社会和全校教职工的信赖和支持，营造了和谐、民主的良好氛围。

（2）教代会巡视制度

清泉学校工会坚持每学期组织教代会代表对各校区、各部门工作分板块进行巡视。2009年以来，工会先后组织教代会代表和特邀代表150余人次对学校教导处、总务处、学生处、幼儿园、功能室、校区等部门开展巡视活动，代表们通过听汇报、看现场、查资料等方式进行巡视，被巡视部门负责人不仅要认真负责地向巡视代表汇报本部门职工完成任务情况及存在的问题、解决措施等，还要接受代表的现场质询。巡视结束后，教代会主席团认真听取并收集参巡代表的意见和

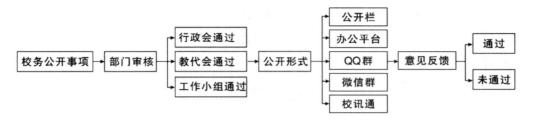

建议，写出巡视报告，提交学校行政会议。学校行政会议集体研究，对工作做得不好的部门提出批评，并责令限期整改，对工作突出的部门给予表彰，促进学校各项工作做得更好。该项工作充分发挥了代表们民主参与、民主管理、民主监督的作用，又加深了学校部门间、学科间、教师间的相互了解和理解，促使学校更加和谐，迅速融合。更为重要的是，由于学校校区分散，岗位众多，通过巡视，代表们更能全面客观了解掌握学校各部门、各岗位的工作情况，从而更客观公正地考核评价学校各部门、各岗位的工作，促进学校各项工作做得更好。

时任清泉学校学生处主任孙德全介绍说："以前干工作，只怕校长来看，只要校长没有来看，就没有问题；现在不行了，教代会的代表们要来巡视，这样的巡视比校长一个人来看细致多了，要求更高了，教代会的代表很多都是一线教师，平时我们经常对他们提工作要求，现在他们来检查我们，如果我们做得不好，以后还有什么脸面去安排别人呢？所以不干好都不好意思，只有尽全力了。"孙主任的一番话说出了大家的心声。正如老校长彭兴德说："我们的教代会巡视制度不是为了找谁的麻烦，我们的代表们也不是'锦衣卫'，非要抓住谁的把柄，我们这样做的目的就是汇集大家的智慧形成合力，让我们大家既要有压力，也要有干好工作的动力，力之所至，行之有效。"

(3) 建章立制，民主监督

学校教代会不仅要开展参政议政工作，更要在民主监督中开展建章立制工作，以确保对学校行政的依法监督、依法参议，提高民主监督的法制化、制度化水平，发挥教代会的制度监督职能。对事关学校发展或涉及教职工利益的大事建章立制。如对于重大基建项目、绩效考核方案、规范办学行为、学校党政干部民主测评等多方面的管理均建立了相应的监督体系。同时，学校建立了一套规章制度建立、修正和废除规程，切实保障了教职工参与学校规章制度的建立和监督权利。

(4) 述职述廉，民主测评

学校党政干部每期向全校教职工述职述廉，由全校教职工民主测评；学校服务管理岗位人员，每期向教代会述职，由教代会代表民主测评；学校班子成员，根据学校分工，每期由分管对象民主评议测评。民主评议测评情况，纳入本人绩效考核。学校干部任用提拔、评优选先、职称评定等，均实行述职测评排序，公示制度。

2. 破旧立新，双向竞聘

正所谓，"不格旧，无立新"。格旧，是去其糟粕，是拒绝保守；立新，是不安现状，是进步的象征。陈独秀先生在《敬告青年》中如是说："进步的，而非守旧的。""一代人有一代人的长征路"，仅仅固守先人的思想，而不去发展新的事物，最终只能走入下坡路。

2010年，为进一步规范学校岗位管理，完善岗位职责制度，深化学校民主管理机制改革，建立充满活力的教师队伍，学校打破多年来教师岗位由主管部门安排的陈旧管理模式，开始实施竞聘选岗制度。我们的双向竞聘选岗坚持以下基本原则：以全员双向竞聘选岗为主，学校适当调节为辅的原则；以所学专业或熟悉岗位作为选岗的主要依据的原则；岗位相对稳定原则。

双向竞聘选岗制度实施以来，打破了"铁饭碗"意识，破除了"干和不干一个样，干多干少一个样，干好干坏一个样"的旧思想，树立了"不努力就落聘"的危机意识，教师工作态度进一步转变，教学业绩得到提高；打破"论资排辈"观念，树立了"能者上庸者下"的竞争意识，变"要我干"为"我要干"；年级组、备课组内形成良好的竞争氛围，既竞争又合作，教师的整体合作意识得到强化；学校教学质量得到明显提高，近五年中考重点率名列全区前茅，全科合格率等指标稳步提高；完善了学校教师评价体系，走在了区域教育前列，为兄弟学校的教师管理评价起到了很好的示范作用。清泉学校敢于走出舒适圈，敢闯敢拼，最终打造出镌刻清泉特色的新世界。

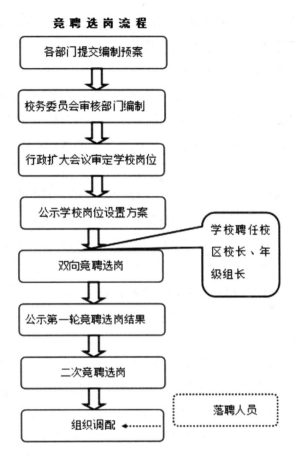

3. 立足长远发展，构建民主评价制度

民主管理制度的实施离不开考核与评价，评价机制尤其重要，直接关系到民主管理的成效。清泉学校在以法治为基石的前提下，以"公正、公平、公开"为原则构建了一系列民主评价制度。

（1）师德评价

"花的事业是尊贵的，果实的事业是甜美的，让我们做叶的事业吧，因为叶的事业是平凡而谦逊的。"传道之人，必须闻道在先；塑造他人灵魂的人，首先自己必须有高尚的灵魂。纵观古今中外教育名家，无不把德视为最高智慧。从孔子到陶行知，从柏拉图到苏霍姆林斯基……他们都以德示范，人格的力量就是教育的力量。自然而然，在对教师进行评价时，师德至关重要。清泉学校按照"校评、师评、生评、家长评"这一体系，及时和集中考评相结合的原则，对教职工进行师德考核，其考核依据为：一是学校每周进行的常规检查结果；二是师生及家长举报且调查属实；三是各级领导到学校检查结果；四是民主测评结果且调查属实；

五是召开服务对象座谈会；六是学校行政处分决定。对于有必要及时查证的，学校将及时查证。查证属实的，学校及时作出处理决定，并公告全校教职工。对于事实清楚的，及时做好记录，也可公告全校教职工。

凡严重违反师德纪律的，本学年度不评先进，年度考核不评优秀、不评职晋级，特别严重者将按程序报上级有关部门处理。师德考核为"不合格"，实行一票否决，不能参加年度奖励性绩效考核、专业技术年度考核不确定等级。

（2）评优选先

为了规范学校教职工职称评聘、评优选先的考核方式和考核程序，实现管理的民主化、制度化，学校制定了《清泉学校职称评定办法》《清泉学校评优选先基本办法》等制度，制度纳入学校章程，规范有序进行，而不是朝令夕改。

这样的制度有利于调动全体教职工工作积极性，有利于提高教育教学质量，有利于学校规范化管理。这样的制度遵循客观公正、民主公开的原则；遵循教学人员与管理服务人员分类考核、统一排序的原则。

（3）绩效考核

国家实施教师绩效工资，是新中国成立以来教师计酬方式的一次大变革，"奖励性绩效"由学校绩效考核后发放，要实现其激励功能，学校绩效考核实施方案的制订，必须充分发挥教师民主参与、民主监督，以实现集思广益，公平公正。在教师广泛参与的基础上，依照法定程序制定规则，严格执行规则，才有广泛的群众基础，才能实现校园人文和谐。

《清泉学校绩效考核方案》在实施过程中，我们按照现代学校制度建设的基本精神不断优化和完善，学校绩效考核呈现出科学、人文、文化的特色。考核类别分为七大类，每类考核包括师能、师勤和师绩三大块。由于学校岗位众多，各岗位考核评价有其相对独特性，其考核评价办法又依据各岗位特点独立制定。主要有：《清泉学校班主任绩效考核评价办法》《清泉学校学科教学绩效考核评价办法》《清泉学校管理服务工作绩效考核评价办法》等。

通过不断的修订和完善，该绩效考核制度对激发教师的工作热情起到了极大的促进作用，在分配的过程中，虽然根据多劳多得、优劳优酬的原则拉开了差距，但老师对制度本身达到了高度的认同，达到了国家制定绩效制度的真正目的。为了充分发挥绩效奖的激励作用，保障绩效奖使用的透明，做到公平、公正、公开，对利用绩效奖设立的奖项，学校制定了相应的制度。主要有：《清泉学校教育教学管理奖考核评价办法》《清泉学校超课时津贴考核评价办法》等。

　　绩效考核方案的制订和实施主要有以下几个重要举措：

　　①树立多劳多得、优绩优酬的分配理念。学校反复进行政策宣讲，坚持贯彻多劳多得、优绩优酬的绩效原则，老师的观念逐步得到转变。

　　②科学构建奖励性绩效工资分配方案。首先学校科学制定工作量量化标准。学校根据部颁标准和市区教育局的绩效实施方案的要求，设定标准工作量和权重系数，解决了不同学段不同校区不同岗位的工作量核算问题。其次科学制定绩效考核指标。学校对各个岗位均按"师能"（25%）、"师勤"（25%）、"师绩"（50%）进行考核设置。最后科学制定绩效分配板块。学校的奖励性绩效工资共按六个板块进行分配：班主任津贴；超课时津贴；教育教学管理考核奖；骨干教师考核奖；奖励性基金；教育教学成果奖励。

　　③量身定做学校绩效考核软件。清泉学校绩效考核评价体系仅文字表述就有六七万字，最终核算涉及的数据也是几十万个。如果没有过程的呈现，数据的及时处理，仅靠一年一度的"算总账"，工作量大暂且不说，更重要的是，丧失考核的及时激励和及时警示的作用。学校于2010年与成都鼎城软件开发公司合作研发了清泉学校绩效考核软件。这套软件和学校办公综合平台有机结合，完全实现了绩效考核过程的及时呈现，公开透明。量身定制的绩效考核软件系统，操作简便，省时省力。学校的绩效考核涉及学校工作的方方面面，为了实现考核的客观公正，凡是无法用数据判定的工作业绩，如管理服务工作，对其业绩进行考核时，一律采取由教代会代表、管理服务对象和考核小组分别测评打分的方法进行考核。在清泉学校，各方面测评较多，参与测评的人员更多，利用绩效考核软件的测评系统，参与考核的测评人员，一经收到其参与测评指令，便可在规定的时限内，轻松自如地完成测评，系统自动统计生成相关考核数据，便捷可信。

　　这套绩效考核方案从2009年开始执行，最初并不顺利。个别教师已经习惯了吃大锅饭，"坐享其成"的固化思维难以转变，因不满分配结果，对学校意见很大，尤其对该方案的创建者钟德强校长非常不满，甚至出言不逊，但好在学校领导班子团结一致，坚信"多劳多得"和"优劳优酬"是促进教师工作积极性的关键。学校坚守依法治校的原则，不论是谁，在学校制度面前都是平等的，所以学校扛住压力，坚决执行方案。2016年，钟德强校长代表学校在全区教学工作会上作绩效工作汇报，得到了上级领导和兄弟学校的一致认可，不少学校表示要借鉴清泉学校做法，通过科学严谨、公平公正的绩效考核激发了大家的工作热情，提高了教育教学质量！

④实施捆绑考核促进整体发展。在师绩考核中，学校在每个教师师绩得分的最后加上了年级、班级和学科的等级系数，使整个团队捆绑在一起，增强了整体作战意识，促进了团队整体水平的提高。

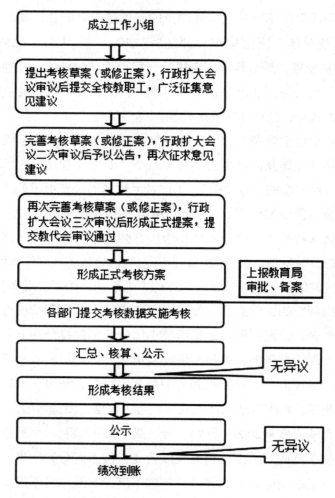

绩效考核流程

成立工作小组

提出考核草案（或修正案），行政扩大会议审议后提交全校教职工，广泛征集意见建议

完善考核草案（或修正案），行政扩大会议二次审议后予以公告，再次征求意见建议

再次完善考核草案（或修正案），行政扩大会议三次审议后形成正式提案，提交教代会审议通过

形成正式考核方案 —— 上报教育局审批、备案

各部门提交考核数据实施考核

汇总、核算、公示 —— 无异议

形成考核结果

公示 —— 无异议

绩效到账

清泉学校的绩效考核制度为学校解决了诸多问题，成效巨大。首先它有力地扭转了多校合并后的不利局面，极大地调动了全校教职工的工作积极性。其次有效解决历史遗留问题。例如：设置权重系数解决了中小学班主任津贴差异矛盾；超课时津贴解决了教师不愿多上课的问题；等等。同时它激发了学校探索和完善管理机制的实践与思考，学校管理水平不断提高。也进一步激发了教师专业化发展的内驱力，教育教学质量稳步提高。它还激发了区域学校对绩效考核改革的思

考，学校经验在区内广泛推广运用。

（4）学生评价

学校的一切管理均为学生的发展服务，所以，建立一套学生评价体系是必然要求。清泉学校的学生评价体系的基本原则是"以人为本"，即一切为了学生，为了学生的一切。学校还把"进步即优秀"作为评价标准。

学校综合运用观察、交流、测验、实际操作、作品展示、自评与互评等多种方式，为学生建立综合、动态的成长记录手册，全面反映学生的成长历程。对学生的道德品行、健康体质状况、法律素养、人文艺术修养和学业情况等实施综合素质评价，促进学生全面发展。学校坚持把每学期评价结果记入学生本人档案。

学生学期末学业成绩分值构成：实践性作业成绩（25%）+ 阶段学业质量监测成绩（25%）+ 期末学业质量监测成绩（50%）= 期末学业成绩（100%）。学生期末学业成绩以等级的形式呈现到《青白江区清泉学校荣誉册》。

学校根据荣誉体系实施方案，为学生颁发荣誉星；根据学生操行评定方案，核定学生操行分数；根据综合素质评价方案，确定学生综合素质评价等级，载入学生成长手册。

这套学生评价体系有效促进了孩子的全面发展，综合素养得到提高，为学生的终生发展奠定了坚实的基础。

4. 增强主人翁意识，成立学生代表大会

儒学经典《中庸》有言："莫见乎隐，莫显乎微，故君子慎其独也。"何为慎独？即在闲居独处中谨慎不苟，在无人监督之时，更须谨慎从事，自觉遵守各种道德准则。我们培养学生的主人翁意识，让他们自己管理自己，归其根本，是为了让学生学会自我约束，做到慎独。圣人孔子，不仅在朝堂之上严遵"君君臣臣"之仪，在颠沛流离之途也坚守君子之礼，席不正不坐，语非礼不言。诗人屈原，虽身处浊世，惨遭罢黜流放，仍能"沐后弹冠，浴后更衣"。

因此学校成立学代会，树立发扬学生主人翁精神。民主管理应辐射到学生层面，培养学生的民主意识是当代教育的重要责任。2015年4月，清泉学校召开第一届学代会大会，学代会实行三级学生代表大会制度，即清泉学校学生代表大会、年级学生代表大会、班级学生大会。学代会职权如下：审议和通过学生会的工作报告；审议和通过学生会的工作计划；讨论和决定学生会的工作方针与任务；制定、修改学代会章程，并监督章程的实施；选举产生学生会；学代会有权罢免学生会正副主席，由主席团批准后生效。学代会要支持学生会主席和学生会职能部门行使管理权力，协助他们开展工作。

学代会主要任务是积极倡导和鼓励学生进行自我服务、自我管理、自我教育，培养学生民主参与意识、责任意识和主人翁意识，配合学校建设良好的教育、教学氛围和良好的学习、生活环境。

鸟儿长大了，就应该在蔚蓝的天空中展翅高飞；鱼儿长大了，就应该在广阔的海洋中自由穿梭；学生长大了，就应该在学校中自我管理。学生的成长就像是一棵树的生长，这棵树只有学会了独立自主，才能把很少的养分转化为巨大的能量，深深扎根，茁壮生长，才能经得起风吹雨打的考验。学校期待，清泉学子都能长成参天大树。

5. 成立家长委员会，实施家校共育制度

"以铜为鉴，可正衣冠；以古为鉴，可知兴替；以人为鉴，可明得失。"家长委员会就像一面镜子，能照出学校的不足，也能照出家长的不足，让两者在相互沟通和交流的过程当中更好地服务于我们的教育。从更广的意义上而言，家委会是现代学校一个不可或缺的重要组成部分。坚持家校沟通与合作，让家长充分参与学校管理，有效体现家长对学校教育教学工作的知情权、评议权、参与权和监督权；完善学校、家庭、社会三位一体的教育体系，营造良好的教育环境；深入推进素质教育，促进学生的全面发展。清泉学校的家长委员会是学校民主管理的重要组成部分，他们对学校管理进行有效监督，成为家长和学校之间沟通的桥梁，也保障学生以及家长的利益。

清泉学校分设三级家长委员会，即班级、年级、学校三级家长委员会。

班级家长委员会由主任委员1名、委员2名组成。年级家长委员会由主任委员1名、委员若干名组成。主任委员在各班主任委员中推荐产生，委员由各班主任委员、委员兼任。清泉学校家长委员会由主任委员、委员按全校家长总人数的2%组成。主任委员由各年级组主任委员担任，委员由各年级组委员兼任。

为便于密切家校联系和各级家长委员会有效开展工作，各级家长委员会分别设立顾问或顾问委员会。班级家长委员会顾问由班主任兼任；年级家长委员会顾问由该年级班主任组成；清泉学校家长委员会顾问由清泉学校党政工团、各处室主要负责人兼任。

为完善管理制度，清泉学校制定了《清泉学校构建学校、家庭、社区三结合教育网络实施方案》和《清泉学校家长督学管理办法》《清泉学校家长代表大会制度》，落实家长的知情权、参与权和监督权。

　　家委会的管理形式增进了家长对学校的了解和支持，也让家长充分认识到参与学校管理的权利和义务，对学校的教育教学管理起到了监督和促进作用。如果说学校民主管理是河流对面的岸，那么家校合作便是船，助你渡岸。如果说学校民主管理是天空中的月，那么家校合作便是飞船，助你登月。如果说学校民主管理是一朵绽放的花，那么家校合作便是雨，助你开花。独木不成林，只有千树万树唇齿相依，才有那阵阵松涛。一花不成春，只有千朵万朵压枝低，才有那满园春色。清泉学校民主管理的成功，离不开家校合作。

　　清泉学校以法治成果为平台，立足于制度体系的完善，为民主建设提供保障。实践永远是检验真理的标准，只有在制度的实施和运行中，才能不断地发现问题解决问题，民主建设才能不断趋向完善。

　　恍惚间，五桂书院的桂花芬芳依旧，云顶山仍然云雾缥缈，太平中学的钟声还回荡在耳畔。现实中，清泉学校早已披荆斩棘，找到了自身的特色，并蓬勃发展。正如那涓涓细流，默默滋润万物，清泉学校以泉源育人，培养了一批批德才兼备的优秀人才。清泉学校也成为以"泉文化、德教育"为内涵的独具乡村风韵的品质品位特色学校。坚持依法治校，清泉学校焕发出勃勃生机；践行民主与法治，清泉学校腾飞向前。如同蜕变的蝴蝶，清泉学校经历了美丽的成长和优秀的蜕变，焕发出全新的光芒。

　　时光荏苒，历史的车轮滚滚向前，世界的发展日新月异，清泉学校追梦的脚步永不停歇……

第 2 篇

予人以星火者　必胸怀火炬

若待上林花似锦，出门俱是看花人。
于学校而言，想把学生培养成什么样的人，
那么教师就应该先成为什么样的人。

>>>

第一节　百年大计，离不开教师队伍的担当作为、干事创业

"功以才成，业由才广。"

——【东晋】习凿齿

一、盖有非常之功，必待非常之人

2018年9月10日，全国教育大会在北京隆重召开。面对全世界百年未有之大变局，面对中国教育改革发展新的历史起点上的战略抉择，习近平总书记旗帜鲜明地提出了教育"九个坚持"，其中一项便是"坚持把教师队伍建设作为基础工作"。这是习近平总书记关于教师队伍建设的重要论述，也反映了新时代形势下对教师作用与地位的新认识和新思考。

习近平总书记强调："有高质量的教师，才会有高质量的教育。"中国特色社会主义进入新时代，我们广大人民群众对更好的教育期盼越发强烈，人才兴国的重要性越发凸显，教师的作用和地位也越发突出。兴国必先强师，全面加强教师队伍建设，已成为我国加强教育现代化、建设教育强国、实现中华民族伟大复兴的一项重大政治任务和根本性的民生工程。那么，为何要大力建设教师队伍呢？清泉学校有了以下的几点思考。

1. 优秀的人培养更优秀的人

夏商周时期出现的"庠序"，说明在古代我们已有专门的教育场所，随着时代的更替，教师开始成为专门从事教育工作的人员。

"默而识之，学而不厌，诲人不倦，何有于我哉？"出自《论语》中的这句话很好地诠释了教师传道授业的敬业精神。随着时代的进步，教师对于学生的关注不再局限于成绩，更是注重学生全面发展。

当前，我们正意气风发地向着第二个百年目标全面迈进，需要学校培养一批批建设者，一代代接班人，作为学校发展的基础支撑，培养什么样的人的历史任务，便自然而然地落在教师肩上。教师也在为培养适应新时代的人才做出努力，他们牢记终身学习的理念，常怀忧患感和危机感，不断提升自己的素质。

"教育是一棵树摇动另一棵树"，只有把广大教师打造成逐梦路上的教育"梦之队"，人才的培养才有期待，国家的发展才会有前途。

2. 思想引领进步

"一个学校能不能为社会主义建设培养合格的人才，培养德智体美劳全面发展、有社会觉悟的有文化的劳动者，关键在于教师。"2018年发布的《中共中央 国务院关于全面深化新时代教师队伍建设改革的意见》中强调要坚持教书和育人相统一，意味着教师不能只是知识的传递者，更应该是学生思想的引领者。

在韩愈的《师说》中提到："道之所存，师之所存也；师者，传道受业解惑也。"其中的"道"即是道理，不仅是传授学生知识，也要教会学生为人处世的道理，这与我们现在所提到的广义"德育"中的思想教育是有异曲同工之妙的，教师对于学生思想的影响历久弥新。

思想家郑观应曾提出"教育为立国之本，国运之盛衰系之，国步之消长视之"；严复将教育作为"教民主""开民智""新民德"的手段；梁启超主张兴办师范教育以"兴民"；蔡元培提出要"养成共和国民健全之人格"，皆注重对学生的思想提出要求和改造，将其与国家前途命运紧密相连。尽管当今社会，随着现代技术发展，"AI人工智能"教育逐步出现在大众视野并大有取代传统教育之态势，虽然在一定程度上它能代替教师传播知识，然其对于学生的思想养成，人生观、价值观、世界观的塑造，人工智能永远无法取代教师。

教师树立教书育人之坚定志向，始终忠诚于党和人民的教育事业，做中国特色社会主义的坚定信仰者和实践者，积极引导学生树立崇高理想信念，厚植文化自信，积累报国之才，涵养爱国之情，砥砺强国之志，牢记"为中华之崛起而读书"的呐喊，自觉担负起中华民族伟大复兴的历史使命。

3. 子女教育需求呈现多元化

随着中国特色社会主义进入新时代，社会主要矛盾已经转换为人民日益增长的美好生活需要和不平衡不充分的发展之间的矛盾，人民对于公平而优质的教育资源的期待越发强烈，而优质教育资源，也对教师队伍建设提出更高的要求，这是国内形势的需求，也是人民的殷切期望。

清泉学校虽然处于山区，经济较为闭塞，但我校家长作为孩子教育的重要参与者，也不再同于以往教育环境中的"唯分数论"，对于子女的教育需求已经呈现多元化趋势，相比于学业成绩，家长更看重非智力的教育内容。

家长将培育子女的积极心理态度及道德修养作为首位，同时对于智育、体育、美育、劳育的重视程度齐头并进。因此，培养"五育并举"的全面发展的人才，已成为全社会的一种积极期待，素质教育需要高素质教育者，学校的教师队伍建设便是其中的重中之重。

4. 筑牢教育强国根基

"一个人遇到好老师是人生的幸运，一个学校拥有好老师是学校的光荣，一个民族源源不断地涌现出一批又一批的好老师则是民族的希望。"对于国家而言，建设一支优秀的教师队伍，为国家培养造就高素质人才，是教育事业发展的必然抉择，更是实现中华民族伟大复兴的重要基础。

2022年中国经济年报显示：2022年，我国劳动年龄人口的平均受教育年限是10.93年，比改革开放之初提升了约一倍。从全国范围来看，各级各类教育均取得显著进展。其中，高等教育毛入学率已经接近60%，高等教育在学总规模达4655万人，上大学成了一件稀松平常的事。

教育的普及，带来的便是人才。目前，中国发展成为全球规模最宏大、门类最齐全的人才资源大国。截至2020年，中国科技人力资源总量达1.1亿人。20年间培养了6000万名工程师。2022年，全国研发人员总量达到604万人，连续多年稳居世界首位。

功以才成，业由才广。如今，各类人才奋斗拼搏在各行各业，为中国经济高质量发展提供了强大智力支撑，为民族复兴注入了强劲动力。

"建国军民，教学为先"，进入21世纪，在全球化的视野下，国际竞争越发激烈。"我们要积极发展教育事业，通过普及教育，启迪心智，传承知识，陶冶情操，使人民在持续的格物致知中更好认识各种文明价值，让教育为文明传承和创造服务。"国际社会非常看重一个国家的教育投入，并将教育质量与发展水平作为衡量一个国家综合实力的一项重要参数。因此，重视教师队伍的建设，这既是时代也是国家赋予的使命和责任。

从世界形势的发展变化来看，全世界处于大发展大变革时期，新一轮的科技革命正在酝酿，经济格局发生新变化，国际力量出现新的交锋。当前国际形势，我们可以清晰地看到和平共处，合作共赢的时代态势没有变，世界多极化，文化多样性，信息深入化发展加快推进，我国的发展面临着前所未有的机遇和挑战，这种挑战和机遇需要我们加强教师队伍建设，建设教育强国。

从国内形势而言，我国正处于经济进一步发展的重要战略时期，经济发展进入新常态，经济呈现长期向好的态势，社会总体和谐稳定的态势没有改变，我们中国特色社会主义进入新时代，开启了全面建设社会主义现代化国家的新征程，我国社会主要矛盾已经转化成人民日益增长的美好生活需要和不平衡不充分的发展之间的矛盾，人民对于高质量教育期待更加突出。教师承担着传播知识、传播思想、传播真理的历史使命，肩负着塑造灵魂、塑造生命、塑造人格的时代重任，是教育发展的第一责任人，更是国家富强、民族振兴、人民幸福的重要基石。

教师队伍的建设是实现推动文化传承与创新的中坚力量，教师队伍的素质关乎国家综合实力和人民素质。时代无论如何变迁，教师对于国家发展的作用亘古不变，教师队伍建设是关乎国计民生繁荣与振兴的根本保证。

二、教师队伍建设的初步探索

振兴民族的希望在教育，振兴教育的希望在教师。进入新时代，教师队伍建设面临新机遇、新矛盾、新挑战，教师队伍建设始终是教育教学质量提升的关键环节和核心要素，也是落实《国家中长期教育改革发展纲要》和习近平总书记关于教育的重要论述的关键所在。

我国社会主要矛盾的转化给教育事业发展带来深刻冲击，特别是处于农村地区的基础教育还普遍存在一些难以适应新时代发展的新情况新问题，作为农村九年制义务教育学校，清泉学校在教师队伍建设方面做了以下的积极尝试，大力培养一支师德高尚、业务精湛、结构合理的高素质队伍。

1. 健全长效机制，夯实队伍师德根基

"国将兴，必贵师而重傅。"在教师队伍建设工作中，全面加强师德师风建设是重中之重。教师的思想政治素质和职业道德水平，直接关系到教育事业的成败和民族的未来，加强师德师风建设，是确保教师"培养什么人、怎样培养人、为谁培养人"的前提和基础，对于全面提高教育教学质量，办人民满意教育，具有十分重要的意义。

清泉学校将师德师风作为评价教师素质的第一标准，积极从深化"思政"和师德师风建设入手，全面落实"四有"好老师、四个"引路人"、四个"相统一"等系列要求，学校成立师德师风建设领导小组，组织开展丰富多彩、形式多样的师德主题教育和师德师风专题讨论活动。

清泉学校在每年9月10日教师节期间，会选拔一批"优秀青年教师""优秀班主任""师德标兵"等先进典型进行表彰，在全校乃至全社会大力宣传师德高尚、师风严谨、师能突出的优秀教师，营造尊师重教的良好氛围，引导教师成长为有情怀、有大爱、有素养的"大先生"。

同时学校组织全体教职员工定期学习《中小学教师职业道德规范》《新时代中小学教师职业行为十项准则》等文件，全体教职员工签订师德师风承诺书，深入开展"清风校园"五大行动，积极推进"清风校园"师德师风专项整治行动，努力建设"清明政风"，营造"清净校风"，树立"清正教风"，培育"清新学风"，加强对教师的师德师风、党纪法规的教育，营造风清气正的育人环境。

2. 实施"青蓝工程"，打造教师后备生力军

学校重视新进教师综合能力和专业素养的全方位考察，进一步打造学校优秀教师团队，全力提高教育教学质量，学校建立了"青年教师导师制"，开展新老教师结对帮扶的"青蓝工程"。

学校采用多种途径，搭建多种平台，量身定制，铺设专业发展之路，促进了新教师的快速成长。为新教师购买了教育书籍，每位教师都能够根据自身发展需求和学生成长需要，自主选择阅读书目，自主深入阅读。每月上交"师徒结对"工作手册进行展示，鼓励青年教师加强学习，夯实教学基本功。

每年9月，学校举行"青蓝工程"签约仪式，加强对新入职教师的教育教学理念、教学基本功和教学技能的训练。通过带工作提升技能，带思想强化觉悟，确保新教师在工作中能目标清晰，精准施策；通过导师的传、帮、带，给青年教师铺路子、搭台子、压担子，激励青年教师快速成长，脱颖而出；同时，通过互帮互助，实现师徒共同提升，整体优化学校的教师队伍建设，打造一支结构层次化、实践专业化、发展可持续化的教师队伍。

学校也开展形式多样的新教师培训活动和教学比赛，如"师徒结对，同课异构"同台竞技活动，旨在激励新教师的内在动力和提升教育教学质量，着重打造一批理想信念坚定、专业技能过硬的可堪重任的后备教师队伍。

学校力保"青年教师共同体"高位起步，以"骨干引领，团队研修"分层分类分梯队培养为模式，为青年教师制订了三年期专业发展研修计划，助力新教师快速实现"专业入门"。并通过学校名师工作室团队的课程培训，鼓励青年教师勤于学习，以学促教；勤于实践，以行促教；勤于钻研，以研促教。学校青年教师在学校"青蓝工程"搭建的平台上不断淬炼自己，迅速成长。

2022年，学校引进了研究生肖雨江老师，学校按照新教师培养要求，为她在学科教学方面寻找了一位师父——从教地理学科30余年的吴健老师。吴健老师从备课、上课、布置作业、批改作业等方面对肖雨江老师毫无保留地全面指导，同时肖雨江老师在教育教学中存在疑惑也积极寻求师父的建议。就这样，从最开始的毫无头绪，再到最后的独当一面，作为新教师的肖雨江很快成长起来，并主动担任地理备课组长，在这一年的教育教学中，她取得了不少的成绩，在学校开展的"展课堂风采，探课改之路"的交流发言中，她的发言获得好评。在青白江区2023年教师试题命制比赛活动中，荣获二等奖。2023年9月，肖雨江老师又多了一重身份，成了师父，与新入职的地理老师吴佩芸结为师徒，开启了她的师父生涯！

3. 突出"内培外引"，激发教师内生动力

教师培训是提高教师队伍素质的有效途径。清泉学校注重教师发展的全面性和可持续性，把提升教师专业队伍的整体素质，促进教师和学校共同发展作为重要目标，为教师向更高水平发展提供支持。

清泉学校全面实施教师全员培训、国培计划、省培计划和信息技术应用能力提升工程，建立和完善教师全员培训制度和培训经费保障机制，每年开展教师全员培训、新教师培训、骨干教师培训、学科专题培训等活动。同时大力推行"骨干教师培养""名师工作室"等区市级培优项目，建立健全教师专业成长通道，优质教师队伍不断壮大。

学校目前各级骨干教师有85名，授牌并启动校内2个区级名师工作室和4个校级名师工作室。制订了学校名师工作室考核方案，发挥名师一个人带动一群人的群雁效应。区级名师工作室有：彭雪莲班主任名师工作室、管璇音乐工作室；校级名师工作室有：罗隆英、曹桂萍、张国昭、彭霞工作室。

学校加大对优质人才的引进力度，截至目前，共引进骨干教师10名，引进研究生学历教师16名，为学校教师队伍不断注入强劲的青春能量。

学校于2021年积极寻求四川西部教育研究院专家的帮助，为教师专业发展全面"把脉"，并通过开展一系列专题讲座等培训活动，不断促进我校教师业务素质的提升，强大的后备师资为我校教育高质量发展提供重要的人才支撑。

4. 强化教研，为教师专业发展赋能

纵观清泉学校的百余年的发展历程，校本教研制度在其中发挥了举足轻重的作用，也形成了完备的"教导处—教研组—备课组"三级教研体系，为学校教师发展提供了强有力的专业支撑。

学校每周组织教师进行教研专题学习讨论，做到全面推进、突出重难点。同时也与区域内大弯集团学校结为教研共同体，交流思想，相互学习。

在科研方面，省级课题《基于数字化实验培养农村学生探究能力》于2020年12月立项，课题以理化生数字化实验为平台，以培养学生探究能力为主要目标。市级课题《义务教育阶段道德与法治课中的体悟式教学策略研究》于2020年10月成功立项，课题研究的主要目的是以单个学科为突破口，探寻体悟式教学操作策略，为其他学科提供课堂模式范例。目前，学校1个省级课题、2个市级课题、5个区级课题、19个校级课题按研究计划稳步推进，多点开花，成果丰硕。

教师也在科研工作中积极探索、潜心专研。近年来，教师深耕科研，撰写各级各类论文，获省市区表彰更是不计其数。学校多次被评为成都市教育科研先进集体，极大地鼓舞了教师开展科研工作的热情，树立了继续深入开展科研的信心。

清泉学校通过创新教研活动内容和形式、强化课题引领、统整教研资源、设置分层教研任务、搭建展示平台等方式，形成了全方位、立体式区域教师专业成长构建，以现代化教研助力教师专业的长足发展。

5. 完善工作机制，规范教师队伍管理

清泉学校在编制标准内，积极向上争取政策支持，招聘优秀教师，不断充实专业教师队伍，满足学校教育教学需求。根据学校的实际情况，通过事业单位公开招聘、特岗教师招聘、临聘教师招聘等形式，进一步加大紧缺薄弱学科教师补充力度，有效缓解教师队伍老龄化、结构性缺编的问题。近三年学校累计招聘教师40名，其中临聘教师29名，及时补充到学校教育教学一线，保障了师资力量。

在职称评聘方面，学校进一步完善职称评审程序，优化职称评审方式，本着"师德为先、业绩为重、公平公开"的原则，根据《清泉学校教师专业技术职称评聘实施办法》，严格按照《清泉学校教师专业技术职称评审量化考核评分细则》进行考核，规范程序，不断构建、整合并优化学校教师队伍。

　　教育是国之大计、党之大计；教育大计，教师为本。在全面建设社会主义现代化国家新征程中，知识和人才的重要性不言而喻，迫切要求我们要充分认识教师队伍建设的极端重要性。

第二节　人才自古要养成　放使干霄战风雨

"试玉要烧三日满，辨材须待七年期。"

——【唐】白居易

　　清泉流水，润物无声，有这样一群人：他们爱岗敬业，对工作精益求精；他们以爱为本，为孩子成长导航；他们坚持不懈，不断向前向上，他们的名字就是——清泉学校教师。

　　于他们而言，教育，是一场温柔与爱的坚持。他们秉承着"勤奋自强，厚德载物"的校训，用小小的光，引领学生前行；用纤弱的力量，让学生变得坚强；用高度的责任心，赢得家长的信任；用丰富的经验，引导新教师的成长。他们如同一盏盏灯点亮学生成长，又好似一把把伞护佑学生前行……

一、以"德"为桨，奔赴教育的星辰大海

　　"在平凡的岗位上做不平庸的事，创造不平凡的业绩"，这是清泉学校教师执着的誓言，也是他们坚定的行动。谷显根老师就是其中的一位，虽然历经了千难万险，但依然在教学岗位上坚定不移。

　　斗转星移，岁月如梭。从18岁的风华正茂到59岁的两鬓染霜，教学40余载的谷显根老师长期辗转于北宁、尖山、秧田等条件艰苦的村小任教，他数十年如一日，在困难面前绝不退缩。教学生涯已悄然如逝，如同翻过去的一页页日历，而在谷老师眼里始终只有那神圣的三尺讲台。他用顽强的意志，与艰苦的自然环境抗争，与疾病抗争，用忠诚奉献教育，用无悔书写人生！

1. 育苗有志，德高为师

　　1981年8月，谷显根老师通过考试，怀着对未来的美好憧憬，对教育事业的一

腔热血，走上了三尺讲台，成为一名人民教师。那一年，他18岁，任教于清泉镇北宁村小。当时，学校的工作和生活环境很差，他没有因为环境的恶劣怨天尤人，而是默默无闻地扎根乡村的教育事业中。初为人师那几年，他深知自己的功底不厚，经验不足，为了不误人子弟，他希望勤能补拙：休息时间把作业拿回家去批改，以便及时给学生查漏补缺；夜深人静时，他常常伏案修改课件尽量做到因材施教。

1992年前的尖山村小，工作环境很差，师资力量薄弱，学校教学质量长期低下，校领导早就想提高学校的教学质量了，却苦于没有一个恰当的契机。7月，谷显根老师从金堂师范校进修回来后，为了充实该校的教师队伍，提高该校的教学水平，学校领导准备把他调入该校任教。几位领导在征求谷老师的意见时，他不但乐意地接受了任务，还主动提出把自己的爱人彭育蓉老师也调到该校去任教。

到校之后，所遇到的困难，比谷老师想象的还要严峻。不论是学校的硬件设施，还是学生的日常行为习惯，与他原来所在的北宁村小相差甚远。当时他的主要教学工作是四、五年级的数学教学。谷老师接手的这个四年级，在三年级下学期的统测中，40多个同学就有18个不及格，7个刚刚60分。班上的数学成绩，不仅是本校最差，也是全学区最差。上任数学老师形容该班的学生为"朽木""不可救药"。但谷老师不信邪，他也绝不相信40多个学生的班，居然会有一半的基础薄弱生。出现这种情况，肯定是有原因的，谷老师决定要啃啃这块硬骨头。

为了取得学生的信任，他主动同学生谈心，了解他们家庭情况，一起讨论何为学生心目中的好老师，拉近师生间的距离。通过调查了解，他找到了该班数学成绩差的诸多原因。

冰冻三尺非一日之寒，教学也非一蹴而就的。为了改变该班的现状，谷老师挤出时间重温《教育学》等理论书籍，然后根据该班的具体情况采取了一些行之有效的措施。他知道，要让学生学好数学，兴趣是最好的老师。为了提高学生对数学的兴趣，他认真钻研教材，厘清知识点的逻辑关系，他花费大量时间给学生复习，尽量做到温故而知新。复习期间的知识起点低，阶梯小，降低了学生掌握知识的难度。这样循序渐进地教学，也激发了学生对数学的兴趣，消除了学生的心理障碍。

经过谷老师两年的努力，该班在毕业检测中，合格率100%，优生率达86%，综合考评列学区第一。该班的蒋福林同学单科成绩高达149分（总分150分），是学区的最高分。

谷老师在教学岗位上40余年如一日，初心不改。虽已临近退休，仍在教学一线工作岗位上发光发热。"一分耕耘，一分收获"，由于他教法灵活，因材施教，多年来，在各级各类统考中，他所教的学科都名列同类班级的前茅。

2. 躬耕乐道，辛勤成行

谷老师今年已经59岁了，但他依然坚守在教学一线，别看他早出晚归整天都耗在学校里，不知情的人怎么也看不出六年前他才做过开颅手术。在这40余年教师生涯里，他一心扑在工作上，因而常常忽略了自己的健康。

2005年5月，谷老师在北宁校区上课。有一天上班途中，他骑车遭遇车祸，右手骨折。治疗后在家休养，但他心里仍然惦记着学生的学习：学生们马上面临毕业了，我没有到校学生们的学习怎么办？如果学校另外请一个老师去教他们，新老师了解学生的学习情况吗？学生能很快适应新老师的教学风格吗？这些顾虑让他无法安心养病。因此不到一周，他忍着伤痛，带伤工作，校领导让他安心在家休养，可他拒绝了领导的好意。课堂上，他无法板书知识点，每堂课，他就口述教学，再由班长刘晓梅同学板书。在他和同学们的共同努力下，最后在毕业调研检测中，班上的数学成绩名列学区第一，很多同学都取得了优异的成绩，张教明同学的数学还考了满分。但是因治疗期间没有休养好，他的右手留下了后遗症，每逢天气变化，就会隐隐作痛，但他无怨无悔。

2016年10月，在学校组织的常规体检中，查出谷老师脑内有一个核桃大的脑膜瘤，他将信将疑到四川省人民医院复诊，确诊无疑后选择在华西医院做了开颅手术。他出院后，短短休养月余，考虑到学校人员紧张，又主动要求回学校上班。他笑称在家里闷得慌，站在讲台上心里会踏实一些。而这时从他请假就医到返校上课还不到3个月的时间，这种敬业精神尤其让人感动。因为他热爱教育、热爱孩子，为了这不变的信念，他和疾病进行着顽强的抗争！

谷显根老师爱岗敬业，不但得到学校的肯定，也得到学生、家长和社会的认可，所带班级多次被评为区优秀班集体。2021年8月29日，学生和家长自发地为他送来"品德高尚，教学有方"的锦旗。

光阴似流水，40余年来，在青白江乡村教育的这片热土上，谷老师数十年如一日，不停地播种、耕耘，没有停息。在困难面前他没有退缩。尽管他失去了很多，但也收获了许多，他收获了学生的爱戴、家长的信任、同事的赞扬、领导的肯定，他收获的是作为教育人内心满满的幸福。他在平凡的工作岗位上用自己的人格魅力，影响着一届又一届的学生。他用自己的不懈努力，诠释着他对教育事业的无比忠诚，诠释着他对人生价值的执着追求！

二、以"爱"为帆，做擦亮星星的人

17年，只是历史长河短暂的一瞬，却是罗隆英老师人生中非常精彩的一段时光，她通过17年的辛勤努力，由一名普通教师迅速成长为一名优秀的乡村教师，成长为青白江教坛上一颗闪亮的新星。在这17年里，她遇到过不少贫困学生、后进学生、留守学生，但他们都在她的精心呵护下，个个都成长为品格健全、追求进步、勤奋好学的好学生。

1. 扎根乡村，青春无悔

2006年，罗隆英老师大学毕业来到清泉学校任教。这是她的母校，在这里，她曾经度过了青春年少时虽然清贫但又最幸福的9年求学时光，老师无微不至的关怀使她自信而快乐地成长。因此大学毕业后，她毅然决然地回到母校，接过恩师传来的接力棒，在三尺讲台上演绎自己生命里最美丽的华章。

清泉学校位于青白江区毗河以南的山区丘陵地带，学校办学条件差，教师待遇低，但是罗老师并没有因此而怨天尤人，她一直坚持在教育教学的第一线，担任初中数学教学和班主任工作。工作中，她任劳任怨、兢兢业业，出色地完成了学校交给的工作任务，她无怨无悔、勤勤恳恳、无私无畏地为山区教育事业奉献着自己的光和热。为了班上的孩子，她放弃了很多本该休息的节假日，她将自己的全部精力都用在了教育教学工作中。在她多年的班主任生涯中，她用最朴实、最无私的爱赢得了学生的信任和爱戴。

2. 以心换心，心心相印

在教育教学工作中，罗隆英老师关心爱护每一个学生，严格要求每一个学生，同时给学生营造一个宽松、和谐、民主、平等的学习氛围，使学生健康快乐地成长。

清泉学校的很多学生都来自青白江的云顶、人和山区，大部分学生是留守儿童。为了更好地教育班上的学生，罗老师每学期都要利用周末和寒暑假的时间对班上的学生进行家访。特别是初2009级4班，有多名来自云顶山区的学生，学生的家又分散得很远，当时交通不便、道路崎岖，她特别雇了一辆摩托车花了好几天的时间连续进行家访。由于不熟悉山区地形，她只得边走边问，因此走了很多弯路，但是她一点也不气馁，而是真正体会到了孩子们上学的辛苦。

罗隆英老师班上有个学生叫小宁，父母离异，父亲长期在外打工，心灵从小就受到了伤害。刚跨进中学校门时，他满身的衣服既脏又破，头发又长又乱，脸上还有污泥，眼神充满敌意，他不仅性格内向，而且个性就像刺猬一样，容不得别人一点伤害，哪怕只是语气有点不对，也会让他产生防卫的心理。罗老师第一次见他，就觉得他以一种戒备的眼神看着自己，心里咯噔一下，知道这个孩子如果不好好教导，他将来极有可能会误入歧途，因此罗老师对他特别地上心。

有一天早上，上第一节课时，罗老师发现小宁还没有到校，以为他只是迟到，就一直在校门口等他，直到第一节课下课，仍不见他来，心里非常着急。因为他家里穷，也没有电话，他父亲在外打工，也联系不上。罗老师立即骑上她的自行车直奔他家去。

小宁的家在山脚下，罗老师看着他家的房子，鼻子酸酸的，那是一个又破又矮的土墙屋子，门半开着，屋外杂草丛生，附近百米内无其他房屋，很难想象这里还能住人。罗老师在屋外大声喊着他的名字，不见回应，只听得门口那只狗的叫声，于是，她只好到离小宁家较近的人家打听，终于找到他的三婆婆。三婆婆将她带进屋，只见小宁还睡在床上，三婆婆将他摇醒，可他一见老师，马上跳下床，飞跑出门，直奔屋后的大山，最后消失在她们的视线里，罗老师的心里非常难受。

第二天早上六点半，罗老师叫上一个比较熟悉小宁的同学径直奔他家去。这一次，她让那位同学堵在门口，自己和三婆婆进去。果然，见到她们来，小宁又往外跑，但被守在门口的那位同学紧紧拉住。"你再跑，我明天又来。"罗老师大声说道："你还跑，我还来，直到你上学为止。"听了老师的话，他渐渐安静下来，"老师，我错了，我前天晚上上网去了。"在老师的劝导、开解下，他终于答应一起回到学校上学。

经过这件事，罗老师对小宁格外关心，像亲人一样地爱护着他。这个孩子渐渐地发生了变化，他不再去网吧，不再像个刺猬了，开朗了很多，也愿意主动和同学亲近了，学习成绩也得到了很大提高。这一切的变化，让罗老师感到无比欣慰。

在罗老师几年的班主任生涯中，虽然遇到了一些与小宁类似的学生，但他是最特别的一个，这让她感到，老师无私的爱对孩子一生的成长是多么重要。不管在管理中遇到多大的困难，她坚信只要自己以真心对待孩子们，他们也必将回报自己一颗赤子之心。

3. 以德育人，爱心无限

罗老师任教的2012级2班有一名学生叫小杰，他还有一个双胞胎哥哥小豪就在隔壁班念书，他哥俩的数学课都是罗老师在教。小哥俩的父母离异后，他们跟着爸爸过，平时他爸爸经常到外地打工，家里就只剩他兄弟俩。弟弟小杰虽然比哥哥聪明，但脑袋里整天想着上网打游戏，成绩从刚进校的名列前茅到十几名、二十几名，一直下滑。经过家访，罗老师了解到小杰周末常去上网，有时中午饭后也去，后来哥哥禁不住诱惑，也去上网。她及时与在外地打工的孩子们的父亲联系，双方商定好，让两兄弟住校，这样可以避免他们下午放学后上网。可是周末呢，为了供养这兄弟俩，爸爸还得出门打工挣钱，即便在附近工作，白天也无法看管有网瘾的小杰。为了解决这一难题，罗老师告诉他的父亲，让他周末早上出门前，将兄弟俩送到自己家，晚上下班后再来接，中午孩子们就在她家吃饭，不用担心任何费用。

罗老师以为，这样的付出能让小杰改变。可是有一次周末快午饭时，借上厕所之机，他俩跑了。后来，她在一家游戏厅找到了他们。面对他们，罗老师承认自己没有游戏有吸引力，她不断地反思，是不是自己的教育方法有问题。后来几周，他们好像变得很懂事，学习也很认真，殊不知这只是表面现象。就在一个星期二的晚上，已经11点10分了，罗老师的电话响了，得知小杰和另外四位学生不在宿舍，她马上骑上自行车，到她熟悉的那几家网吧找人。夜已经很深了，罗老师心里不免有些害怕。网吧的老板看见她，也会大声奚落，很生气地赶她走，不过她已经习惯了。后来，终于在一家网吧找到他们。面对孩子们的不懂事，罗老师很失望，也很伤心。但她还是静下心来，慢慢地给他们讲道理，耐心地开导。从此以后的课堂上，罗老师都会抽小杰回答问题，经常给他鼓励，让他在学习中重拾信心。生活中，罗老师像亲人一样关怀着这个孩子。渐渐地，这孩子变了，学习成绩慢慢提高，后来，小杰和小豪都以优异的成绩考上了国家级重点高中。罗老师笑了，因为孩子们的点滴进步都是她最大的安慰。

4. 孜孜以求，不断进取

多年来，罗老师圆满地完成了学校交给她的各项任务，取得了一系列优异的成绩，得到了领导的肯定，同行的赞许，家长的认可和学生的爱戴。在教育教学工作中，罗老师的努力得到了回报，她所任教班级成绩特别突出，被评为"市教坛新秀""区优秀青年教师"。所带班级均获得校级、区级、市级"先进班集体"

称号，她多次被评为优秀班主任。

努力拼搏，不断进取，做一名让学生开心、家长放心、社会满意的优秀人民教师是她一生的追求。

三、以"专"为光，向下扎根向上生长

教育兴则国家兴，教育强则国家强。新时代新征程呼唤广大教师要有新的精神状态、新的奋斗姿态。以热爱之名义扎根于教育，倾其所能传道受业解惑，从教二十多年的郑丽老师，带着对事业的不倦追求，怀着对孩子们的无限挚爱，在自己深爱的工作岗位上，认认真真地学，扎扎实实地教。

1. 用心教学，尽职尽责

在教学中，为了调动学生上课参与的积极性，发挥学生的主体地位作用，提高课堂教学效益，郑老师认真钻研教材，不断探索，努力学习新的教学理念，将之运用到教学中，做到：制定合理的教学目标，把各种教学方法有机地结合起来，充分发挥教师的主导作用，以学生为主体，力求教学深入浅出，通俗易懂，帮助学生顺利突破教学重难点，达成学习目标。

为了关注每一个学生，让课堂高效起来，在学生小组合作学习的基础上，郑老师尝试了小组捆绑评价方式，规定：完成学习任务汇报时，哪个小组举手的人多，就请哪个小组汇报，汇报得好，就可以得到奖励（小组每人加操行分，操行分作为评优获奖的依据，每月结算）。渐渐地，小组成员之间互学互助，学习吃力的孩子有了快速的进步，孩子们收获了知识，老师也收获了惊喜。2017年郑老师所带班王雪同学参加区"学经典"比赛获得了青白江区三等奖，姜佳甫同学获得了青白江区特等奖，并获得成都市"诵读小明星"称号。2020年阳熙同学在青白江区"写经典"征文比赛中荣获青白江区一等奖。

2. 师徒结对，共同进步

在严格要求自己，上好自己所教学科的同时，郑老师也主动与本学科组教师联系，共同制订并实施教学计划。在平常的教学探讨中，她从不吝惜自己的点滴经验，充分发表自己的意见和建议，带领年级组取得了很好的成绩。

在与新教师的师徒结对活动中，郑老师与新教师认真签订师徒协议。在平时

的教学中，她经常走进徒弟的课堂，听课后及时指导，帮助年轻教师进行反思。通过这一系列活动，青年教师在教学中学到了很多教育教学理论知识，提高了教育教学能力，圆满地完成了教育教学任务。2017年郑老师指导青年教师李莎参加了青白江区说课比赛荣获二等奖。此后，李莎老师撰写的多篇论文荣获了市级、区级奖励，也多次执教校级、区级示范课，在2020青白江区第三届信息技术与教育教学深度融合创新应用技能大赛活动中，获一等奖。2023年郑老师代表青白江区参加"成都市小学语文单元整合教学专题研讨活动"执教示范课《有目的地阅读》，获得专家的高度认可。

3. 醉心教研，自我提升

苏联教育家马卡连柯说过，任何工作都不像教师的工作那样需要随机应变的灵活性。"科研是兴校之本"，在学校，郑老师也积极参与课题研究。与其他课题组的成员一起讨论、研究、交流、观摩课堂教学，团结协作。郑老师任主研的区级课题《培养农村小学生良好的书写习惯策略研究》已经于2018年6月顺利结题。为了进一步提高语文课堂效率，学校已立项的区级课题《在农村小学开展组文阅读教学培养学生语文学科核心素养实践研究》中，郑老师也再次作为主研人员参与研究。

教师的成长离不开学习，郑老师也积极参加各级培训学习。2012年9月—2014年6月，她加入了"刘晓牧名师工作室"，学到了很多教育教学理论并开阔了视野。在实小集团组织的"管建刚作文教学之讲评课说课探讨会"中，她主讲了《让对话精彩起来》，获得了一致好评。郑老师也多次在工作室组织的送教下乡活动中任主讲教师，坚持把在名师工作室所学到的东西用于教学中。2020年，郑老师代表青白江区参加成都市小学语文教研活动，示范课《文本对比，深化认知》获专家好评。

一分耕耘，一分收获。任职以来，郑老师在各种教育教学活动中也取得了优异的成绩，如区"优秀青年教师"、区"学科带头人"、区"优秀班主任"、区"先进个人"等。二十多年的教学生涯，有苦、有甜，感受着新课程理念的和风，沐浴着新课程改革的阳光，郑老师以自己的实际行动与优异的工作业绩证实了一个教师的人生价值。在这一个个平凡的日子中郑老师浇灌的是心血，绽放的是鲜花，开启的是希望，她在这平凡的教育事业中演绎着她的精彩人生！

"讲台虽小，能载千秋伟业；烛光虽微，亦照万里山河"。千千万万教育者的故事带来的感动依旧在延续，学海无涯，艺无止境，教学就是一场修行，漫漫教学路上，清泉学校的教师在实践中磨炼，在求索中提高，在热爱中燃烧，以独特的匠心为新时代的教育事业刻字绣花，绽放耀眼的光芒。

第三节　未洗染尘缨　归来芳草平

"济济多士，乃成大业；人才蔚起，教育方兴。"

——佚　名

教师是学校发展的第一资源，教师队伍的素质决定着学校的发展水平，高度重视教师专业发展与学校质量提升有着本质关系，教师的专业成长也是学校优先解决的最重要的事项。自党的十八大以来，习近平总书记多次就教师队伍建设和教师素质问题作出重要论述，他号召广大教师要争做有理想信念、有道德情操、有扎实学识、有仁爱之心的"四有"好老师。清泉学校结合本校实际，秉承"循循勉勉，润物无声"的教风，为教师发展创造机会、搭建平台，促进每一位教师每一学年在自己专业发展方面均有所提升。学校通过以下措施，继续推进教师队伍建设，着力打造一支德能双修的新时代教师队伍。

一、为人师表树新风，润得桃李春满园

师德建设是我国教育改革的核心内容之一，高尚的师德是优秀教师所必备的品质，师德建设的好坏直接关系到教师专业水平的高低。好的师德建设可以提升教师的教学品质，促进教师专业水平的提高。"加强教师队伍建设，提高师德水平和业务能力，增强教师教书育人的荣誉感和责任感"是党的二十大报告对教师队伍建设提出的明确要求，也是我们的光荣职责和神圣使命。

1. 立师德，明月入怀，杏雨沐身

（1）政策培训

教师是人类灵魂的工程师，学校是一片圣洁的土壤，在师德师风的创建活动中，清泉学校利用各种会议，组织全体教师学习有关师德的各项规章制度，使全

校广大教师明确新时期教师工作的指导思想，担负起培养时代新人的历史使命，懂得什么样的教师是适应时代要求的合格教师，时刻用教师职业道德规范约束自我，使教师能在思想政治上，道德品质上，学风学识上以身作则。

（2）理念培训

学校对教师进行"师德为先""以学生为本"等理念培训。不同的年龄段教师在教育经验与教学风格上均有不同，年轻的教师虽然教学经验不足，但是接受新事物能力较强，专业成长潜力也是最大的，因此学校开展了当下最先进的师德教育理念的培训，培养年轻教师优秀的师德水平，从而大幅度提高教师专业水平。而年龄较大，具有丰富教学经验的教师，在日常的教学中已经潜移默化地形成了一定的师德品质，但是缺乏明确的指导，在自身的专业水平上，成长空间已然不大，针对此种情况，以符合当下教育环境的师德理念培训这部分教师，从而以思想教育为主、专业成长为辅的手段促进年长教师的师德水平和教学水平进一步深化。

（3）能力培训

学校对教师进行精湛业务能力的培训，特别是对教师进行践行社会主义核心价值体系能力培训。除此之外，为教师设置了未来在工作过程中可能会遇到的一些不同难度的任务，在这一环节能够验证教师面对困难的一些实际心态，以确定教师是否在未来遇到困难时能够不断地坚持，而不是轻言放弃。

2. 正师风，榜样化光，追风赶月

（1）厚植师德基因，坚持以德从教

学校每学期都会组织教师学习中小学教师职业道德规范，结合自身职业行为进行反思，并形成书面材料。每学期还会开展"师德论文评选"和"师德论坛"等活动，新老教师互相交流学习教学思想及教学实践经验，以及师德建设的体会，深化了教师对师德的理解和认识，从而使师德建设融入教师的教学实践中，促进教师具体教学实践水平的提高，客观上促进了教师专业水平的提高。

（2）聚焦师德文化，树师德正师风

学校在校本研修中进行师德培训，并且紧密结合了教师的实际，印发了师德师风建设实施方案，开展了"清白从教、美丽人生"师德师风建设活动，同时为规范师德建设及教师从教行为，通过签订师德承诺书，强化教职工文明从教，规范从教意识。

（3）廉心聚力行稳，风清气正致远

学校将每年3月中的第一周定为"师德教育周"，每年九月定为"师德宣传月"，教师节还会评出"十佳师德标兵""十佳班主任"，树立先进典型，宣传模范事迹，弘扬优秀师风。通过宣传和模范引领营造树师德、正师风、铸师魂的良好氛围。学校还组织了广大教师学习党的二十大精神，要求教师中的党员发挥带头作用，深入贯彻落实习近平新时代中国特色社会主义思想，以教师中的党员带动非党员，提高整体教师的思想觉悟。

3. 铸师魂，严己作尺，反馈化影

（1）健全师德测评考核机制

学校制定了青白江区清泉学校师德考核评价办法，把教师师德作为职称评聘、评优选先的重要依据，为每位教师建立师德考核档案，每年定期对教师进行测评、考核。

（2）实行多元测评考核方法

学校采用不定期测评的方式，通过学校、学生、家长、社会等多元测评，在不定期测评的前提条件下，能够让教师随时随地做好准备，不断督促自己的言行，从而了解教师师德状况。并且在推进相关师德师风工作的过程中，学校管理人员及时地去听取学生的一些想法与意见，积极地与学生进行沟通和了解，让学生从一种客观态度来对教师给予真实的评价。同时，采取问卷、座谈、家长会、校长信箱等多种形式对教师师德进行全方位考核。

（3）建立奖罚分明评价机制

针对那些具备较高师德师风素养的教师，学校给予物质奖励或者是精神奖励，凡严重违反师德纪律的，本学年度不评先进，年度考核不评优秀，当年暂缓评定职称，特别严重者将按程序报上级有关部门处理。师德考核为"不合格"，则实行一票否决，不能参加奖励性绩效工资的考核。

清风沐桃李，师德润初心。师德，是教师的灵魂，是教育教学的生命，弦歌不辍，风雨无悔，风高浪急亦无所惧怕，清泉学校的教师将继续勇担立德树人的职责使命，让师德之光照得更亮更远。

二、授人以渔增智慧，悉心培养铸师魂

柏拉图说："一个民族中只有最优秀的公民才有资格当老师。"而现实是：并非所有老师都是最优秀的，所以教师队伍的建设培养尤为必要。教师的专业成长是教师作为专业技术人员，在自己所从事的专业领域内思想、知识、能力等方面不断发展、提高和完善的过程。这个过程是从新手教师到专家型教师的过程，是一个持续不断自我更新与提升的过程。同时，教师的专业成长离不开学校这块土壤，学校的教学质量离不开教师的整体素质，提高教师的专业成长，打造新时代教师队伍，是清泉学校一直在深思和实践的问题。

1. 思想是行动的灵魂，内驱力是成功的基点

内驱力是个体在环境与自我交流过程中产生的，给个体积极暗示的生物信号，具有驱动效应。萧伯纳说："人生的真正欢乐是致力于自己认为是伟大的目标。"于教师而言，在内驱力的驱动下，教师能够快乐地全身心地投入教育教学中，以饱满的工作热情和极其负责任的态度对待自身的专业成长与发展。如2022年，学校鼓励50岁以下教师制定三年成长规划，明确奋斗目标，激发内在潜力。

（1）做有温度的教育，培养有情怀的教师

对职业的高度认同感，来源于教师内心深处对学校环境带来的感受。要增强教师职业认同感，让教师真正做到爱自己、爱学生、爱学校。清泉学校积极营造尊师重教的良好氛围，教师之间的相互尊重，学生、家长、社会对老师的尊重，让老师感受到职业的美好与伟大，从而激发自己加强专业成长，不断充实自己专业知识，蓄积教育艺术。

学校每年国家法定节假日对教师进行慰问或表彰，如三八妇女节为全校女职工献上祝福的鲜花；教师节表彰先进，鼓励典型，在学校网站、公众号等平台积极宣传优秀教师，向全社会营造了尊师重教的良好风尚。针对新入职教师刚来学校没有住宿，学校后勤部门会贴心地为教师准备好宿舍，安排好一切，让新教师安心教学；学校设立教工之家，每天为老师提供热乎可口的早饭，让教师们有一个良好的状态开启一天的教学工作；学校工会在老师生日的时候，会为老师们送上生日的鲜花与贺卡；同时举行教师集体生日仪式，向在寒暑假期间生日的教师送上生日的祝福；每一学期期末举行教师荣退仪式，向退休教师表达学校的感激

与尊重。

良好的工作环境将激发教师极高的工作热情，学校积极营造教师认同感的工作氛围，让广大教师工作更加舒心。

（2）**打铁还需自身硬，无须扬鞭自奋蹄**

教师发展需要经历四个阶段，分别是：专业型教师、智慧型教师、钻研型教师、引领型教师。因此合理而完善的职业规划，是教师实现专业成长的指明灯。学校积极指导每位教师完成自己职业生涯的规划，如《清泉学校中青年教师三年规划》，从师德、科研、教学、自我提升等方面，让教师进行全面的自我审视与规划，形成符合实际、清晰明了、能够实现且具有一定挑战性的职业规划，并定期对比落实。职业规划的目标要从短期、中长期、长期进行，将长期目标切分为短期目标，在不断实现短期目标过程中，找到职业归属感与认同感。同时在教师制定职业规划时，也从专业理念、专业精神、专业技能等方面着手，既体现教师职业的道德操守，又体现学科的专业素养，还体现教育教学的综合能力。这样，教师在实现自身职业规划的同时，实现专业成长与发展。

2. 没有规矩不成方圆

（1）**完善教师评价制度**

学校建立了月、学期、年度详细评价机制，推进综合性评价，将短线评价与长线评价相结合，定性评价与定量评价相结合，过程性评价与结果性评价相结合，对教师师德、学习、培训、教研、技能、教案、作业、辅导、测评、业绩成果等进行全面精准的评定。学校还制定了《清泉学校教职员工绩效考核实施方案》，从师德考核评价方法、教职员工工作量化标准方案、班主任绩效考核等不同层面对教师进行综合考核，如：①自我评定，定位找差距；②互相评定，互相指问题；③考核组评定，公平出成绩；④反馈交流，直面表决心；⑤反思整改，对症促成长。这样，不管从学校还是教师个人角度，每个教师都会在每一阶段开展自我反思，寻找差距，及早发现并解决问题，实现专业成长，提升教学能力。

（2）**推进教师职称评聘制度建设**

教师的职称评聘与岗位设定是对教师学术水平、教学能力等专业素养的综合评价，更牵涉教师切身利益，是教师非常关心的事情。健全而严格的教师职称评聘制度不仅能够激发团队的战斗力，更能长效驱动广大教师的专业成长。教师队伍是一个阶梯式的队伍，从初级到中级，从中级到高级，从高级到正高级，这一过程就是教师专业成长过程的体现和具象反映。每晋升一个级别，除了专业年限的限制之外，还有诸多条件和门槛，越高的级别要求具备的条件就越多。这些条件和门槛就是对教师专业成长的考量。学校从有利于教师专业成长的角度设定评聘条件，制定了《清泉学校教师专业技术职称评审推荐实施办法》，细化教师专业技术职称评审细则，健全评聘制度，为激励教师的专业成长提供有力的保障。

（3）搭建展示平台，促进专业成长

课堂教学竞赛、教学论文竞赛、教师基本功竞赛等各种竞赛活动，也能够有效促进教师的专业成长。教师积极主动地参加各类竞赛活动，以赛促培，让教师在竞赛中发展和提升专业素养，各种技能大赛是促进教师专业成长的有效手段。学校善于利用教育行政部门的各个级别的竞技活动，同时开展校内技能大赛，激发广大教师专业成长的自觉性。学校在每一学期开展"党建引领，课堂育人大赛"、"一驱四环，三阶递进"探究课、"师徒结对，同课异构"等赛课活动。以及开展基本功大赛、优质课竞赛、说课竞赛、师德演讲大赛、课程标准大赛、学科知识竞赛、试卷制作比赛、试卷评讲比赛等技能大赛，既是教师专业成长的催化剂，也是教师专业成长的保障。

3. 重视教研挖掘优势

"教而不研则浅，研而不教则空。"从结构上看，教研是关于教育、教学、教材、教师，乃至课程、学生、学习和作业等方面的研究（或研讨、研修、研学、研发）的统称，而不仅仅是教育研究或教学研究。清泉学校重视培养高素质教师队伍，在教研这一块落实到位。

学校还结合实际，挖掘自身优势，做好学科引领，开展集体备课教育科研，推进专家引领式教育科研，开展集团统筹式教育科研，这样有助于教师专业成长。

（1）三个臭皮匠，赛过诸葛亮

"尺有所短，寸有所长"，利用合作能达到优势互补的效果。课题研究是校本研修中的一项重要内容，也是提高教师专业素养、推进教育教学改革、攻克学科教学难题的重要途径，也是营造科研兴校文化氛围的重要方式。近年来，我校教师纷纷加入了课题研究队伍，但是少数教师仍然处于概念不清、方法不明的状态，尝试太多，但收效甚微，这就需要从宏观进行调控，组织开展以集体备课的小组合作式课题研究。学校制定了《清泉学校集体备课实施细则》，为提高教师的科研水平提供了保障。

各备课组所有教师处于同样的教育环境中，学校管理的纵向层次减少、横向管理面拓宽，可以提高教研效率。"众人拾柴火焰高"，因此，以集体备课为主的小组合作式课题研究将一个学科的老师放在一个课题组中，在备课组长的指导下，大家共同研究同一问题，将问题研究任务分解到几个人身上，让教师在共同研究中发挥综合能力，提升教科研水平。

（2）有了领头羊，教研不一样

名师工作室是教学名师和领军人才的摇篮，名师工作室的设立不仅体现名师优质资源的辐射作用，更可以促进教师的专业成长。学校目前有6个名师工作室，其中区级名师工作室2个，校级名师工作室4个。作为本土名师资源，名师工作室数量还远远不够，因地制宜地成立名师工作室，成熟一个成立一个，坚持宁缺毋滥的原则，真正让名师起到辐射带头作用。

名师工作室成立后职责明了，目标清晰，工作接地气，研究有成果，愿意带领老师共同成长。同时名师也必然是学科有建树、教学有思路、成绩很突出的教师，是学科带头人，要肩负起本学科教育科研、教师培养、课程改革、课程开发等工作。如彭雪莲班主任名师工作室，在每一新学年都会对新班主任进行技能培训，以丰富的班主任管理经验和生动的案例分析促进新教师对班主任工作的认同与思考，极大地提升了新教师班级管理的自信；同时组织开展班主任治班策略展评比赛，对班主任的成长起到了极大地促进作用。名师善于调动全校本学科不同层次的教师，大家共同参与、共同提升，让教研遍地开花，促进教师专业成长。

（3）把一滴水放进大海

清泉学校地处龙泉山脉，是一所地道的农村学校，在培养教师队伍时，也注重与城区区域内学校加强交流与沟通，向优质学校看齐，促进学校教研水平的提升和城乡教育资源的优质均衡发展。

学校建立集团学校共同发展的奖励机制，开展评价、教研集团式活动，将集团成员紧紧凝聚在一起。建立集团学校发展的组织机构，团队内分工明确，责任到人，协作配合。确定集团学校共同发展的目标任务，教研教学任务、培训提升任务，也有以学期、学年为单位的目标任务，带着任务去实施教研活动，实现全体教师的专业成长。

学校一直与区内大弯教育集团学校加强交流，如参与大弯小学教育集团强基计划、双减背景下"至佳—清泉"教育集团的教研活动等，利用每学期的组长精品课暨开放周活动与区域内学校加强交流，凝聚区域集团学校的力量，激发广大教师的创造性，促进教师的共同发展，促进全体教师综合素养的提升。

2020年，学校加入成都市区域教育联盟第三联盟"3R学校发展共同体"，在与领航校成都市新津区第一小学共同组织下，积极推动共同体内教育优质、均衡、协同发展，积极开展"1+1+N"的创新模式，依托党建引领，扎实开展校际合作与交流，深化在学校管理、教学教研、教师培训、学生教育等各方面交流与互动，实现"共建、同享、互赢"。

三、教师队伍整容新，激扬志气担使命

学校教师队伍结构合理是衡量教师队伍质量的重要标志，也是学校形成高质量教师队伍的必要条件。作为农村学校，受地理位置、经济条件等的限制，学校教师年龄、性别、职称、教学技能等方面均存在失衡的问题，因此要打造区域名校，清泉学校教师队伍仍需得到进一步的优化配置。

1. 学校现有队伍建设情况

学校现有教职工192人，其中在编154人，临聘36人，校医辅助岗1人，特岗1人。

学校将"教师队伍建设及专业化发展"纳入学校总体发展规划，根据教育部《教师专业标准》，对教师队伍建设工作做出了明确的规划和要求，制定了一系列教师队伍建设工作机制及管理制度，规范、评价、激励全校教师，保障教师队伍建设工作有序开展。

2. 双向竞聘，盘活队伍

学校实行双向竞聘上岗，激发教师队伍的质量意识和竞争意识，调动教师专业发展的内驱力，展现了教师队伍的精神面貌、职业操守和工作状态。同时，学校制订了《教师绩效考核方案》，推行教学常规免检制，充分调动了教师工作积极性，形成了学习自主、专业自觉、成长自信的可喜局面。从制度层面，推进教师有序、合理轮岗、转岗，优化教师队伍，规范学校教师建设流程，形成分层、分类教师培训机制，推动教师开展教育教学研究、打造教育教学风格、凝练教育教学思想。为保障教师队伍建设工作的持续稳定发展，学校从经费和平台两个方面为教师专业发展提供支撑。如绩效考核方案中为教师教育教学竞赛获奖、论文发表及获奖、课题立项及获奖等设置专项奖励。为满足新时代教师专业发展的新要求，为教师专业发展提供服务和保障，学校建有教师赛课制度、听课评课制度等，为教师成长搭建平台。

3. 梯队建设，提升层次

学校根据不同年龄、教学经历、个性化发展需求，打造教师发展队伍，设置差异化培养目标及培养方案，形成学校教师梯队，实现了教师梯队建设体系。

针对新入职教师，通过师徒结对等途径，帮助教师进一步磨炼教育教学基本功，发掘教育教学潜能，提升在教育教学岗位中的胜任力，成为师资队伍的后备军。

针对青年教师队伍，学校通过教研组、年级组、青年教师沙龙、课题研究等途径，帮助青年教师进一步锤炼教育教学策略，深入探索教育教学优势，使之成为学校的中坚力量。

针对学校骨干教师，既给他们施展才华的舞台，又给他们压担子，帮助教师进一步提炼教育教学风格，高度凝练教育教学特色，真正成为教学骨干、科研骨干、师德骨干。

学校还充分发挥名师的示范、引领、带动、辐射作用，加速教师专业化发展，培养造就更多的优秀教师，使教师教书育人水平提升到更高层次，学校特制订名师工作室方案，以科学发展观为指导，以工作室为载体，把先进的工作理念辐射到教育教学的各个层面，使名师工作室成为教师成长的园地，资源辐射的中心，教育科研的前沿，人才成长的基地，最终培养一批具有良好师德修养，先进教育理念，高超教学水平，扎实教研能力的教师队伍。

4. 培训赋能，学无止境

强化和落实校本培训是提升教师专业发展的根本途径，围绕提高课堂教学质量，加强对学生、课标、教材、教法的研究，切实发挥教研组工作平台，努力提高校本研修质量。

高度重视教师专业发展与学校质量提升的本质关系，发挥制度引领与导向功能，明确各部门在教师专业发展中的具体职责，通过"走出去"与"请进来"相结合的方式，为教师发展创造机会、搭建平台，促进每一位教师每一学年在自己专业发展方面均能取得一定成效。

5. 寻求政策，稳住人才

现在社会上流行的一句话是"宇宙的尽头是编制"，也就是越来越多的人看重编制，但国家规定的教师编制数量与学校所在地的人口、学生、学校规模密切联系。近年来，随着学生数量的不断增加，我校教师数量也在明显增加，但教师短缺问题还是相当突出。那么在国家严格控制班级规模情况下，短缺的教师只能通过聘用编制外教师补充。因此为优化学校教师队伍，我校积极寻求政策支持，争

取教师编制，吸纳稳定而优秀的教师人才，保障教师后备力量。

百年大计，教育为本；教育大计，教师为本。加强教师队伍建设，提高师德水平和业务能力，增强教师教书育人的荣誉感和责任感是国家对教师队伍建设提出的明确要求，也是我们的光荣职责和神圣使命。清泉学校将继续努力提高教师素质，以科学发展观引领教师教育工作，致力打造一支教育观念新，综合素质高，教学能力强，师德水准高的新型教师队伍。

第 **3** 篇

推陈出新

- -

　　人可变，路可延，校可迁。惟"居善
地，心善渊，与善仁，言善信，正善治，
事善能，动善时"之心不变。

- -

> > >

第一节 拨云寻古道 倚石听流泉
——孕育而生的"泉文化"

"摩霄志在潜修羽，会接鸾凰别苇丛。"

——【唐】刘 象

学校文化是特定的时期、群体和场域的文化，是社会文化的重要组成部分。有学者指出，学校文化是学校各项活动开展过程中，通过理想信念、价值取向、生活方式、舆论风气、校园自然环境等表达出来的一种较高层次的精神品质。如今学校文化研究进入新一轮热潮，也不断推进我国教育改革的发展，推动着我国教育水平整体提高。

著名文学家刘振凯认为"文化"的终极目标是"化"人，所以文化的最终成果就是"人格"。但大多学者认为刘振凯老先生此话与古代中外传统语境中对"文化"一词的内涵十分相似。其中陈金波和周颖在《学校文化建设与社会主义核心价值观教育融通路径研究》中也指出：学校文化是实现全员育人、全程育人、全方位育人的重要手段，校园生活是学生成长路上最难忘的记忆。

清泉学校创办于1905年，历经坎坷，由小壮大，由弱渐强，这与学校的校园文化分不开。因此清泉学校文化不仅是一种氛围，更是一种精神。它包括学校物质文化、精神文化、制度文化。希望借助优秀的"泉文化"元素，丰富人的精神世界，增强人的教育力量，促进人的全面发展，激励师生不断奋进、反思、超越，续写清泉学校绵延不绝的辉煌历史。

一、拨雪寻春，寻找"泉文化"的根

学校文化是社会主流文化的集中体现，而不是社会亚文化。学校文化是一定历史时期存在校园中，对塑造和帮助校园主体形成科学的世界观、人生观、价值观的一切存在，以及学校主体受文化影响而形成的科学的世界观、人生观、价值观外化而展现出来的言谈举止和精神状态。所以清泉学校"泉文化"元素的内容不仅是指人类创造的物质财富和精神财富，还包括大自然中形成的对人类有积极影响的自然物象；而人类创造的物质财富和精神财富的全部，仅有部分被应用于校园环境和校园活动。所以，清泉学校文化主要包括学校环境文化、规章制度文化、课程体系文化、言行和精神状态文化等。

清泉镇是历史上成都以东地区政治、经济、商贸、文化交流最繁荣的东山五场之首，更是成都以东地区交通的枢纽。清泉学校校园环境优美，独具乡村风韵。四周青山环抱，校内古木参天。楼前绿荫掩映，溪边鸟语花香，泉眼无声喷涌汩汩，画栏小桥流水潺潺。

2008年8月，根据上级对学校进行布局调整、整合教育资源的精神，青白江区委、区政府、教育局决定对成都市太平中学校、成都市青白江区清泉中心小学校、成都市青白江区云顶中心小学校三校合一，整合成为一所九年一贯制学校，即成都市青白江区清泉学校。

清泉学校位于成都东部龙泉山脉之下，校园内有泉源——凉水井，泉水汩汩而出汇流成溪，故而得名清泉。建校一百余年来，清泉学校正如其名，如一泓清泉滋养着清泉学校，滋润着师生的心灵，陶冶着师生的情操。水的品质给人以智慧和启迪"上善若水，水善利万物而不争，处众人之所恶，故几于道。""天下之至柔，驰骋天下之至坚。""智者乐水"，体现了一种智慧与求知精神；"水滴石穿"，体现了一种以柔克刚的坚定精神；"海纳百川"正是学校教育的包容精神；"一碗水端平"体现了教育的公平精神，以及学校管理崇尚法治的精神；"泉源溃溃"体现了学生的奔放的活力。"泉文化"的根植于此，从而形成独有的文化，指引学校找寻方向，为学生掌灯，一路向前。

二、烧灯续昼，寻找"泉文化"的枝

1. "泉文化"、水文化的历史渊源与含义

善利万物：奉献精神（《老子》：水，善利万物而不争）；上善若水：尚德精神；智者乐水：求知精神；水滴石穿：以柔克刚的坚定精神；海纳百川：包容精神；一碗水端平的公平精神。这正如清泉学校全体师生纯净无瑕的心灵，长流不

息的意志，温和善良的品性，叮咚奔放的活力。

水文化的特质与清泉学校的价值主张的契合。即遵循学生的成长规律，培养学生清泉那样纯净无瑕的心灵、长流不息的意志、温和善良的品性和叮咚奔放的活力，让孩子们在泉水滋润下茁壮成长。

2. 办学理念：泉源溃溃，汇流成英

"泉源溃溃，不释昼夜"：毅力坚强；"汇"：汇聚；"英"：英才。其含义高度契合学校的地理形势与校名。在学校层面：源远流长的发展，成就学校的今天；坚持不懈的发展，成就学校更好的未来。在学生层面：泉源溃溃，不断进步，每天进步；汇流成英：汇集起来就成为英才、栋梁。在学校精神上象征着源头活水学习、吸收、创新、改革奋发向上的精神与坚定毅力。

连续不断涌出的泉水就像是初入学校的学生一样，充满活力，但是没有明确的目标，通过学校的教育，让他们找到努力的方向，成为国之英才。

3. 育人目标：培养"会体验、善领悟、重坚持、净心灵"的时代新人

育人目标源于"体悟式教育"培养学生四个方面的品质：体验丰富、领悟深刻、注重坚持、心灵纯净。"体验"即用身去体察、体会，是学习的手段、途径和方法，强调体验性与探究性。"体验丰富"指学生调动多种感官去感受周围的客观世界，为提升认知做好准备。"领悟"即指在体验过程中有所感受、有所顿悟。"领悟深刻"就是能够把自己已有的经验与当前的认知活动结合起来，从而能够对认知对象产生深刻理解和深刻感受，以及对方法技能的切实领会。"坚持"就是长久地做下去，不动摇，有恒心。"心灵纯净"即内心善良、忠诚、干净，能够担当责任，坚守初心。总的来说，学校培养的是如泉水般心灵纯净，善于学习，奋发图强的国之英才。

4. 校训：勤奋自强，厚德载物

"厚德载物"出自《周易·坤》："地势坤，君子以厚德载物。"意思是：大地的气势厚实和顺，君子应增厚美德，容载万物。"勤奋自强"即勤劳、奋进、自立、自强。"厚德载物"意思是以深厚的德泽育人利物。在此，"厚德载物"有两方面的意思：对学校和教师来讲，就是要以崇高的道德、博大精深的学识培育学生成人成才；对学生来讲，就是要养成良好的道德品行，学好文化知识，服务社会，成就美好人生。"勤奋自强，厚德载物"集中体现了学校"泉文化、德教育"的价值追求。怎样来增厚美德，容载万物呢？只有勤奋自强这一个途径。勤奋自强和泉水"泉源溃溃，不释昼夜"的内涵相映照，也符合学校"泉文化"元素的核心理念。

5. 校风：善利万物，锲而不舍

"善利万物而不争"：善利万物指善良、友善、爱国、爱家乡、爱校、爱生、爱师；锲而不舍指的是坚持、毅力：做事、做学问、学习都要有毅力与坚持，不畏艰难，坚持不懈。

"水善利万物而不争"倡导的是奉献精神、利他精神。对应在学校中就是倡导善良、友善的品性。既有教师对学校兢兢业业工作的奉献，也饱含学生对学习、对真理的孜孜以求。老师和老师之间、学生和学生之间、老师和学生之间的团结友善，互相帮助，进而潜移默化为对学校、家乡、国家的热爱。锲而不舍，金石可镂，本就有坚持、坚韧的精神，这更是启发我们做事、做学问都要不畏艰难，坚持不懈，方可成功。

6. 教风：循循勉勉，润物无声

校风的释义：克己复礼、循循勉勉，始能进也。"循循勉勉"：循循善诱，善于引导，遵循规律；勉勉：力行不倦，勤勉不倦；"润物无声"：做了贡献而不张扬，默默奉献；教育方式：点化、暗示，教育无痕。

凡有志于圣人之学者，其择善固之，克己复礼，循循勉勉，无有一毫忽易于其间，始能日进也。凡是有志于圣人学问的人，他们选择认为是好的就坚持不懈，约束自己使言行都符合礼教，恭顺有序，勤恳不懈，中间没有一丝一毫轻视和疏忽，才能每天都不断地进步。这就要求我们老师要循循善诱，善于引导，遵循规律，力行不倦，勤勉不倦。"润物无声"主要是指教师的教育教学方式是以点化、暗示、示范、潜移默化为主。教育无痕，在不着痕迹之中就完成了对学生性格的塑造。另一方面突出了老师不张扬，默默无闻，无私奉献的精神。

7. 学风：灵动善思，水滴石穿

关于学风，其释义如下。"灵动"：泉流淙淙，有活力，灵动。一指学校的氛围：活泼、欢快；二指学生的思想：开放、灵活；三指学生的身心愉悦；"善思"：善于思考、学会学习、喜欢思考；"水滴石穿"：坚强的毅力，坚持的恒心，每天进步一点的追求；积水成渊，积跬步至千里的不懈追求，勤奋，积细微的力量。

泉水汩汩而出，就是有活力、灵动、欢快的表现。学校要有灵动、活泼、欢快氛围；不仅教师要有开放、灵活的思想，以及愉悦的身心；而且学生要有喜欢思考、善于思考的灵性。在这种环境下的学生才会有心思去体验、去感悟、去收获。当然学习是一个长期积累的过程，不是一朝一夕能够完成的，所以需要学生具备水滴石穿的毅力和恒心。每天进步一点，通过不懈追求，集细微之力成难能之功。

8. 管理理念：循理而行，不遗小间

出自《说苑·杂言》："循理而行，不遗小间，其似持平者"。意思是：水顺着地势流动，很小的地方都不遗漏，好像是秉持公正的人一样。"循理而行"要求我们的管理者要遵循教育的规律，管理的规律，顺应国家新时代新要求，顺应教育的大势和区域发展的大势。"不遗小间"：要求管理者尊重、重视每一位教师与学生，公平对待每一个人、每一件事，重视每一个细节，以"公正、公平、公开"的管理形式营造民主、和谐的管理氛围。

9. 教育理念：水润万物，渐以成之

润物细无声，润，有润泽、浸润之意，教师用爱心温暖润泽学生，让他们如沐春风。水浸润万物是一个相对比较缓慢的过程，万物得到水的滋润才能慢慢地成长。这和教育规律是一样的，要求我们教育工作者能够关爱每一个学生。通过学校的教育，和老师的潜移默化的培养，让学生在问题中悟学，在实践中解决问题，在解决问题中获得成长。教育不能急功近利，需要静待花开，用心去关爱学生的生命与独立的人格。

10. 办学特色：体悟式教育

"体悟式教育"源于对"泉文化"的挖掘，同时也遵循教育的规律和学生成长的规律。首先，"涓涓细流，润物无声"是泉的本质特性，用之于教育，即为教育的一种境界，即让教育有如泉水一样"泉源溃溃，不释昼夜""涓涓细流，润物无声"地潜移默化，滋养、孕育学生健康成长。实现这种教育境界，一个基本途径就是让学生"在体验中学习，在学习中领悟"学科知识和做人的真谛。其次，在于回归教育的本真。教育的本真在于学生的自我发现、自我认识、自我反思、自主体验、自主领悟和自我价值的实现。"体悟式教育"着重培养学生四个方面的品质：体验丰富、领悟深刻、勤奋自强、心灵纯净。

第二节　鹰击天风壮　鹏飞海浪春
——呼之欲出的德育管理模式

"行到水穷处，坐看云起时。"

——【唐】王　维

现代化的学校管理制度要求将学校的管理模式转向新型的现代治理模式，这种转变是重要的创新之路与发展之路，符合新时代国家对现代治理体系与能力的新要求，也是学校能够保持发展、促进学校转变的根本之路，对完善和丰富学校内部治理结构有重要意义，促进学校内涵发展，充分贯彻高品质、高站位、高质量的核心素养目标。学校的发展根植于社会的发展，进而导致学校治理工作的新问题也更具复杂性，导致教育面对众多的机遇与挑战，因此，教育工作也在不断地变革、深化，不断处在破与立的过程中。清泉学校充分发挥教代会巡视制度、学代会制度的作用，采用"民主+集中"的管理方式、搭建"智慧校园"管理平台，实现了由管理向治理的转变，从而构建适应教育现代化的学校制度，使其成为学校治理创新的核心。

一、探寻多种德育方式，齐放教育之花

《关于全面深化课程改革落实立德树人根本任务的意见》指出，立德树人是发展中国特色社会主义教育事业的核心所在，是培养德智体美全面发展的社会主义建设者和接班人的本质要求。作为一所九年一贯制学校，清泉学校从多个角度，积极探索立德树人理念与中小学德育管理相结合的德育模式，构建了以个性修养、社会责任、家国情怀为核心目标，"参与式德育"为核心理念，"三管齐下"德育课程为核心结构，"两学三环十泉"为德育课程内容的"泉润德育"课程体系。

《左传》有云："太上有立德，其次有立功，其次有立言，虽久不废，此之谓

不朽。"《管子》也谈及"一年之计，莫如树谷；十年之计，莫如树木；终身之计，莫如树人。"立德树人是前辈先贤秉承的教育理念，博大精深的中华优秀传统文化本身就是学生的德育教材。清泉学校通过晨读、班会课、读书节等活动契机向学生普及中国古代德育典籍，在各个学段组织学生诵读、讲解《论语》《礼记》《学记》等，帮助学生在古书典籍中探寻为人处世的准则。此外，学校还通过举办传统节日活动仪式等，如重阳节、端午节等活动引导学生了解、认同、传承中华优秀传统文化。弘扬红色文化，树立远大理想。爱国主义是中华民族精神的核心。在中国共产党领导中国人民抗战救亡、建设中国特色社会主义的伟大征途中，涌现了无数英雄楷模，述说了无数感人故事，这些人物、故事传达的精神，需要学生理解、领会。清泉学校因地制宜，就红色文化宣传开展相关讲座及社会实践活动，如组织学生前往青白江区烈士纪念馆等教育基地开展研学活动；开辟党史长廊，宣传典型革命英雄事迹，对学生进行潜移默化的德育。建设校园文化，打造德育品牌。建设丰富多彩的校园文化是提升德育实效的重要途径。学校通过打造"两学三环十泉"德育课程体系。提升了德育活动质量；结合活动组织师生共同吟唱校歌、吟诵校训，激发师生的爱校热情。与此同时，学校还充分利用各类新媒体平台，以微故事、视频博客等形式，记录、宣传身边的榜样故事，扩大学校德育品牌的影响力，建设网络文化育人阵地。

二、多措并举，促进学生全面发展

建设思政教育，提升教师专业水平。中小学阶段的《道德与法治》及班团队会等课程是践行立德树人理念的重要渠道，班主任、中小学道德与法治教师是学生思政教育的主力军。清泉学校开展班主任师徒结对、骨干班主任知识宣讲、德育经验分享等活动，支持道德与法治教师创新课堂教学方式，实现课程之外的延展。贯彻劳动育人，增强学生劳动能力。学校是劳动教育的主阵地。一方面，学校可以帮助学生树立正确的劳动观，使他们学会尊重劳动、热爱劳动，并开设循序渐进的系列劳动课程，提升学生的动手实操能力，帮助他们养成独立自主的好习惯。另一方面，家庭教育和社会教育中蕴含着丰富的劳动教育资源，学校积极对接这些资源，为学生提供更为广阔的实践平台，如组织研学课程、主题宣讲活动，引导学生积极参与校内外劳动实践，增强劳动能力。落实"三全育人"，深化家校社合作。"三全育人"即全员、全过程、全方位育人。《国家中长期教育改革和发展规划纲要（2010—2020年）》明确提出，要开展由政府、学校、家长及社会各方面参与的教育质量评价活动。学校确立了以"全员互动、全员参与、责任划分、协助合作"为特色的学生管理工作机制，积极调动家长、教师等各类参与主体，帮助学生养成正确的思想品质，为培养担当民族复兴大任的时代新人奠定了坚实基础。

第三节 雨润千山苗万物 萱溢四野漫九州
——以德育人

"图南未可料，变化有鲲鹏。"

——【宋】苏 轼

德育不是单纯的社会文化问题，也不是单纯的心理学问题，而是寻求两者之间的最佳结合点，使道德的价值取向与道德主体的动机水平之间达到适宜的激励状态。俗话说，无德无才是废品，有德无才是次品，无德有才是毒品，德才兼备是优品。德育所担负的任务不仅要对学生进行思想政治、行为规范教育，也要对学生进行道德、法纪及心理品质教育，还要对学生进行人文精神和科学精神的培养。学校以习近平新时代中国特色社会主义思想为指导，全面贯彻落实党的教育方针，落实立德树人根本任务。作为一所九年一贯制义务教育农村学校，传承着百余年历史，文化底蕴深厚。学校坚持"以德治校、依法治校"作为治校方略，推进学校各项工作纵深发展，建立起了与社会主义核心价值观高度融合的学校文化核心"泉文化"，秉承"泉源溃溃，汇流成英"的办学理念，践行"水润万物，渐以成之"的教育理念，坚持"循理而行，不遗小间"的管理理念。为培养会体验、善领悟、重坚持、净心灵的时代新人，学校构建了"泉润德育"体系，增强德育工作实效，深化学校劳动教育，发挥家校社合力，促进学生身心健康全面发展，积极提升学校德育管理水平，助力成为一所以"泉文化、德教育"为内涵独具乡村风韵的品质品位特色学校，推进践行新发展理念的区域名校建设。

一、培根铸魂，启德润心

德育肩负塑造未成年人灵魂的重任。灵魂塑造不好，教育的根本价值无从谈起。所以，就教育的终极目标而言，德育决定着学校改革和发展的质量与水平。这个道理既简单又明确——家庭，需要生机蓬勃的好孩子；社会，需要德才兼备、气象万千的建设者；国家，需要具有爱国情怀，勇于担当的护卫者。一个人不管从事什么职业，只要个体生命焕发生机，任何情况下都具备十足的精气神，那么他的幸福人生就有了底气。推而广之，一个社会，如果由洋溢着精气神的人组成，这个社会一定生机盎然，充满活力，积极向上。

习近平总书记在党的二十大报告中明确指出："教育是国之大计、党之大计。培养什么人、怎样培养人、为谁培养人是教育的根本问题。育人的根本在于立德。全面贯彻党的教育方针，落实立德树人根本任务，培养德智体美劳全面发展的社会主义建设者和接班人。"清泉学校按照《中小学德育工作指南》文件要求，坚持正确方向，坚持遵循规律，坚持协同配合，坚持常态开展，把"以德育人，立德树人"作为检验学校一切工作的根本标准，通过高质量德育过程，培育高质量、充满生机的生命，努力构建德智体美劳全面发展的教育体系，把"以德育人，立德树人"融入思想道德教育、文化知识教育、社会实践教育各环节，贯穿基础教育各领域，形成更高水平的人才培养体系。

"志于道，据于德，依于仁，游于艺。"孔子的这句话告诉我们，道行在外，德修在己，若要想求道行于天下，就必须先据守自己的德，以德为根据地，方可得道。因此，"以德育人，立德树人"成为每个教育工作者都应当努力追求的目标。细心品读"以德育人，立德树人"这八个字，不难发现，这是一个有机的整体，从"以德育人"到"立德树人"逐渐展开，如同一幅不断深化的画卷。

"以德育人"强调德育的重要性和必要性。它通过打造德育课堂、组建学生会、开展社会实践、组织志愿服务等活动，提高学生的道德素质和自我修养，不断强化学生的道德观念，孕育学生的良好品德，发掘学生的潜能，使之在珍爱美好、追求事业的道路上成为堂堂正正、宏伟壮观的人。

"立德树人"既是目的，也是手段。立德是立志修德、培养品德，使人具有良好的人格，正道的品性和坚定的道德修养。树人是通过培养学生的思维能力、提升情感素养和树立道德价值观等方面，引导学生进一步成长，受益终身。

综上所述："以德育人，立德树人"是一条通向人民心中的清净路。这条路忠实地继承了中国学术思想中的优秀成果，丰富了中国传统文化中优越的教育精神，勇敢地践行了教育实践中的探索与创新。这诠释了崇高的人文精神和教育精神，营造了良好的育人氛围，蕴含了温度的教育情怀，体现了恢宏的教育志向。

《新时代的教育方针》提出要求：要坚持教育为社会主义现代化建设服务、为人民服务，把立德、树人作为教育的根本任务，全面实施素质教育，培养德智体美劳全面发展的社会主义建设者和接班人，努力办好人民满意的教育。《中小学德育工作指南》明确提出：要深入贯彻落实立德树人根本任务，加强德育工作的指导，切实将党和国家关于中小学德育工作的要求落细落小落实，着力构建方向正确、内容完善、学段衔接、载体丰富、常态开展的德育工作体系，大力促进德育工作专业化、规范化、实效化，努力形成全员育人、全程育人、全方位育人的德育工作格局。

为科学落实上述文件精神，清泉学校参照《中小学德育一体化的建设工作方案》具体要求。在悠久的办学历史中，把以"以德育人，立德树人"作为一项不可动摇的事业，始终坚持为党育人，为国育才，坚守初心，牢记使命，培养学生良好的道德品质和心理品质，用社会主义核心价值观点亮学生生命成长之灯，让学生在世界观、人生观、价值观形成的关键期走得端正，促进学生全面发展、健康发展，为学生一生的幸福奠基。

二、博观约取，厚积薄发

为全面贯彻党的教育方针，认真落实加强中小学德育工作精神，增强德育工作的有效性，提高德育工作的针对性和时效性，提升我校德育工作的领导和管理，完善适应新形势要求的德育工作机制，切实保障学校德育工作目标和任务的落实，促进学校的可持续发展，促使广大师生自觉将社会主义核心价值观内化于心，外化于行，努力培养德、智、体、美、劳全面发展的社会主义建设者和接班人。学校构建了以个性修养、社会责任、家国情怀为核心目标，"参与式德育"为核心理念，"三管齐下"德育课程为核心结构，"两学三环十泉"为德育课程内容的"泉润德育"课程体系。

1."泉润德育"课程体系——产生背景

青白江区清泉片区为丘陵山区，经济文化相对落后，留守老人、儿童较多，家庭对学生的德育教育缺失，加上学校原由"云顶小学""清泉中心小学校"

"成都市太平中学校"三校合并而成，团队意识不强，内部矛盾十分尖锐。除此以外，传统的德育体系中，教师是绝对的教育者，教育者将各种规范一味灌输，忽略了学生的主体地位、尊严、思想、情感、兴趣和需求。学生则被动、机械地接受，难以展现其飞扬的个性、积极的主观能动性和青春活力。为了体现全心全意为学生服务的原则，学校提出了构建"泉润德育"课程体系。

德育的最终目的在于人的品德的完善，使作为道德实践主体的人能够独立地进行道德理性思维，正确地进行道德判断，自觉地调整自己的道德行为，使学生顺利融入社会、积极适应并参与社会进步和社会建设、实现个人价值。在此基础上，尊重道德主体，主张学生通过自己的实践获得道德上的、成熟的、符合新课标理念的"泉润德育"课程体系，不仅可以克服学校传统德育管理中的一些弊端，也可提高学校德育实效。

2."泉润德育"课程体系——核心理念

《中小学德育工作指南》指出德育的总体目标为：培养学生爱党爱国爱人民，增强国家意识和社会责任意识，教育学生理解、认同和拥护国家政治制度，了解中华优秀传统文化和革命文化、社会主义先进文化，增强中国特色社会主义道路自信、理论自信、制度自信、文化自信，引导学生准确理解和把握社会主义核心价值观的深刻内涵和实践要求，养成良好的政治素质、道德品质、法治意识和行为习惯，形成积极健康的人格和良好心理品质，促进学生核心素养提升和全面发展，为学生一生成长奠定坚实的思想基础。

为了让师生在体验中领悟，在领悟中习得，学校提出了构建"泉润德育"课程体系。

"泉润德育"课程体系核心目标：

个体修养（心灵纯净、遵守礼数、自强不息）；

社会责任（规则意识、关爱之心）；

家国情怀（乡土情怀、国家认同）；

"泉润德育"课程体系核心理念：参与式德育。

参与式德育包含两个含义：一是学生作为德育活动的主体，通过自主的体验、感悟、践行和反思建构自己的德行；二是尽量给学生提供社会参与的机会，让学生在参与解决公共生活问题的过程中建构自己的德行。

"泉润德育"课程体系：

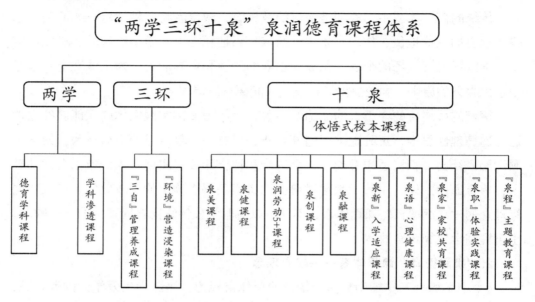

三个渠道：专题式德育+渗透式德育+浸染式德育。

七个模块：专题式德育（初心教育、礼数教育、法制教育、励志教育）+ 渗透式德育（学科教育、跨科实践）+ 浸染式德育（学校文化）

专题式德育：初心教育是纯净学生心灵的教育，引导学生保持自己的纯朴、善良和真实；礼仪教育是教会学生礼节、礼仪的教育；法制教育是培养学生法制意识与精神的教育；励志教育是激励学生高远志向的教育。

渗透式德育：学科教育是渗透于学科基础课程和学科实践课程中的德育；跨科实践是渗透在跨学科实践中的德育。无论是学科教育还是跨科实践中的德育渗透，都是为了达成全校核心的德育目标。

浸染式德育：是借助学校文化潜移默化地培育学生德性的德育途径。

3. "泉润德育"课程体系——操作实施

（1）构建合润德育模式

学校通过多年研究与实践，形成了"德育目标生成、德育过程互动、德育资源整合"的融合，且具有导向作用、激励作用、协调作用的合润德育模式。它们之间的关系如图示：

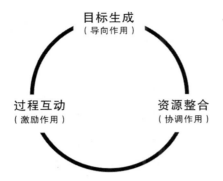

从图示看出，德育目标、德育过程、德育资源（家校社区资源）之间是相互作用的关系。德育目标与德育过程并不是控制与被控制的关系，也不是先在与后在的关系，过程是目标的展开，目标又在过程中（课堂上学生的参与、师生的互动）不断生成。德育目标与家校社区资源之间也是相互作用的关系，课程目标为家校社区资源的整合提供依据，家校社区共同参与资源整合的同时促进德育目标的生成。

（2）优化实施策略

第一，德育目标生成——导向作用。

学校始终坚持以"塑造美好人性，培养美好人格，让学生拥有美好人生"为己任。遵循"无处不育人，事事皆育人""人人都是育人者"的理念，结合学生在不同年龄阶段所呈现的不同状态，生成各学段的德育目标，具体表现为：

第一层：小学一至三年级，以个体行为规范为上，教育和引导学生热爱中国共产党、热爱祖国、热爱人民，爱亲敬长、爱集体、爱家乡，初步了解生活中的自然、社会常识和有关祖国的知识，保护环境，爱惜资源，养成基本的文明行为习惯，形成自信向上、诚实勇敢、有责任心等良好品质。

第二层：小学四至六年级，着重个体行为规范与社会行为规范，教育和引导学生热爱中国共产党、热爱祖国、热爱人民，了解家乡发展变化和国家历史常识，了解中华优秀传统文化和党的光荣革命传统，理解日常生活的道德规范和文明礼貌，初步形成规则意识和民主法治观念，养成良好生活和行为习惯，具备保护生态环境的意识，形成诚实守信、友爱宽容、自尊自律、乐观向上等良好品质。

第三层：初中七至九年级，着重社会行为规范与心理健康方面的教育，教育和引导学生热爱中国共产党、热爱祖国、热爱人民，认同中华文化，继承革命传统，弘扬民族精神，理解基本的社会规范和道德规范，树立规则意识、法治观念，培养公民意识，掌握促进身心健康发展的途径和方法，养成热爱劳动、意志坚强的生活态度，形成尊重他人、乐于助人、善于合作、勇于创新等良好品质。

第二，德育过程互动——激励作用。

德育是否取得成效，归根到底是由学生是否参与、怎样参与、参与多少的激励作用决定的。在课程实施过程中，我们改变以教育者为中心的传统教育观念，变"我说你听"为"我说你说大家说"，突出"说与做"环节，激励学生由教育过程的被动接受者转变为主动参与者，让孩子懂得自己要求自己，自己监督自己，对自己的行为进行控制，在互动教育中达到自我教育的目的。在使用《泉润》读本中，我们探索出了参与式德育课堂教学的基本程序：

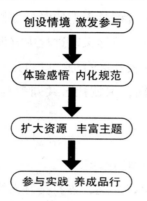

第一步：创设情境，激发参与。

参与故事讲述。在《泉润》读本中，许多是学生身边的小故事，就让学生作为故事的主人公讲述故事内容，面对来自同伴的故事，学生就会兴趣大增，积极主动参与，更好地使学生感知道德认知的材料。参与情节表演。让学生在课堂上表演当时的情境，学生的眼、耳、口、手等多种感官会同时受到刺激，很快就会融入情节中去。参与场景再现。将生活的情境引入课堂，唤起学生的生活原景的记忆，学生就会感到亲切、自然，自然联系自己生活实际，积极地参与到活动中。

第二步：体验感悟，内化规范。

小组讨论，启发认知。确立学生感兴趣的与社会道德相关的问题为主题，组织学生最大限度地参与到讨论中来，相互之间产生思想碰撞。在讨论中，教师通过一个又一个具有启发性的提问、讨论、释疑，引导学生发现问题、提出问题，寻找问题所在，形成自己的道德认识，在平等的对话中交流思想，逐步明理。

第三步：扩大资源，丰富主题。

参与资料的收集。针对某一主题，课前让学生依据自己实际情况收集各种资料。这里的资料包括文字、图片，更多的是发生在学生自身或身边的故事。如教学交通安全，就可以让学生课前收集各种交通标志，并且画一画，还可以让学生了解一些交通事故的数据，也可以是发生在自己身边的交通小故事，学生收集的过程也是一种受教育的过程。参与资料的呈现来自学生的资料，如果由教师来呈现，就会让学生产生距离感。如果在课中以小组交流讨论，达成共识，或全班交流，展示辨析明理，会让学生参与的积极性更高。就如上面学生收集的交通安全资料，文字、图片资料可以全班展示，个人的交通小故事可以在小组内交流，选择典型的故事在全班交流。

第四步：参与实践，养成品行。

道德实践活动是促进社会的道德需求转化为学生自身品德的基础。参与学校生活，让学生运用课堂中形成的道德认识、道德情感，自主参与学校和班级管理，在学校的现实生活中提升自我参与意识。在中午就餐时推行"光盘行动"，培养学生养成节约意识；在班级管理中实行"人人担当制"，增强学生责任意识；在学校中成立"环保卫士""文明劝导员"督促学生养成良好习惯。让学生在道德实践中逐步由"他律"转变为"自律"。参与社会实践。学生最终要成为社会人，他们的所有道德行为都要通过在社会实践中得到检验，只有这样我们才能培养出言行一致、校内外一致的学生。如开展让学生做社区文明监督员活动，在监督别人的同时，监督自己；又如建立家庭评价机制，将课中所学运用到实际生活中去。

第三，德育资源整合——协调作用。

初步构建"学校德育载体，家庭参与平台，社区空间的参与式"德育网络，创造德育资源整合的条件，提升多方位的沟通协调作用。

①学校——德育载体。

校园人文环境的营造，凸显了关爱每一位学生的人文理念，对学生良好情感意识的形成有着潜移默化的作用；开展各种形式，各种层次的相关文体活动，促进德育的多样化，全方位地营造有利于中小学生行为规范养成的环境；集中力量开展德育课题研究，形成学校德育特色。如：通过参观烈士墓、纪念馆等活动开展爱国主义教育。

②家庭——参与平台。

借助家庭型学校的有利契机，搭建家校沟通协调的桥梁，拓宽家校交流的渠道。家校共育探讨教育方法，推广学校成功家长的教育经验。如：加强信息和建议反馈，家校之间多一分理解与支持，少一些矛盾与分歧。

③社区——创设"绿色"空间。

社区活动基于陶行知的生活教育理论，拓展协调了德育践行的空间，将主题教育活动与社区工作结合，以学生的行为去影响他周围人群的行为，提高周围人群的文明意识，营造一种良好的社会文明氛围。如：开展爱心志愿者服务活动，培养学生关心他人和互帮互助的意识。

4."泉润德育"课程体系——工作成效

2023年5月，习近平总书记在中共中央政治局第5次集体学习时指出：培养什么人、怎样培养人、为谁培养人是教育的根本问题，建设教育强国的目的就是培养一代又一代德智体美劳全面发展的社会主义建设者和接班人，落实立德树人的根本任务，加强社会主义核心价值观教育，引导学生树立坚定的理想信念，永远听党话、跟党走，开创我国教育事业发展新局面，营造育人新气象。

多年来，清泉学校不断探索，努力实践，不断深入推进"泉润德育"课程体系工作，取得了初步成果。根据育人目标策略，学校编写了德育《泉润》读本，《小学入学适应教育课程——德育篇》读本，法制教育校本读本；建立完善了《清泉学校荣誉评价体系》；编制了激励学生积极向上的《学生成长记录册》；制订了《清泉学校"泉润之星"评选方案》；创作了体现学校核心价值的校歌《清泉之歌》；创办了校刊《泉水叮咚》；成功申报了"聚爱伴成长"留守儿童关爱项目；构建了学校新时代"泉润劳动5+"教育课程体系；组织各年级编写年级德育目标活动，努力培养"会体验、善领悟、重坚持、净心灵"的时代新人。

第四节　开拓育人路径　大展泉娃风采

"阳春布德泽，万物生光辉。"

——【汉乐府】佚　名

文化是一个国家、一个民族的灵魂。优秀的文化犹如温暖的阳光，滋养着大地上的生灵。党的二十大报告提出"推进文化自信自强，铸就社会主义文化新辉煌"，还强调了"广泛践行社会主义核心价值观"。于是社会主义核心价值观成了当代中国坚定文化自信，建设文化强国的价值引领。同时，党的二十大报告还提出："用社会主义核心价值观铸魂育人，完善思想政治工作体系，推进大中小学思想政治教育一体化建设。坚持依法治国和以德治国相结合，把社会主义核心价值观融入法治建设、融入社会发展、融入日常生活。"以上的这些要求就需要学校、社会、家庭协同发力，将各方之力拧成一股绳，一齐推动社会主义核心价值观同人们的生产生活实践、成长发展历程紧密结合，才能使之成为人们的行动自觉和行为规范。

而校园文化，则是学校教育践行社会主义核心价值观，发挥育人价值的重要组成部分之一。清泉学校建校一百余年来，正如其名，如一泓清泉滋养着清泉学校，滋润着师生的心灵，陶冶着师生的情操。基于地理形势，校名特点和水文化的特质与学校的价值主张的契合，学校构建了"泉文化、德教育"为核心的育人体系，德智体美劳五育并举，探索出了一条遵循学生成长规律的办学路径，让孩子在泉水滋润下茁壮成长。

一、一枝独秀不是春，百花争艳春满园

学校文化犹如学生思想发展的引路人，它是学生价值观、行为习惯和思维模

式的重要塑造者。清泉学校经过百年来的探索，在泉文化的引领下，确立了"体悟式教育"的办学特色，让学生在体验中学习，在学习中领悟，着重培养学生四个方面的品质：会体验、善领悟、重坚持、净心灵。学校文化以其特有的精神环境和文化氛围，影响着校园中的每一个人。生动活泼，健康有益的学校文化活动是教育师生的有效法宝，为学校德育提供了平台，成为学校德育的重要渠道。以下从环境育人、文化育人、课堂育人、课程育人、活动育人和制度育人等六个方面进行阐述。

1. 环境育人：会"说话"的校园景观

"不必说碧绿的菜畦，光滑的石井栏，高大的皂荚树，紫红的桑葚；也不必说……"这是鲁迅先生的散文《从百草园到三味书屋》中最经典的一段描述。百草园是一个充满颜色和声音的奇妙世界，那是一个没有烦恼，没有忧愁，可以无拘无束尽情欢笑的儿童乐园。儿时的乐土百草园竟让已过不惑之年的鲁迅先生流连，可见自然、美好的校园环境在教学活动中发挥着特殊的作用。

清泉学校以"勤奋自强，厚德载物"为校训，对学校和教师来讲，就是要以崇高的道德、博大精深的学识培育学生成人成才；对学生来讲，就是要养成良好的道德品行，学好文化知识，服务社会，成就美好人生。"勤奋自强，厚德载物"集中体现了学校"泉文化、德教育"的价值追求。走进清泉学校的大门，"以德育人，立德树人"八个鲜明的大字赫然雕刻在景观标志物上，时刻提醒师生注重自己的道德品行，将品德放在一切之首。

2009年，学校立足自身发展的实际，初步尝试以依法治校的方略对学校进行法治化管理。"道阻且长，行之将至"，经过7年时间不断地摸索与实践，学校法制化建设取得了一定的成绩。学校先后被评为四川省"依法治校"示范校及全国青少年法治教育基地。同时学校的管理也得到提升，"依法治校"成为学校管理制度的一大特色。后来，学校又打造了"普法大道""法治文化长廊""法治文化回廊""法治文化广场""法治文化活动室""模拟法庭""学生纠纷调解室""教职工争议调解室"等法治文化校园景观。

"普法大道"是利用学校的一条主干道的照明系统，通过图文并茂的形式摘录法治名言警句等进行法制宣传，这既为学生照亮了通行的道路，也为学生的人生指明了前进方向。

"法治文化长廊"主要展示古今中外法治人物、学校依法治理和师生法治活动情况，树立榜样，激发师生依法依规办事的意识。

"法治文化回廊"主要宣传的是法治名人名言、法治名言警句及法治人物，主要是提高学生对法治重要性的认识。让学生对古今中外法治建设的历程及法治名人有所了解，明白自古"不以规矩，不成方圆"之真谛。

"法治文化广场"涵盖了各类法治文化内容，包括法律法规、敬老孝道、道路交通、争议维权、禁毒知识、法治名人典故、法治漫画、法律小常识等，以加强对学生的法制教育。既给师生课余休闲阅读提供了一个舒适的场所，又让师生得到法治文化的熏陶，同时也是在校学生法治实践活动开展的场所之一。

"法治文化活动室"是一个多功能室，包括："教职工争议调解室""学生纠纷调解室""师生法治阅览室""师生法治书画室"以及"学生法治手抄报""法治征文""法治书画作品展览室"。

其中，"普法大道"强调法制意识，"法治文化广场"强调法治知识，"法治长廊"强调法制责任，"模拟法庭与调解室"强调法制能力，进而形成"意识—知识—责任—能力"的目标序列。让学生在法制环境的浸染下，逐渐形成法制观念和法律意识。

另外，学校还设置了很多泉文化景观："清泉源"意涵清泉的源头；"慧潭"意涵智慧之潭；"灵溪"灵气之溪；"濯池"洗涤污秽之用。这些文化景观的目的是让师生明白一个道理：学校教育是极其重要的，我们必须遵循教育规律，努力让学生成人成才，让学生发展到最佳状态，但学无止境，人的一生，必须勤奋自强，涤污自新，不断更新、完善自我，方成贤良之才。

2. 文化育人：泉源溃溃，润物无声

校园文化是由物质文化、精神文化、制度文化和行为文化组成的有机整体，是师生精神风貌、学校多数人的审美追求和学校价值取向的综合体现。良好的校园文化以鲜明、正确的导向引导学生，以内在的精神力量鼓舞学生，以积极向上的氛围影响学生，让学生的心灵得到良好的滋养。

清泉学校因泉而得名，泉源溃溃，不释昼夜，汩汩清泉滋养着清泉学校，也孕育着独特的文化价值追求，自强不息、勤奋奉献的泉文化精神，更孕育出"善利万物，锲而不舍"的校风，"循循勉勉，润物无声"的教风，"灵动善思，水滴石穿"的学风。学校整体规划校园文化建设，将"泉文化、德教育"作为文化建设主体，学校的校旗、校徽、吉祥物等都融入了泉文化的元素，还因此创作了校歌、校刊，编纂校志，建立校史馆等。

在前面提到了学校建造了许多优美的校园景观，这让师生的心灵在潜移默化中得到滋养。为了深入发掘校园景观的文化内涵，发挥其育人价值，学校主要从以下几个方面入手。

（1）坚持法制教育，让法律的种子在学生心里扎根

在平时的教育教学中，清泉学校坚持开展法制教育，初步建构了校本法制教育特色课程体系，并按照学校体悟式教育的基本主张开设模拟法庭，开辟法制教育场所。

清泉学校作为四川省依法治校示范校坚持引进来和走出去的原则，聘请青白江区检察长王永强为法治副校长。曾组织学生代表深入区法庭，到区人民法院参观学习，同时开展法制座谈会。学校以班级为单位，成立"学生纠纷自治调解小组"，定期开展"班级模拟法庭审判比赛""法制演讲比赛"等。

学校教师也在法治文化的浸染下，积极参与市区级法治教育活动比赛。叶小红老师的作品《校园欺凌，勇敢说不》获得区一等奖；杨爽老师的《拒绝高空抛物做文明学生》，曹桂萍老师的《做好一盔一带守护生命安全》和陈小玉老师的《民法典让生活更美好》等作品获得市三等奖。

（2）传承经典文化，弘扬传统美德

清泉学校每年积极组织师生参加中华经典诵写讲演系列活动，多次承办青白江区"文轩杯"国学教育论坛活动，并进行《国学文化》校本课程研究，全套六册读本已经刊印成册。2020年，"中国青少年国学大会"组委会节目组携手清泉学校共同传播中华传统文化，开展新时代爱国主义教育，并授权清泉学校为《中国青少年国学大会》教育基地学校。一系列活动的开展，为清泉学子搭建了一个广阔、优质的经典文化教育平台。

（3）关注学生成长，重视榜样力量

为了在学生中弘扬正气，激励广大教职工和学生勤奋学习、进取创新，全面发展，引导教师用发展的眼光看待每个学生，发掘学生的闪光点，关注每个学生的成长。在泉文化的引领下，每年开展"泉润之星"的评选活动，在学生中评选出"泉润品德之星""泉润智慧之星""泉润体育之星""泉润美育之星"和"泉润劳动之星"，在教职工和家长中评选出"泉润之星"。通过学校微信公众号进行宣传，并在学校艺体节文艺晚会上进行表彰。泉润之星的评选活动既切合学校的泉文化特色，又极大地鼓励了广大师生锐意进取，达到了很好的育人效果。

（4）重视阅读文化，打造书香校园

习近平总书记曾在致首届全民阅读大会的贺信中指出："希望全社会都参与到阅读中来，形成爱读书、读好书、善读书的浓厚氛围。"在"浸染式德育"的指导之下，学校为营造浓厚的阅读氛围，"读书破万卷，下笔如有神""书籍是人类进步的阶梯"等诗词格言随处可见。从学校图书室到走廊、教室中设置的"红领巾"图书角，丰富的书籍、雅致的环境为学生打造出阅读天地。

学校紧紧围绕"好书共分享 阅读增智慧"主题，开展系列读书活动。制定"师生读书会"制度，每学期校长带头读3本书，给教师推荐3本书，教师给学生推荐3本书，学生带动家长读3本书，充分激发师生的读书和学习热情。并将每年4月设置为读书月，"4·23世界读书日"来临之际，师生"朗读者"活动也如约而至。各班级不定期举行"好书共享"及"阅读小明星评比"等活动，让学生浸润在阅读的滋养之中。丰富多彩的读书活动正潜移默化地改变着师生的一言一行。

3. 课堂育人：让思维之花绽放

有效的课堂教学活动是师生之间良好的互动，学生是学习的主体，教师是学习的组织者、引导者与合作者。高效的教学质量犹如催化剂，让学生的求知欲望不断萌发。

为了探索高效课堂，2021年5月，清泉学校邀请四川师范大学教授李松林及其团队对学校课改把脉问诊。在专家的建议下，学校根据泉文化，对原有的"体悟5+1"课堂教学模式进行了完善提升，形成了以"体之以身，悟之以心"为核心理念的体悟式教育。所谓"体之以身，悟之以心"就是引导学生用身去体验，用心去领悟。为落实这一理念，建构了以"一驱四环，三阶递进"为基本模式的课改体系。在问题的驱动下去开展好四个教学环节：体验—探究—领悟—活用。以学生为主体，亲身经历、亲身实践，引导学生对解决问题的过程与方法进行归纳、概括和升华，帮助学生领悟学科思想方法，并能迁移运用所学到的知识去灵活地解决其他问题。

围绕"水润万物，渐以成之"的教育理念，"一驱四环，三阶递进"课堂教学模式成功建构，"体悟式教育"办学特色逐步凸显，让学生如至明至清之泉，在自主体验、自主探究、自主领悟的过程中提升自我，实现自我价值。体悟式教育是清泉学校独有的育人模式，在这一模式下，学校教育教学质量逐年稳步提升，已连续13年荣获青白江区中小学综合督导目标考评一等奖，培养出一批又一批会体验、善领悟、重坚持、净心灵的时代新人，得到了社会各界、学生、家长的一致好评。

4. 课程育人：水润万物，渐以成之

学校是培养人才的摇篮，而课程是人才培养蓝图的具体体现，它规定了学校"教什么"和学生"学什么"等基本问题。课程的作用犹如黑暗中的灯塔，为学生的前进指明了方向。基于对"泉文化"的挖掘，坚持以德育人，学校提出了"两学三环十泉"德育课程内容，其中一个重要的途径就是将学科教育和跨科实践融入德育之中，即将中小学德育内容细化落实到各学科课程的教学目标之中，让德育渗透教育教学全过程，从而达到课程育人的效果。

（1）德育学科课程

习近平总书记在学校思想政治理论课教师座谈会上指出："思政课是落实立德树人根本任务的关键课程。"学校将道德与法治课作为开展德育教育的良好平台，严格按照义务教育课程方案和课程标准，引领教师依托《道德与法治》《法治教育》等课程体系，不断优化创新教育形式和方法：一是通过紧扣时政大事，开展讲好中国故事等活动发挥思政课教学在学生思政工作中的主渠道作用。二是编纂《法治教育书法摹本》、廉政文化《清廉》等法制教育读本，构建学校法制教育课程体系。三是利用法治宣传部分和实践体验部分，如"模拟法庭"，将《道德与法治》和《法治教育》课程相融合，达到"知行合一"。不仅让学生在经历、感悟中得到法治思想的浸润，还能让学生将所学知识与实际生活案例相结合，提升学习主动性，发挥自身在课堂教学中的主体地位，同时也能认识到自己需承担的责任和应当享有的权利，并自觉地维护社会秩序，进而促使学生体验到更丰富的情感，也对建立学生的人品与人格起到良好的帮助作用，形成正确的价值观、世界观、人生观，从而在个性及人格方面获得健康的成长。

（2）学科渗透课程

《中国教育改革与发展纲要》中明确指出："教师应当把德育贯穿和渗透到教育教学的全过程中，并以自己的楷模作用，促进学生的全面发展。"人人都是德育工作者，科科都是德育渗透课，处处都是德育阵地，事事都是德育内容。每一位教师应在教育教学中不失时机地利用学科特点，促进各类学科与课程同德育有机结合。学校秉承这一理念，积极加强、改进和探索学校思想品德教育的多种渠道，构筑学校德育工作的大平台，注重对教师的引领，使其充分挖掘所教学科的德育资源，通过在教学内容、教学过程、教师形象、社会活动中渗透德育，帮助他们从"学科教学"走向"学科育人"，发挥各学科的德育渗透功能，促使学生的心灵

得到有效的滋养。

人文学科之中，语文学科除了在教学活动之中培养学生的语言文字运用能力之外，更加注重对学生思想品格的正确引导。如小学语文教师郑丽在进行《刘胡兰》这篇课文的教学时，她通过创设情景，让学生身临其境地感受到了主人公从容不迫，视死如归的精神品质。随后又向学生补充了黄继光和雨来的英勇事迹，让学生再次体会到革命烈士的高尚品格，激发学生心中的爱国情感和历史使命感。

数理化等学科则注重培养学生的逻辑思维、创新能力和科学严谨的态度，让学生更好地认识和理解世界。如初中数学曹桂萍老师在教授圆的知识点时，重点介绍了圆周率的由来。曹老师说："我国数学家祖冲之是世界上第一个把圆周率的值精确到小数点后六位的人。"曹老师还向同学们补充了祖冲之在追求数学道路上的感人故事，并说道："祖冲之在研究圆周率的过程中尽管困难重重，但是他用行动告诉了后人要有坚持不懈地去探索未知的科学精神。吾辈当视其为楷模，不畏艰险，刻苦钻研，为祖国的建设出力。"曹老师在这堂课上不仅传授了学生数学知识，更是提升了学生的民族自豪感和文化认同感。

在现代的体育教学中，体育课除了向学生传授运动技能和增强学生体质外，在德育方面也有着其他学科不可替代的功能。体育老师深入探寻体育德育教学，利用体育游戏激发学生的学习兴趣，同时培养学生的协作能力和团队精神。随着科技的发展，多媒体教学也逐渐成了体育教学的一种形式。如唐书枝老师利用视频将花样跳绳的慢动作操作过程详细地展示给学生，并借此机会向学生介绍我国优秀的花样跳绳运动员，讲述他们为国争光的事迹，激发学生的爱国热情和奋斗精神。这样，德育就不着痕迹地融入了体育教育之中。

（3）德育校本课程

如果说课程是一棵大树的主干，那么校本课程就是大树的枝干。学校校本课程是课堂教学的延伸，是进一步深化教育改革，推进素质教育的一个重要体现。清泉学校在当今社会价值多元化的形式下，努力使人的个性全面而和谐发展，弥补德育中"人性化"的缺失，以人为本开展德育。经过长期的实践与探索，积极推进德育校本课程改革，开发了一系列以"参与式德育"为核心理念的德育特色校本课程：

① "环境"营造浸染课程。

环境对于激发和形成人在环境中的行为方式有很大影响。因此营造良好的校园环境对学校的教育活动和学生思想品德的形成有着重要作用。校园环境文化是

一种隐形的德育课程资源，它具有潜移默化地陶冶学生情操，塑造美好心灵的作用。

学校将"泉文化、德教育"作为学校文化建设主体，建立了对师生开展德育教育、人文教育的重要场所——法治文化和泉文化景观，建立了激励师生共同成长的重要土壤——校史馆，致力打造"六美"学校。各班通过装扮绿意角，图书角、打造文化墙，展示泉娃个性风采，彰显班级特色，提升班级文化品位，力争让教室的每一个角落都"会说话"，发挥"教室环境"教育、培养、熏陶人的功能。学生在家定期整理个人寝室、书桌、收拾衣物、摆放物件等，为自己营造一个良好的学习居住环境。让"蜗居文化"根植于学生的生活之中，让学生在美的浸染下健康成长。

② "三自"管理养成课程。

其中包括：自我革新、自主管理、智慧提效三大方面。

自我革新。行为规范是社会群体或个人在参与社会活动中所遵循的规则、准则的总称，是社会认可和人们普遍接受的具有一般约束力的行为标准。包括行为规则、道德规范等。学生的日常生活与普通人的生活存在差别：场所相对固定、时间集中、集体性突出、可塑性强。学校通过国防教育及行为规范教育提高学生国防意识，潜移默化影响学生的生活观念、学习思维和行为，为学生未来的发展打下坚实的基础。

自主管理。学校成立班级、年级、校级三级学生代表大会，依托三级学生代表大会开展"校规校纪、班规班约"建设工作，推进学生自治，提升法治素养。也就是说，学校校规校纪的建立和修正，必须先交由全校学生充分讨论，在广泛征求意见建议的基础上，再提交校级学生代表大会审议通过后实施。尊重了学生自主管理的主体地位，通过讨论让学生更加了解各项规范要求，更有利于自觉遵守。同时也保障了学生行使民主权利和参与学校民主管理，是学校联系学生的桥梁和纽带，是学校民主管理和民主监督的重要形式之一。

清泉学校学生代表大会提案表

提案人		年龄	
所在班级		附议人数	
联系方式		提案分类	
提案题目			
提案缘由			
主要内容			
解决建议			

　　著名教育家陶行知先生说过："民主教育是教人做主人，做自己的主人，做国家的主人，做世界的主人。"学校根据"参与式德育"的内涵，探索出了一套"泉娃担当"三评（自评、他评、互评）班级管理+班主任引领常态化润心班团(队）会课，遵循"人人有事做，事事有人做"的原则，让学生在选择、判断、实施、历练、建构和反思中学会担当和发展能力，真正地成为教室里的主人，有效地提高班级的凝聚力和提升班级管理的效率，同时也有助于培养学生的责任感、主人翁意识和团队协作能力。

清泉学校初（小）　　级　班泉娃担当表

序号	姓名	担当1	担当2	担当3	担当4
1					
2					
3					
4					
5					
6					
7					

续表

序号	姓名	担当1	担当2	担当3	担当4
8					
9					
10					
11					
12					
13					
14					
15					
16					
17					
18					
……					

担当名称：雨伞担当、零食管理员、门窗担当、黑板报组成员、寝室担当、钥匙担当、电器设备担当、绿植担当、劳动工具担当……
（原则：人人有事做，事事有人做。）

学校以班级为单位，成立"学生纠纷自治调解小组"，各班班委增设调解委员一名，由调解委员任自治调解小组组长，另加调解员1~3名，班主任做顾问，组成各班学生纠纷自治调解小组。学生的一般纠纷由各班自治调解小组按调解程序自治调解，班级自治调解小组调解不成的，按程序由学校学生纠纷调解委员会调解。这样做的目的：一是培养学生运用法律法规、学校规章制度解决矛盾纠纷的能力；二是让学生在纠纷解决的过程中更深刻地了解相关的法律法规和学校规章制度，认识这些法律法规、规章制度的严肃性；三是促使学生掌握解决矛盾纠纷的方法，培养学生的法治意识、规则意识。

智慧提效。学校结合德育管理体系，依托校本教材《泉润》开发出了"智慧德育"管理平台。平台涵盖了学生行为规范、学生常规、班级管理等7大模块，囊括了与德育管理相关的16项指标。

文化墙

黑板报

集会

升旗仪式

午休、自习

班容班貌

学生常规　教师课堂行为　班级管理

考试巡查　学生行为规范　行政督查

学月优秀班主任　学月流动红旗班级　班级活动

敬请期待

学校可灵活进行评价、自定义考核指标，查询统计报表，通过评价及时了解班级管理状况，分析制定采取相应措施，为教育教学等工作的稳步推进保驾护航。

常规检查情况统计（2020-06-01至2020-06-30）

班级名称	第一周	第二周	第三周	第四周	第五周	合计	综合评定
初2016级6班						0	A等
初2016级7班						0	A等
初2017级1班						0	A等
初2017级2班						0	A等
初2017级3班						0	A等
初2017级4班						0	A等
初2017级5班						0	A等
初2017级6班						0	A等
初2017级7班		-1.5				-1.5	
初2018级1班						0	A等
初2018级2班						0	A等
初2018级3班						0	A等
初2018级4班						0	A等
初2018级5班		-4				-4	
初2018级6班						0	A等
初2018级7班		-1				-1	
初2011级1班						0	A等

续表

班级名称	第一周	第二周	第三周	第四周	第五周	合计	综合评定
初2011级2班						0	A等
初2011级3班						0	A等
初2011级4班						0	A等
初2011级5班						0	A等

德育管理者通过平台（PC端+移动端）双管齐下对班级、学生进行个人行为考评，班主任老师通过收到的德育考评信息和查看统计报表全面了解学生状况，有针对性地指导学生改进。真正意义上实现心中有学生，手中有数据，脑中有措施的境界。

学生通过统计分析表自查了解自身的学习和生活状态、成长状况。"勿以恶小而为之，勿以善小而不为。"在进行自我反思的基础上不断修正自身的行为，弥补自身的不足，实现自身的进步。

"智慧德育"平台为营造学校良好的德育大环境提供了条件，也为学校教育教学的顺利开展打下了坚实的基础。通过一键完成考评、实时推送、自动统计、智能分析、个性化配置，实现了高效、灵活、智能的德育管理。锻造了智慧班主任，促进教师专业发展；培训了智慧家长、构建家校协作网络；培养了智慧学生，帮助学生全面发展，健全了学生人格，实现学生自身素质的全面发展。促使师生逐步完成"会行"向"慧行"转变。将"三全育人""五育并举"有机融合，全面提升中小学生的综合素质。

教师层面：

会行：原始的会管理学生的行为习惯，

　　　原始的能处理学生的突发情况，

　　　原始的可落实学生的常规状态。

慧行：用智慧去规范学生的行为习惯，

　　　用智慧去维护学生的主体地位，

　　　用智慧去陶冶学生的道德情操。

学生层面：

会行：懂得怎样做？懂得做什么？懂得为什么而做？

慧行：有觉悟，更灵透，达到触类旁通，以此养成良好的行为习惯。

　　　有素养，更灵气，实现感同身受，以此形成健康的生活习惯。

　　　有理想，更灵性，如同醍醐灌顶，以此培养高尚的道德品质。

③"体悟式教育"校本课程。

其中包括：劳动特色课程（泉力课程）、科创特色课程（泉创课程）、艺术特色课程（泉美课程）、体育特色课程（泉健课程）、综合实践课程（泉融课程），致力培养德智体美劳全面发展的新时代少年。

清泉学校泉美课程实施表（部分）

课程类别	课程名称	课程内容	任课教师	开设年级
美术	泉创美术	川剧人物色彩和纹样的介绍	付林敏 雷慧宇	六至八年级
		川剧人物动态塑形		
		超轻黏土川剧人物圆雕的制作		
		超轻黏土川剧人物细节的完善		
	绘画创作	风景写生	陈燕 赖万明	四至五年级
		静物写生		
		人物写生		
音乐与舞蹈	奇遇陶笛	认识陶笛，简介陶笛	童舒 黄胜萍	三至五年级
		学习吹奏的方法和气息控制方法		
		学习C大调5、6、7的吹奏指法		
		学习C大调高音1的吹奏指法		
		学习C大调中音1、2的吹奏指法		
		学习C大调中音3和4的吹奏指法		
		学吹练习曲《森林狂想曲》		

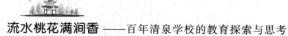

续表

课程类别	课程名称	课程内容	任课教师	开设年级
	合唱与表演	了解什么是合唱	管　璇 赵钰莹	六至八年级
		学习科学的练声方式		
		聆听熟悉歌曲，学习合唱歌曲		
		分声部练习歌曲		
		掌握如何科学运用气息		
		练习复杂节奏（附点，切分……）		
		熟练运用声音力度演唱整首歌曲		
	泉韵舞蹈	舞蹈基本功练习	管　璇 赵钰莹	六至八年级
		观看并熟悉舞蹈《同心战疫》		
		学习集体舞蹈动作，分组练习		
		分配队形站位		
		感受舞蹈柔度，用身体表达感情		
		练习动作卡点及整齐度		
	"丝竹泉音"管乐队	乐器的使用方法、日常维护	钟千路 付　雨	二至七年级
		学习气息和口型		
		乐理知识的运用和理解		
		分声部练习		
		合奏练习、确定各声部的表演位置		
		合奏课		
书法	墨泉书法社	汉字演变史	李忠诚 张才华	三至五年级
		书法发展简史及重要书法家		
		颜真卿书法的笔法及结构特点		
		颜真卿书法的基本笔画练习		
		颜真卿书法集字古诗练习		
川剧	川剧社团	川剧基本功——拉山膀	张国培 赵小利	一、四年级
		川剧基本功——台步		
		川剧基本功——手法		
		川剧基本功——指法		
		川剧节目排练		

④ "泉新"入学适应课程。

2022年7月，学校开发了小学入学适应德育课程。该课程重点研究了儿童如何适应从幼儿园到小学的转变。在关注儿童心理和生理需要的基础上，以"参与式德育"为核心理念，遵循儿童身心发展的规律和教育规律，创设"专题式德育"

主题活动《我的第一天》，帮助一年级学生明确自己的小学生身份，完成角色的转变。

参与了《我的第一天》专题式德育主体活动的学生和家长都表示开学的第一天仪式感满满，十分憧憬之后即将迎来的小学生活。

《我的第一天》专题式德育的主题活动课程设计

德育目标	认知目标	完成角色转化，知道自己是一名小学生。	
	情感目标	能保持积极快乐的情绪，喜欢上学。	
	行为目标	学会礼节、礼仪，能主动与师生交流互动，积极参与集体活动。	
活动主题		我的第一天	
核心问题		通过在校第一天的体验，让学生明确自己新的身份：小学生	
活动过程	前期准备	内　容	目　的
		亲子活动： 1.家长与孩子齐动手制作一个学生座位铭牌。 2.爸爸妈妈带领孩子到卫生院开具新生儿童预防接种查验证明和肺结核筛查证明。 3.和爸爸妈妈一起学习《中小学生守则》。	1.联结亲子之间的情感联系，有助于孩子个性的完善和发展。 2.在父母的参与中，顺利实现孩子角色的转变。
		事项1：开学前，组建班级群，收集学生基本信息。为学生制作校牌。	1.方便联系家长，架起沟通桥梁。 2.为了准确无误地告知家长具体开学事宜。 3.合理分配，有序开展迎新工作。
		事项2：编写《清泉学校2022级一年级新生报到指南》发布在学校的微信公众号上。其中详细地告知了家长报到时间、报到地点、报到流程，对学习用品的选择和准备做了相关建议并提醒家长按要求准备当天需上交的资料。	
		事项3：学校制定发布《一年级新生报到流程》。	
	当天活动	活　动	目　的
		活动1：正衣冠 ①在校门口通道两侧设立两面全身镜，老师依次帮学生整理好衣冠。 ②在镜子旁设立两块标识牌标识"正衣冠"寓意。	让学生衣着整洁，有一个良好的精神状态开启人生新征程。
		活动2：击鼓明智 教师着古代教书先生服装，家长带着学生一起击鼓。先生念：立德修身，击鼓一响；见贤思齐，击鼓一响；学而不厌，击鼓一响。击毕，归位。	击鼓鸣志即击鼓"明智"，表明自己的志向。击鼓的声音越响，声音传得越远，说明志向就越远大。

续表

	活动3：描红开笔 ①按班级设计7个点位，安排7名老师。学生击鼓后分别到相应班级点位，由点位老师依次握学生手书写"人"字。 ②在书桌前方设置写字坐姿提示。	让学生在老师的指导下学写"人"字。希望学生在人生的启蒙阶段学会做人，知道做人要顶天立地。
	活动4：净手净心 学生到达对应班级门口，教师带领学生将手放入水盆中洗干净，正反各一次，然后擦干归位。	希望学生在日后的学习中能够专心致志，心无旁骛。
	活动5：拜师入门 ①学生进入教室，行拜师礼。 ②分发校卡，学生入位。	为了让学生更好地尊敬老师，感恩师德，弘扬中华传统文化。
	活动6：班级建设的破冰活动 ①师生自我介绍。 ②学习教室礼仪：课前课后师生问好、坐姿、站姿、举手发言等。	加强师生之间的了解，让学生养成尊敬师长，团结同学的习惯。为后期适应性教学奠定基础，学会学习。
	活动7：平安路队制离校 ①提前告知家长离校时间及接送点位。 ②学生有序列队离校。	保证学生离校秩序，安全离校。

在此基础上，学校还以促进一年级学生身心、生活和学习全面适应小学为目标，研发了《我的一天》"参与式德育"活动课程，借助学校吉祥物"泉宝宝"来帮助一年级学生逐步完成"以游戏为基本活动"的幼儿园生活到"以学科学习为主要目标"的小学生活的转变。该课程还融合了"习惯养成儿歌""课堂常规口令""小学入学适应教育指导要点"及"小学一年级习惯培养年段训练点"等内容，更好地帮助了一年级学生适应小学生活，让学生享受初入小学的第一天，让每一位学生快乐享受每一天。

⑤"泉语"心理健康课程。

清泉学校是一所留守儿童居多的农村学校，学生由于长期生活在这种特殊的环境，缺乏父母的关爱和呵护，心理问题较为突出。学校一直以来都十分重视学生心理健康的发展，认真落实国家课程中心理健康教育相关内容，开齐开足心理健康课程，并将心理健康教育课纳入校本课程，课程开设及教育教学做到全覆盖。

学校积极联合社会力量，整合社会资源，打造"泉语"心灵空间两个；设立"泉娃心语邮局"信箱；引领学校心理健康中心，聚焦留守儿童身心发展，策划落实"聚爱伴成长"留守儿童心理健康项目；定期开播"守护师生心理健康"系列微课，搭建线上线下咨询沟通平台；推动家庭"心"教育工作等心理健康课程。

彻底打通社会、学校、家庭、政策、心理、权益等所有环节，形成闭环，共同为青少年的身心健康成长保驾护航。

133模式"聚爱伴成长"留守儿童关爱项目

课程名称	课程内容	受益人数	指导教师
服务档案建设	分层分类建立焦点学生服务档案，分为重点关注、一般关注、常态化关注。	42人	青草青社会工作服务中心陈辉、张乐全、刘晓菲、班主任
留守儿童个案服务	心理疏导	60人	青草青社会工作服务中心刘晓菲、学生处
	家庭巡访		
	物资慰问		
	个人成长		
	家庭教育指导		
	社会融入		
情绪支持小组	认识自我	30人	青草青社会工作服务中心张乐全、刘晓菲
	悦纳自我		
	挫折应对		
	情绪调节		
主题活动	游园会活动	1000人	青草青社会工作服务中心学生处、张乐全、刘晓菲、班主任
	运动会活动		
"生命教育"主题小课堂	与自己共处	1300人	青草青社会工作服务中心张乐全、刘晓菲
	与亲人相伴		
	与学校共成长		
	与国家共命运		
	与社会零距离		

⑥"泉家"家校共育课程。

家长学校是宣传普及家庭教育知识，提升家长素质的重要场所，是指导推进家庭教育的主阵地和主渠道。为了让更多的家长正确认识家庭教育，促使家庭教育更科学，有效改善家庭教育的现状，极大地发挥家庭教育的作用。学校积极探究家校共育的途径，通过"积分制"和"泉润家长评选办法"，鼓励家长积极参与"家长学校"活动，提升自身家教素养，与学校一起，为孩子的成长保驾护航。

学校开设家庭教育讲座、沙龙；开展"泉娃好爸妈"大课堂；邀请有专业特长的家长走进课堂，为学生拓展课外知识，突破学校教育的局限；完善家长代表大会制度，聘请家长督学，落实家长知情权，积极参与学校管理，增强家校之间

的交流互动；实施"全员家访"制，搭建沟通学校、家长、学生的心灵桥梁，帮助老师了解学生的生活环境和家庭教育模式。从而能够有针对性地为家长提供科学的教育方法，努力做到"因材施教"。

⑦ "泉职"体验实践课程。

职业体验课程是学生深入了解职业的最有效、最直接的体验活动课程，它让学生提前接触了社会，通过亲身体验让学生了解不同职业的特性，了解自己的兴趣和潜力，为自己未来的职业发展服务。因此，一方面学校借助欧洲产业城企业、乡村振兴项目福洪镇杏花村、五桂村林溪谷樱桃采摘基地、农科院等本土资源，另一方面挖掘出校内模拟法庭等体验空间资源，其次利用适合学生体验的职业（理发师、家电修理师、售货员、牙医、小裁缝等）的相关校友、家长、行业代表等人力资源，同时与幼儿园建立"保育师"职业体验基地，开发了一系列的参访企业、"我和爸妈（同学爸妈）一起去上班"、研学实践等职业体验课程。

清泉学校职业体验课程表（部分）

职业体验工种	体验内容	体验地点
参访企业	了解新能源科学技术	华鼎国联四川动力电池有限公司
预算员	包装体验	玖珑智能包装（成都）有限公司
理发师	理发服务技能体验	家长的理发店
家电维修	家电拆装学习简单维修技术	校外行业代表
售货员	推销产品	从事该行业的家长上班单位
科学技术	学习新型的栽培种植技术	农科院（基地）
果树管理	修枝、蔬果、采摘、包装等	五桂村林溪谷樱桃采摘基地 福洪镇杏花村
法官	模拟法庭体验	校内模拟审判庭法院
保育师	照料、看护幼儿	幼儿园

⑧ "泉程"主题教育课程。

主题教育课程是推进学生全面发展的一大法宝。我校以学生实际需求为导向，运用活动引领，细节渗透，文化熏陶等有效的策略，将思想转化为行动，让教育成效最大化，实现德育的真正目的。主要包括初心教育、礼数教育、法治教育、励志教育、成长仪式、社会实践、生命安全和爱心互助等多方面。

专题式德育的主题活动课程设计模板

德育目标		认知目标				
		情感目标				
		行为目标				
德育主题						
核心问题						
活动过程		子问题1：		子活动1：		
		子问题2：		子活动2：		
		子问题3：		子活动3：		
		……		……		
学习评价		评价指标	评价方法	评价结果		
				A	B	C
		道德认知：				
		道德情感：				
		道德行为：				

德育目标：认知目标是指学生对为人做事道理的认识；情感目标是指学生对自己、他人、社会和国家所持有的积极情感倾向；行为目标是指学生实际表现出来的为人做事方式，也就是实际上能够做出来的事情和行为。

德育主题：是指为了达成特定德育目标而给学生设计的道德学习主题，如"巧升国旗""我为清洁工点赞"。

核心问题：是指在某个学习主题之下，着重需要学生去体验和探究的问题。例如，"我为清洁工点赞"这个主题中，可以引导学生着重探究的核心问题是"如果没有清洁工，我们的生活环境会怎样"。

活动过程：子问题是为了引导学生探究和解决核心问题，而设计出来的若干小问题；子活动是根据子问题自然设计出来的若干小活动。

各类课程让学生思维得到提升，兴趣得到培养，为促进学生的全面发展搭建了精彩亮丽的平台。

5. 活动育人：春风化雨 润泽德行

学生是精灵的化身，活泼好动，天真烂漫是他们的天性。学校丰富多彩的实践活动能让学生发现自己的天赋，尽情地在最美的年龄展示自身的才华，让他们的个性风采得到良好的发展。实践活动教育是现代教育的重要组成部分，其在培养学生的个性、能力和品德素养方面有着不可忽视的作用。学校通过组织各种形式的活动，使学生在实践中获得知识，习得技能、收获体验，从而促进学生的全面发展。清泉学校致力建构"体悟式教育"办学特色，针对德育，提出了"在体验中领悟，在领悟中习得"。因此，学校充分利用校园活动、社会实践、课堂拓展等多种途径来塑造学生的精神之树，使其不断萌芽、生长、壮大。

（1）党领团、团带队，童心向党奔未来

党建带团建、队建工作是党在新时期进一步加强和改善党对青年、少年工作领导的时代需求。近几年，清泉学校党总支不断创新工作机制，制订党建带团建、队建工作方案，并将其列入德育工作总体规划。学校按照办学章程，定期召开学生代表大会，选举产生新一届学生会委员。5月隆重举行少先队员的离队入团仪式。结合依法治校特色，定期开展学生代表大会。随着党对少先队工作的重视，学校队建工作也在不断地完善与创新。2018年，学校成立了少工委，专门负责管理少先队事务。在少工委的组织领导下，少先队的队前教育、入队考核、分批入队等工作成效都有了显著的提升。2020年学校筹划建设了少队室，为少先队的工作开展提供了强有力的阵地保障。

（2）以重大时间节点为契机，开展德育活动

在学校团委和少工委的组织下，充分挖掘节日、纪念日蕴藏着的德育资源，有计划地组织开展形式多样的德育活动。如班级轮流制国旗下演讲，就是对全校师生进行集体教育的特定舞台和良好时机，具有特殊的意义。每周一，利用国旗下讲话这一重要形式，培养广大师生爱国爱校的良好情感，推动了学生勤奋学习，促进了良好校风的形成。

清泉学校2022—2023学年度（上期）国旗下讲话内容安排

周次	日期	小学部／初中部		国旗下演讲主题
第一周	2月13日	五（3）班	七（1）班	新学期新气象
第二周	2月20日	五（4）班	七（2）班	培养好习惯，成就好人生
第三周	2月27日	五（5）班	七（3）班	文明在我心，礼貌伴我行
第四周	3月06日	五（6）班	七（4）班	女性，世界因你而精彩
第五周	3月13日	五（7）班	七（5）班	三月春风暖人心，雷锋精神伴我行
第六周	3月20日	四（1）班	七（6）班	让勤俭之花在心中绽放
第七周	3月27日	四（2）班	七（7）班	关注安全，践行安全
第八周	4月03日	四（3）班	八（1）班	缅怀先烈，弘扬爱国精神
第九周	4月10日	四（4）班	八（2）班	预防春季传染病
第十周	4月17日	四（5）班	八（3）班	保护环境，美化校园

续表

周次	日期	小学部／初中部		国旗下演讲主题
第十一周	4月24日	四（6）班	八（4）班	读书让你的人生更精彩
第十二周	5月04日	四（7）班	八（5）班	青年有理想，国家有力量
第十三周	5月08日	三（1）班	八（6）班	温馨五月天，感恩母亲节
第十四周	5月15日	三（2）班	八（7）班	珍爱生命，预防溺水
第十五周	5月22日	三（3）班	九（1）班	正视挫折，做一个身心健康的人
第十六周	5月29日	三（4）班	九（2）班	欢乐六一，多彩童年
第十七周	6月05日	三（5）班	九（3）班	为梦想而拼搏
第十八周	6月12日	三（6）班	九（4）班	爱在父亲节
第十九周	6月19日	三（7）班	九（5）班	遥思端午情，不负少年志
第二十周	6月26日	五（1）班	九（6）班	争分夺秒，备战期末

　　主题班会课是学校思想品德教育的主阵地，是搭建学生施展才华的舞台，是架设师生交流、生生交流的桥梁。它具有明确的教育计划、指向和内容。学校每学期开展一次"主题班团（队）会课"教学设计比赛，引导各班级可立足于自身实际情况，有针对性地开展各类主题班会。切实增强班团（队）会课的育人功能和实效性。

清泉学校2023年班会课参考主题

类别	参考主题
综合类	手机：合理使用手机，拥抱健康生活
	早恋：花开太早，也许是个美丽的错误
	梦想：新的征程，请锁定你远航的灯塔
	自我管理：自律的正确打开方式
	交友：友谊之舟颠簸时怎么办？
	抑郁、焦虑、无助——成梦需要克服的负面心理因素
	走进父母（孝）——怀揣一颗感恩的心追梦
	挥洒炙热汗水，绘就美好青春（童年）
	弘扬雷锋精神，争做时代新人
	知我校园，爱我校园
安全类	珍爱生命，预防溺水
	珍爱生命，远离毒品
	安全用气，防范未"燃"
	消防记心间，安全伴我行
	珍惜生命，安全第一——防范校园意外事故
传统节日／文化类	传统节日：春节、元宵、清明、端午、七夕、中秋、重阳等
	传统文化：二十四节气、十二生肖、四大发明、文房四宝等

（3）积极参办文艺、体育竞赛，彰显学生特色风采

美育是"五育并举"中不可缺少的一环。文艺竞赛等活动不仅可以展示学生个人的艺术才华，更能激发学生的创造力。因此，清泉学校一直以来力求让艺术教育融入学生的学习生活，滋润他们的生命成长。学校积极组织学生参与市区级各项文艺竞赛等活动，开阔学生的眼界，提升艺术修养。

清泉学校2022年参加市区级文艺竞赛/活动汇总表

时间	竞赛／活动名称
3月	青白江区中小学乒乓球比赛
	中小学生艺术节课堂乐器合奏展演
	中小学生环境健康宣传系列征文、绘画活动
4月	青白江区中小学啦啦操比赛
	班主任治班策略大赛
5月	中华经典诵写系列活动
	全区中小学"校园篮球"联赛
	青白江区中小学艺术节展演（舞蹈专场）
	爱国主义读书教育征文和演讲比赛、环保主题征文活动
	中小学生艺术作品评选活动
6月	青白江区排球比赛
	爱国主义读书教育征文和演讲比赛
9月	中小学生艺术节（朗诵展演）
	中华经典诵写讲系列活动
10月	青白江区田径运动会
11月	青白江区校园足球联赛
	中小学艺术节（校园剧）展演活动
12月	第八届中小学生艺术节课堂乐器展演活动
	青白江区中小学生校园足球联赛

在学校积极筹备，教师辛勤指导，学生刻苦练习的多重作用之下，清泉学校也取得了喜人的竞赛成果。

除此之外，学校也十分重视校内文体活动的开展，为学生提供丰富的展示平台。经过十多年的探索与实践，无论是艺术形式、文化内涵还是教育效果，都较以往有了明显的提升。每年三月份，学校举办书法比赛、班级文化建设大赛。四月，举办"学雷锋·勤读书"讲故事比赛、"泉润杯"校园篮球班级联赛。五月，举办"泉润杯"校园足球班级联赛、"学宪法，讲宪法"演讲比赛。六月，举办

"六一"文艺会演、"泉音"管乐队汇报表演。十月,举办低年级段学生常规展评活动、科学创新实践活动大赛。十一月,举办历时三天,内容丰富,形式多样的校园艺体节。十二月,举办以爱国主义教育为主题的"革命红歌"班级歌咏比赛。同时结合各重大节日、纪念日等,开展形式多样的文艺活动。这些活动不仅丰富了学生的校园文化生活,也升华了学生的精神世界。

(4)大力开展劳动教育,培养学生担当意识

新时代加强劳动教育总体思路指出,要把劳动教育纳入人才培养全过程,贯通大中小学各学段,贯穿家庭、学校、社会各方面,与德育、智育、体育、美育相结合。学校在总体育人目标的框架之下,以"参与式德育"为核心理念,以树德、增智、强体、育美、创新为目标,五劳五要为目的。将班级日常劳动、校内卫生区劳动、家庭家务劳动、社区志愿劳动、劳动教育基地劳动作为我校劳动教育的五大途径,构建新时代"泉润劳动5+"教育课程体系,实施三级分层管理。

劳动+认识——开设劳动认识专题教育课,让学生体会劳动的价值和意义。

劳动+课堂——将劳动融于课堂,与通用技术和地方课程、"泉力"校本实践课程等有关内容进行必要统筹,每周开设不少于一课时。

劳动+生活——学生学会基本的劳动知识与技能后,实践应用于生活劳动之中。其中包含"泉娃体验"课程,"最美泉娃"课程和"泉权(娃)有你"农耕课程。

劳动+融合——重在提升学生劳动素养、促进教师专业发展、提升学校办学效益,实践推广辐射引领。其中包含融合管理服务、融合学科教学、融合艺术活动、融合传统文化、融合研学实践等。

劳动+评价——细化落实过程性评价。

其中最具代表性的是学校劳动教育基地开展的系列活动。

2021年,清泉学校为全面提高学生劳动素养,使学生树立正确的劳动观念,在小学部校园内专门建立了一块劳动教育实践园地。该园地面积约736平方米,划分为6个小板块,分别为:水果区域,蓝莓(采用基质栽培)、中药材区域、芍药(采用基质栽培)、四个时令蔬菜区域(番茄、黄瓜、大豆、茄子、玉米等)。基地面向全校学生开放,学生平时课间可以到农作物基地,通过查阅农作物简介进一步了解相应的农作物。学校在简介上又专设了一块对农作物的营养价值的介绍,让学生通过阅读,了解农作物的营养价值。

起初,劳动基地承包到各年级。2023年学校将劳动基地承包到各班级,由班级内的"润苗担当"协助班主任安排并记录班级的劳动实践活动，并填写"泉娃劳动实践记录表"，这样更加激发了学生参与劳动实践的热情和干劲。

清泉学校2023年（上半年）泉娃劳动实践记录表

班级：　　　指导教师：　　　润苗担当组长：

序号	日期	参 与 人 员				
		1	2	3	4	指导人签字
1	月　日					
2	月　日					
3	月　日					
4	月　日					
5	月　日					
6	月　日					
7	月　日					
8	月　日					
9	月　日					
10	月　日					
11	月　日					
12	月　日					
13	月　日					
14	月　日					
15	月　日					
16	月　日					
17	月　日					
18	月　日					
19	月　日					
20	月　日					

劳动之后，参与学生根据劳动过程完成"植物成长记录表"，画出当时农作物的样子，并记录农作物的生长状况，这样就在劳动中培养了学生长期观察的习惯，增强学生的责任心，养成持之以恒的精神。同时，学生写下自己的劳动感受，进而加深了尊重劳动，珍惜粮食的意识。

待劳动果实成熟之后，学校便会组织开展"劳动成果共分享"活动，在各年级或各班级之间分享，或是将劳动果实交由食堂，在全校师生内分享。

学校为了将劳动实践基地的教育作用发挥到最大，联合四川省农科院经作所对学生进行了多次农业科普和作物种植技术指导。2022年4月，赖佳农艺师到校开展以"蔬菜嫁接"为主题的科普讲座。2022年10月，赖老师又到校开展了"劳动成果从哪儿来"主题讲座，教育学生珍惜劳动成果，养成勤俭节约的美德。

这样的劳动实践教育可以让学生获取许多课本上所学不到的东西，即使有书本知识，没有经过亲手实践也很难完全掌握和理解。别看只是种植实践，应当说，学校的实践园地为学生提供了一个"理论与实践相结合"的机会。

（5）开设社会实践活动，推动德育有效落实

在社会飞速发展的今天，道德教育也越来越被人们所重视。因此社会资源的寻求和利用对于学校德育来说有着不可忽视的作用。通过社会实践活动，学生能够真实地感受到自己的行为对他人的影响，从而培养他们的责任意识和公民意识。

清泉学校一直秉承"五育并举"的原则，每学年都积极组织学生参与各类社会实践活动。"清明节祭英烈"志愿活动、"爱绿护绿"志愿活动、敬老爱老志愿行动等。还有蔬菜义卖、春季研学实践活动、"清理河山"环保行动、"打击三无食品"社区宣传、"护苗"文明劝导……学校教育与社会实践相结合，统筹了学校和社会两方面的力量，让学生的精神世界得到了更好的滋养。

6. 制度育人：依法治校，公平公正

人们常说，没有规矩不成方圆，这里说的规矩就是规章制度。学校管理要上水平，首先制度要先行。

泉水的清纯蕴含法治的公平正义，清泉学校坚持依法治校，经过不懈努力，学校建立健全了一整套科学合理、高效规范的学校管理运作新机制，并汇编成《清泉学校管理规章制度》。这套制度包含了教职工代表大会制度、师德建设民主考核评价体系、劳动纪律规范体系、教职工竞聘选岗民主监督保障体系、学生评价体系等18章。

教代会职权的落实，切实保障了教职工对学校重大事项决策的民主权利，实行教代会代表巡视制度，每学期组织教代会代表对各校区、各部门工作分板块进行巡视，促进了学校各项工作健康有序开展；实施双向竞聘选岗，激发工作热情，实现了教师的优化组合，更增强了教师的合作意识、竞争意识、质量意识；制订的《清泉学校绩效考核方案》，充分体现了"多劳多得，优绩优酬"原则，得到了广大教职工的支持和认可。学生评价体系，包含了学生在校学习和生活的方方面面，为各项活动的开展和评优选先提供了制度体系支持。

这些制度的建立规范了师生的日常行为，为公平合理评价每一位教师、每一位学生、每一个班级奠定了良好的基础，为学校各项工作考评提供了依据。制度

在管理过程中不断修改完善，逐步建立健全，管理在制度建设中不断走向科学化、规范化、制度化，为学校开展依法治校和创建区域名校奠定了坚实的基础。

二、爱的成长路上，有你，有我，有他

教育是一场爱的双向奔赴。在爱的教育路上，单打独斗明显不行，协同育人才是正道。协同育人是指学校、家庭、社会三方合作，共同育人，实现学生的全面发展。只有你我他的协同合作，才能孕育出社会所需要的人才。学校充分发挥协同育人主导作用、家长切实履行家庭教育主体责任、社会有效支持服务全面育人。党的二十大报告也明确提出"健全学校家庭社会育人机制"，三者有机衔接、协同配合是新时代教育改革发展的重要前提。

1. "你和我"，构建家庭型学校

谈到教育，很多人的脑袋里面想到的都是书本知识，实则不然。现代的教育已经不是简单的书本知识了。随着社会的发展，科技的进步以及网络的发达，现代社会发展的利与弊也逐渐凸显。学生接受的教育也不再限于学校小课堂，更多的是社会这个大课堂。那么如何来面对社会这个大课堂呢？如何才能让社会孕育出会体验、善领悟、重坚持、净心灵的时代新人呢？这才是教育亟须解决的问题。

很多人羡慕优秀学生的成功，但是请相信：没有一棵树，一开始就是树，它首先是种子，经受过酷暑严寒才变得枝繁叶茂，长成一棵树。想要成功度过酷暑严寒，绝不单单依靠学校，更多的是家校合作。

家校携手共育是一种强调家庭和学校合作的教育模式，它的核心理念是让家庭和学校共同参与学生的教育过程，共同培养学生的品德和能力，以实现学生的全面发展。清泉学校作为一所农村学校，家长的整体文化水平参差不齐，家庭教育不多，家庭影响却很大。为了更好地密切家校联系，和谐家校关系，学校领导班子多次走出去、引进来，终于构建了三位一体教育网络，制订了《清泉学校构建学校、家庭、社区三结合教育网络实施方案》，组建了三级家长委员会，定期召开全校家长委员会代表大会，各级家委会和各年级家长交流会，落实家长知情权、参与权、监督权。

自从家长走进来，家长对学校更放心了。在这里，教学秩序的规范化，教师的认真敬业，学生潜心学习，清泉学校正如它的名字一样，似一股清流流进每个

人的心里。不仅如此，学校还聘请三十位家长担任学校督学，让家长参与学校民主监督管理，让学生体验、享受家校共育成果。

针对家长提出的"我该如何教育自己的子女"问题，学校积极利用网络平台推送"云端守护，共育桃李"家校共育专题信息，通过召开线上、线下家长交流会，积极组织学生及家长踊跃参与家校共育活动，家长参与率100%。为促进亲子关系，开展了"我们一起飞，设计风筝，放飞梦想"亲子活动、家庭创意亲子水果拼盘大聚会活动、我为爸妈设计一日营养菜谱亲子活动、"权泉有你"校内外亲子种植实践活动、致父母的一封信亲子活动，实施"全员家访制"等，积极向家长传授家庭教育知识，提升家长教子水平。

2022年，学校组建了一支家庭教育指导团队，开设家庭教育培训班，实施"积分制"培训。每学期定期开展各类家庭教育培训课程，由班主任统筹协调，家长自由选择培训时间及培训课程，以达到每学期每位家长至少有一次参培机会的目的。同时，学校开展了"为爱护航""和谐家庭，幸福人生""家校联动，守望成长""幼小衔接，携手未来"等培训课程。其培训班致力向家长传输正确的教育理念，提供科学的教育方法，保障学生的健康成长。

2. "我和我们"，打造双师型德育队伍建设

汪曾祺在《人间草木》里说过这样一句话"陪我门口的花坐一会儿，当个守护花开的使者。"成为守护花开的使者是一项崇高的任务，当班主任亦是如此，日复一日，守护花开，期待花开。

有人说，班主任是育人大厦最下面的那层砖，是学校教学工作中最前沿的战斗员，是最肯付出、最不计回报、最能塑造人的一群人，是学生成长旅途中最近最美的风景。教育部颁布的《中小学班主任工作规定》明确指出：班主任是中小学日常思想道德教育和学生管理工作的主要实施者，是中小学生健康成长的引领者，班主任要努力成为中小学生的人生导师。

为了让班主任更好地引领学生的成长，学校要求班主任在完成常规思想道德教育和学生管理工作的基础上，做好学生健康成长的引领者和人生导师。其主要职责有：全面贯彻学校教育方针，确保班级保质保量完成各阶段学习任务；总抓班级的思想道德建设，帮助学生树立正确三观；配合学校安排，开展组织各类活动，引导学生正常交往，构建班级良好氛围；联系各科教师，加强学科沟通，提高学生的学习效率；主持召开家长会、定期家访，了解学生成长动态等。

一个人走会走得很快，但一群人走会走得很远。为了让更多的青年班主任加入守护者和引路人这个行列，学校组织了一批优秀的班主任教师及有丰富班主任经验的老教师为核心力量，建设了一支双师型德育队伍，成立了学校班级建设、班主任工作研究指导中心。通过领军人物的传、帮、带、扶，提升青年班主任的专业能力和思政课育人水平。定期开展班主任工作经验交流，成员之间可以相互分享各自的成功经验和有效做法，取长补短，让班主任的建班育人能力能够真正得到提升。特别是在面对校内突发事件的处理时，这支队伍发挥了很好的"智囊团"作用，能够有效、快速地解决学生矛盾和家长冲突。

爱真的会传递。在学校2023年秋季开学德育工作研讨会上，三年级的黄丽老师以"爱心成就教育"为主题发言，分别以爱的传递、爱的约束、爱的尺度为核心内容，以真实的教育案例讲述了如何做一名心中有爱的老师。亲切的语言中尽显对学生无尽的关爱和耐心，赢得了在场老师的阵阵掌声，也让很多老师找到了教育工作中的秘诀——在日复一日的坚持中加入爱心、耐心、用心。

3. "我和他"，启动校社联动机制

新课程特别强调学校与社区、社会的互动，强调学生的社会实践能力，重视挖掘社会的教育资源。

清泉学校坚持以"泉文化、德教育"为内涵，努力创办一所独具乡村风韵的品质品位特色学校，学校的发展除了学校广大师生自身的努力外，当然也离不开社会的支持。

劳动教育承载着中国梦。为了提升学生的劳动观念，亲身体验劳动的乐趣，清泉学校打造了校内劳动实践基地，坚持劳动育人，学校更是邀请了省农科院的专家到校开展技术指导，为清泉学子讲解种植的品种和方法，指导学生对蔬菜进行绕蔓、绑蔓、整枝，结合病虫害物理防治，普及蔬菜追肥等知识，不仅增强了学生的动手能力，还培养了他们尊重劳动，热爱劳动的意识。学校还联合五桂村村民委员会，邀请四川省作家协会老师开展"乡村振兴 耕读传家"青听文学沙龙名家领读会，将耕读文化融入丰富多彩的活动中，让学生感受中华传统文化的魅力。

不仅如此，学校的发展还得到了各级部门和社会团体的大力支持，青白江区关工委、清泉镇团委、青白江供电公司团支部等部门多次为学生送来节日的祝福和学习用具。学校还专门聘请了校外兼职戏剧、武术、轮滑老师，社会与学校共同助力学生全面发展。

学校与社会良性互动的结果，将促使社会对学校教育的认同与支持，进而提

供各项资源协助学校完成教育目标。学校也会因为和社会与家长的良性互动，增强学校参与社会事务的兴趣和使命感。

三、教育是一场温柔与爱的坚持

在人生的辞典里，"爱"这个字最为广博而深奥，它存在于每个人的生活中。其中有一种爱，不似母爱的伟大，却有母爱的宽容；不似友爱的温暖，却有友爱的温馨。这便是教师之爱。从站上讲台的那一刻起，教育便是一场温柔与爱的坚持。

在这一场爱的坚持中，学生从一进校门到毕业，从每个学期开始到结束，从双休日到寒暑假，学校都全程参与教育，贯彻始终。

1. 笔尖下的回忆：成长路上的酸甜苦辣

一个人的一生中，幼儿园、小学、初中、高中、大学一晃而过，回过头来，除了健壮的体魄和渊博的学识，孩童时代的回忆还记得多少？

红色封面上，小桥、流水、花坛，宁静且朴素；操场、教学楼似乎孕育着勃勃生机。打开内页，"泉文化"的教育理念赫然印在上面，清泉学校学生誓词在耳边响起，这便是学校为每个孩子准备的成长礼物。

"老师，我跑步得了第一名会写进我的成长荣誉册吗？"

"老师，我这次得了'学习之星'会写进我的成长荣誉册吗？"

"老师，艺体节上，我的书法作品被展示了，会写进我的成长荣誉册吗？"

……

"会的会的，成长路上的点点滴滴都会被记录下来。"

每个学生都是发展中的人，每个孩子都有属于他自己的掌声。清泉学校坚持以德育人，五育并举，从入校起，每个清泉学子便有了一本属于自己的荣誉手册，在里面，记录了学生一路走来的欢笑与泪水，成为学生最美好的回忆。

2. 爱心关怀不停歇，寒冬温暖送回家

2023年1月6日，一个隆冬的清晨，地面上铺着一层薄薄的银白色霜花，四周一股股寒气直往骨头缝里钻。清泉学校孙德全主任开车带着三位老师行走在去往金堂县的路上，尽管孙主任来清泉学校已经很多年，周围的村组道路都已经走熟悉了，但是在可见度只有十多米的乡间小路上仍然怕走错路，几次下车确认。终

于，经过20分钟走走停停的车程，来到了今天慰问的第一家——四年级（2）班的张小梦家。张小梦家庭比较特殊，父母离异，妈妈远嫁他乡，杳无音信。爸爸又在工地上干活时损伤了眼睛，但仍坚持外出打工养家。张小梦只能由其姑妈照顾，由于姑妈家离学校比较远，上学期间只能住在学校，家庭的困难并未将张小梦打垮，反倒在社会、学校和老师同学的帮助下，养成了独立正直的性格，深得老师的喜欢。看到学校领导和老师来看自己，张小梦显得有点拘谨，孙主任将新年大礼包、大米、春联等物品递给张小梦一家，并对他们进行了安全知识宣传，班主任黄老师询问了张小梦的假期安排，并叮嘱她主动帮家里干活，减轻姑妈一家的负担，一定要学习和休息两不误。因为接下来还有八家需要走访，所以孙主任一行并未多停留，便又匆匆赶往下一家。

像这样的"小部队"还有七支，分别前往不同的村组，身影渐渐远去，步伐却更加坚定！

教育就是日复一日的坚持，这是清泉学校每年都会开展的"爱在暖冬·携手未来"关爱留守儿童活动。清泉学校是一所九年一贯制的农村学校，留守儿童较多，针对留守儿童的心理特征和现实情况，每个冬天，每个春节来临之际，学校党总支、校团委、志愿者服务站都会向优秀或贫困的留守学生送去新年礼物，并带去学校和老师的关心，让孩子们在家也能感受到学校的温暖和关怀。

清泉学校坚持在泉文化的引领下长期开展各种德育活动，以节日为契机，培养学生的爱国精神、感恩意识，对学生进行挫折教育等。由于学校住校生较多，学校会利用节假日的在校时间，为这些住校生送上温暖。每年端午节，清泉学校学生处、少先队大队部组织百余名留守儿童开展"浓情端午·关爱留守儿童"的主题活动，介绍端午节的由来和习俗，并教学生们如何包粽子、煮粽子，在又香又糯的粽子中增强泉娃们对民族文化的认同感和自豪感；每年重阳节，学校则组织部分学生到敬老院进行慰问和表演节目，给敬老院的老人们带去快乐，也教会了学生尊老、敬老；每年的11月11日前后，学校举行一年一度的艺体节，独具特色的开幕式、精彩纷呈的文艺表演、种类丰富的运动项目让所有的清泉学子都能参与其中，用汗水和意志向所有人诠释拼搏、运动、团结的意义，也增强了班级的凝聚力和对学校的认同感。在爱的教育路上，清泉学校一直在努力，一直在创新，从未停歇。

3. 别担心，你的童心我们来守护

国家卫健委2022年最新数据，我国儿童的心理和行为问题发生率高达13.9%，约741万名儿童受心理问题困扰，中小学生中有40%左右（约6000万名）的孩子有不同程度的心理障碍。学生心理问题已经成为社会问题，引起广泛的关注。

前面提到，清泉学校留守儿童较多，学校位于乡镇，家长对孩子的监管参差不齐，教育方法也各不相同。孩子们由于学习的心理压力、人际关系等问题而导致情绪波动大，更有孩子产生厌学、厌世的心理。5月25日是我国的"心理健康日"，"5·25"取谐音"我爱我"，意为要认识自我、接纳自我，能体验到自己的存在价值，乐观自信。这样的人才能用尊重、信任、友爱、宽容的态度与人相处，能分享、接受、给予爱和友谊，能与他人同心协力。爱自己，要从小做起。而当今社会各种信息扑面而来，学生难辨真假，也难分好坏。所以，对学生心理进行正确引导非常重要。

清泉学校对学生心理教育非常重视，采取不同的方式、针对不同的年龄段进行不同的心理教育活动。为此，学校制定了以宣传、讲座、活动为主的系列教育活动。

清泉学校每周一利用国旗下演讲，对学生进行心理教育宣传。在《打开心锁·解开心结》的主题演讲中告诉学生：一把锁，锁住了缤纷的内心世界，一旦解开，便会云开雾散。生活和学习中的一次小失败，一次不愉快，希望同学们都能以积极的心态去面对它，打败这些消极的情绪！《阳光总在风雨后·快乐总在倾诉中》鼓励学生要坚信：生活充满了酸甜苦辣，每一次的不开心，只要愿意与同学、老师和家长分享，总能将坏的情绪减半……一次次主题演讲，一次次鼓励和开解，让学生勇敢面对生活中的失败和挫折，从而自信和阳光地生活。每周五下午的班会课上，班主任也会根据班级学生表现，针对班级出现的问题对学生进行心理教育宣传。用名人事例或身边小事告诉学生面对挫折，不气馁，不退缩，朝着目标一直向前！每个月，学校德育处根据学生近期表现，制定不同的黑板报主题。《珍爱生命·远离危险》让学生明白生命来之不易，成长更是一次美妙的旅行，学会在旅途中远离不安全因素，保护自己。《释压舒心·健康成长》让学生知道学习和生活中难免会遇到压力，要学会释放压力，让情绪回到正常的轨道！

除了宣传教育活动，学校还开展了各种形式的讲座。

教师的心理健康问题也是近几年被关注的对象，教师的心理健康能为学生营造良好的心理成长环境，也有助于协调师生关系。教师只有心理健康，才能当好引路人，更好地引导学生。2023年3月7日，清泉学校开展了《爱自己才能更好地爱别人》的教师自我关怀心理讲座，让教师在学会爱自己的基础上饱含热情地去爱学生。

为了引导学生正确面对成长中身体和心理变化带来的影响，从各个方面助力清泉学子自信、自尊、自爱、健康、快乐成长，学校还开展了《珍爱生命·关爱自我》的生命主题心理班会课，感知生命的神奇和不易；举办了青春期心理健康教育专题讲座"解密青春·向阳而生"，帮助学生了解青春期的健康知识，适应青春期带来的身体、心理的变化；2023年6月2日，学校邀请青白江特殊教育中心蹇廷蓉老师为家长做《儿童注意力提升》主题培训。为了更好地掌握班级学生心理状况，每个班级还设立了心理委员，学校"泉语心灵空间"定期组织各班心理委员开展心理委员培训活动，告诉心理委员助人自助，守护心灵。

接近那一点心距，成就那一份健康。好的心理健康教育活动能够帮助学生在活动中更好地调节自己，使自己拥有积极健康的心理状态和情绪，更好地面对未来的风风雨雨。为此，学校充分利用社区资源，邀请专业人士到校为学生的心理健康保驾护航。2023年5月25日，清泉学校联合青草青社会工作服务中心和成都市心理咨询辅导中心开展了"不负青春·共绘未来""生命课程教育——与自己和谐"为主题的教育活动，通过团体辅导让学生感受团队间有效的配合，体会到团队的鼓励与支持。清泉学校还邀请国家二级心理咨询师、沙盘游戏治疗师向继兰老师，主持开展"点亮生命·赋能成长"的心理健康学生团辅活动，以及专门针对随班就读孩子开展的以"我是一棵树"为主题的心理团体辅导活动。同时，学校每一学期会通过测评软件对学生进行心理筛查，建立学生心理档案，针对异常表现学生开展心理辅导。

心理健康教育工作在清泉学校已经被作为常态化工作开展，在这一系列工作的开展下，在老师的关心下，清泉学子正以强健的体魄和阳光的心态积极努力学习，为自己的未来奋斗拼搏。五年级（4）班的王明轩就是一个典型的例子。

这个男孩儿不爱哭了

没有一朵花，一开始就是一朵花。教育也是如此，在教书育人的道路上，老师会遇到不同的学生，会接触不一样的性格，只要用"爱"播种，用"耐心"施肥，才能在秋天硕果累累。

初识——少年"经常号啕大哭"

初识王明轩，是在一年级的课堂上，一个浓眉大眼的小男生。给老师留下的第一个深刻印象是这个小男生特别"能哭"。同学无意间的一句话可能会让他哭，老师的一句批评可能会让他哭，作业本上多了一个叉叉可能会让他哭，同学在他被批评时看他一眼，他也会哭……只要有类似的情况出现，他便立即情绪失常，乱扔东西，坐在地上不起来，藏在门后不出来，趴在桌子上号啕大哭，越哄越伤心。不过他的情绪来得快，去得也快，上一秒号啕大哭，下一秒便喜笑颜开，简直判若两人。活脱脱一个"情绪小伙子"。

探因——所有情绪都"事出有因"

情绪的多变、不稳定对于王明轩的成长肯定不利，也会给生活和学习带来很大的影响。于是班主任积极与家长联系，并利用下午放学时间到他家中家访。经过长时间与家长的交流和在学校长期的观察，班主任发现王明轩所有的行为和情绪都事出有因。原来王明轩家中还有一个弟弟，但是弟弟和哥哥的性格截然不同，哥哥内敛、不爱说话，但是弟弟活泼开朗，惹人喜爱。哥哥的不爱说话经常惹得暴脾气的爷爷大声呵斥，胆小的哥哥常常被吓得只能用哭来宣泄心中的害怕和委屈。同时，两兄弟性格的不同也经常被家中大人拿来做比较，从而让内敛的哥哥更加自卑。长此以往，每次遇到不顺心或者不愿意接受的事情时，王明轩便会用哭或者摔东西等来表达自己的不满，"情绪小伙子"也因此而来。

成长——家校合作，携手"转变之路"

了解了这一情况后，学校与家长主动进行了交流，从以下几个方面进行了努力。

家长方面，王明轩的父母都是在大城市工作的人，所以对于孩子出现的问题能够积极正面对待，多次去寻求更专业的建议来帮助王明轩改变。

学校方面，利用心理健康教育讲座和活动潜移默化告诉所有同学要做一个阳光开朗的孩子，无论自己在什么时候遇到困难和委屈都可以与同学分享或者与老师家长分享；同时对学生进行挫折教育，一步一步锻炼孩子坚强的意志。在了解到王明轩对国旗队无比敬仰之后，学校便让他参加了国旗队旗手的选拔活动，经过他的精心准备，终于脱颖而出，成为学校国旗队的一员！这个少年脸上的笑容开始多了，目光也坚定了！在平时国旗队的训练中，免不了枯燥和乏味，学校和

家长不止一次担心他坚持不下来，结果出乎意料，他从未有过一个情绪，也从未有过一次放弃，为了梦想，他坚持了下来！

家庭方面，学校建议让爷爷奶奶对待王明轩时，少一点比较，多一点换位思考；少一点打骂，多一点耐心和温柔。家长也教育两兄弟：遇到问题，说出问题，解决问题。

班级方面，所有老师都积极去发现王明轩的优点，看到优点，立马在全班表扬，让他变得自信，不再自卑。

就这样，经过一年多的坚持努力，王明轩变了！每周一的升旗仪式上，总能看到王明轩坚定和帅气的身影从旗台前走过；在班上，也总是能看到他积极主动地举手回答问题，和同学们愉快玩耍；放学时，也能看到他高兴地跑向爷爷和弟弟等待的方向……

教育是慢的艺术，是温柔的"征服"。清泉学校正是以滴水穿石的恒心、牵着蜗牛散步的耐心、为学生未来成长的责任心，在学生心灵深处耕耘。

第 *4* 篇

新时代的教育实践

学校的生存发展，不会有固定不变的先导模式；每一次变革，一切都是在寻求符合校情的蹚水而行。

> > >

第一节　点燃　让课程焕发新的生命力

"新竹高于旧竹枝，全凭老干为扶持。"

——【清】郑　燮

有这样一句教育名言：教育不是填满桶，而是点燃火焰。

点燃火焰的，是教师。

教师用什么来点燃？如果说是用课程，应该没有人反对。

是的，课程似一根火柴点燃孩子们智慧的火焰，

课程也是一把钥匙，为孩子们开启智慧之门，

课程又如阳光，照亮孩子们的知识之路，

课程还像大海，激发孩子们去思考去探索，

课程又仿佛雨滴，滋润孩子们成长的花园。

课程是一个学校的立校之本、兴校之源，是一个学校的教育思想、教育能力和教育水平的集中体现，不同的教育思想孕育了不同的课程体系。清泉学校以"泉文化"为底蕴，遵循"水润万物，渐以成之"的教育理念，构建了"体悟式教育"课程体系，开启了以实践育人、活动育人、文化育人为主要育人路径的新征程。

课程，是开展教育教学活动的重要基础，是一个学校办学的精华之所在。因此，教育工作者在教育组织中的首要任务，就是加强课程的研究与建设。尽管清泉学校历经岁月浮沉，几经变迁，然而始终坚持教育的初衷，在课程建设的道路上笃定前行。

一、回眸：新的起点，新的使命

聊起清泉学校的课程，还要从古老的"书院"谈起。让我们先来回眸清泉学

校近百年的课程简史。

1. 历史的足迹

书院是中国古代特有的教育组织，以"传道受业"为目的，是具有自发性的教育组织。起于宋代，兴于清代。1905年（清光绪三十一年），清泉本土的教育志士创建了清泉学校的前身"五桂书院"，属于私塾性质的教育机构，以研习儒家经籍，理解躬行封建的"纲常伦理"为主，课程以《三字经》《百家姓》《千字文》《增广贤文》以及四书五经等教学内容为主，这便是最初的课程。

民国时期，开设有公民、国语、算术、常识、社会、体育、音乐、美术、劳作等课程。高年级增加英语、自然、历史、地理4门课程。公民训练课每天早操后15分钟，相当于后来的朝会。到1936年，小学高年级取消了英语。抗日战争时期，学校又增设战时常识课，国民学校开设有修身课。当时区立学校还增加了国术、应用文等课程。

新中国成立后，课程设置由教育部、省教育厅统一规定，各个时期略有变动。有时根据需要开设农业生产常识、生产劳动、政治等不同课程。各个时期按上级安排的教学计划执行。上课时间由开始时的每节50分钟改为45分钟。1978年后，小学课程全部执行教育部部颁标准，开始使用人民教育出版社六年制小学教材。1995年后，执行1993年大纲标准的教材，即九年义务教育人教版小学课本。1999年，《中共中央　国务院关于深化教育改革全面推行素质教育的决定》正式提出"调整和改革课程体系、结构、内容，建立新的基础教育课程体系，试行国家课程、地方课程和学校课程"，这是三级课程概念首次在国家文件中出现。学校严格执行三级课程管理，按照国家课程计划，开齐开足国家课程。根据省市教育行政部门的要求执行地方课程，合理开发和选用校本课程。

从建校之初，到20世纪末，受不同阶段历史背景的影响，课程设置也几经变革，在每一个时段，都留下了时代的烙印。但时代在发展，课程也需要传承与革新，不管在哪个时代，课程都肩负着永不褪色的育人使命。

2. 新时代的使命

进入世纪之交，社会发生了巨大变化，教育投入与日俱增，义务教育普及程度大幅度提高，教师的素质不断提升，老百姓对"上好学"的需求日趋多样化。素质教育经历了一段时间的深入讨论，已经成为国家教育改革与发展的核心理念。然而，基础教育课程还停留在满足"有学上"的需求上，过于集中的教育行政导致地方、学校既无课程空间，也无课程权力，教育改革效能难以释放；中小学

"千校一计划，万人同课表"，学校课程固定化、单一化、同步化，均衡性、适应性问题突出；"应试教育、考分至上"现象非常普遍，育人目标严重窄化、浅化，德智体美劳全面发展教育方针难以有效落实；学生只学几门要考试的科目，且课业负担过重，教师成了"教教材"的工具，育人观念淡薄，素质教育成了"皇帝新衣"……所有这一切都表明基础教育课程的理念、行动与制度明显滞后，无法满足老百姓对"上好学"的多样化课程需求，课程改革势在必行！

在这样的背景下，教育部开始组建核心专家团队，启动新一轮基础教育课程改革。2001年，教育部经过大规模的调查研究与国际比较研究，在广泛征求意见的基础上，颁发了新一轮课程改革的纲领性文件《基础教育课程改革纲要（试行）》，明确提出六大改革目标，为我国基础教育课程绘制了一幅理想的蓝图。其中，目标之一是"改变课程管理过于集中的状况，实行国家、地方、学校三级课程管理，增强课程对地方、学校及学生的适应性"，这意味着中国基础教育课程管理要从过于集中转向赋权增能、共享治理的新时代。

清泉学校的课程建设何去何从？其实答案已经很明确了。然而2008年，时值三校合一，合校之后的清泉学校成为一所九年一贯制学校，由于特殊的原因，学校管理一度陷入僵局，发展受阻，课程建设在这一段时间发展缓慢。2009年，彭兴德校长将依法治校作为学校的治校策略，学校逐步摆脱管理困境，各方面发展逐渐走上正轨。提升学校的教育教学质量成为发展的主旋律，学校课改被提上了日程。

时任清泉学校副校长的钟德强明确提出：清泉学校要顺应时代的发展，紧跟教育改革的步伐，课改势在必行。2015年5月，为落实国家、省、市关于课程建设的相关精神，结合青教发〔2013〕52号《成都市青白江区初中课程改革推进方案》的相关要求，为下一步全面实施课程改革做好充分准备，清泉学校精心组织了一次课程建设研讨会。学校所有行政、一至九年级各类组长及部分骨干教师90余人参与了本次会议。本次研讨会对学校课程建设工作进行了总体规划，为学校全面实施课程改革做好了全面准备。研讨会上，老师进行了深入讨论，多名骨干教师进行了以课程建设为主题的交流汇报，校长彭兴德和副校长钟德强对课程建设工作提出了相关要求，并号召大家认真学习课程改革文件，转变认知，树立课改新思想和新理念。

此次会议，让老师们深刻地认识到：

只有课程改革进入教育改革的核心，教育改革才能真正进入育人为本、立德树人的阶段。教育只有真正进入育人为本的新阶段，老师们才会深入思考课程的育人价值、教材的有效性、教育教学过程的有效性等重大问题。

只有课程改革进入教育改革的核心，教师才能真正拥有专业自主权。课程变革和教材整合是必然的，而对课程和教材"动手术"的过程，实际上最能体现学校的办学自主权，最能体现教师的教育境界和专业水准。

只有课程改革进入教育改革的核心，清泉学校教育改革才真正走向成熟。长期以来，学校教育陷于"教师中心、教材中心、课堂中心"的泥潭不能自拔，目标是"死"的，教材是"死"的，方法手段是"死"的，在这种"死"的教育教学体系之中，教育主体的创造活力，即师生的创造力被压抑了，这种教育只是在"育分"，而不能全面育人。新的课程改革则是遵循"以人为本"的原则，突出以"学生为中心"，能够有效变革传统的教育观，从而真正实现"立德树人"和"全面育人"的教育理念。

这次活动是清泉学校课程建设工作的一个重要转折点，会议统一了思想，提高了认识，为学校成功实施课程改革奠定了基础。

至此，清泉学校将课程改革置于教育改革的核心，对于一所农村学校，虽然没有在第一时间全面踏入课改的浪潮，但清泉的教育人始终怀揣着教育初心，始终把教育教学质量作为学校的中心工作，始终对课改保持着高度关注，一旦改革的时机成熟，便会毫不犹豫地向前。但同时改革者也认识到，所有的改革都不会一帆风顺，不同的学校有不同的学情，经验可以借鉴，但不能照搬，课程改革任重道远。

清泉学校的课程改革，面临诸多困境，需要首先解决的问题是：

如何构建具有学校文化特色课程体系？

如何解决学校课程资源不足的问题？

如何改变原有评价模式建立新的评价模式？

2015年学校组织召开课程建设研讨会

二、寻觅："体悟式教育"课程建设的探寻

万事开头难。清泉学校地处青白江区最南端的丘陵与山区结合地带，属于区内"毗河以南"的"偏远"学校，教学资源相对匮乏，教学模式也比较单一。在这样的背景下，学校的课程建设开始了一场孜孜不倦的探索之旅。

1. 激发课改内驱力

古人云，他山之石，可以攻玉，学习和借鉴不失为一种良策。2013年至2016年，50余名教师先后主动报名到上海、江苏、山东、河北等多所课程建设名校参观学习。回到学校后，老师们热情高涨，学校也趁热打铁，组织老师们在全校开展学习汇报活动，没有去的老师也深受感染，课改的激情在心中澎湃，大有跃跃欲试大显身手的势头。

2016年，学校开始筹备课程建设组织机构，由校长任课改领导小组组长，副校长任课改实施小组组长。下设办公室，由教导处、教科室负责课改的具体工作，学校各部门全力配合，保障课改工作的顺利启航。

如何确定课程建设的总目标，是首先要思考的问题。总目标既要符合国家的办学思想，也要体现学校的办学特色与文化内涵，目标决定方向，意义重大。

"泉文化"是学校的核心文化。"涓涓细流，润物无声"是泉的本质特性，用之于教育，即为教育的一种境界，即让教育有如泉水一样地潜移默化，滋养、孕育学生健康成长。实现这种教育境界，一个基本途径就是让学生"在体验中学习，在学习中领悟"学科知识和做人的真谛。其次，在于回归教育的本真。教育的本真在于学生的自我发现、自我认识、自我反思、自主体验、自主领悟和自我价值的实现。"泉文化"这种特质，也正是教育所追求的本质，于是"体悟式教育"便应运而生。

基于对学校文化与办学特色的考量，清泉学校最初的课程建设的目标逐渐清晰：学校课程以"涓涓细流，润物无声，进步即优秀"的理念为根，以打造"泉文化"课程体系为魂，以切实减轻学生学业负担为目标，通过科研的途径与方式，使学校课程发展的思想力和领导力、教师课程实施的执行力和创造力、家长和社区课程建设的参与力得以不断生长。

同时，学校将学生发展目标定位于：通过九年的学习与活动，"塑造美好的

人性，培养美好的人格，让学生拥有美好的人生"，将学生培养成为"身体健壮，心理健康，人格健全，素质优良"的新世纪少年。

2. 初试锋芒

课程建设的核心是课程体系的构建，这也是最具挑战性的工作。学校根据国家构建三级课程体系的总要求，结合省、市课程设置的相关文件要求，按照课程功能划分，学校所开设的课程由基础型课程、校本课程和地方课程组成，称为"泉之源"课程体系。三类课程的设置和实施，为学生成长提供高质量、多样化、可选择的学习空间。

"泉之源"课程寓意学校的课程是育人的源泉，"泉源溃溃，不释昼夜"，清泉学子在"泉文化"的孕育和熏陶下成长，具有"纯朴、无私、谦虚、坚强、乐观、包容"的美德，并集天地精华于一身，为实现"让学生健康成长，为学生发展奠基"的目标构建平台。

基础课程谓之"泉之魂"课程。预示着基础型课程是学生所必需的营养，即给予童年丰富营养，滋养生命快乐成长，品味幸福共同分享。

校本课程谓之"泉之灵"课程。"泉之灵"课程是以多元智能理论、"让学生健康成长，为学生发展奠基"的办学理念和学校教育资源等为依据进行开设的，预示着清泉学子全面发展，灵气四射。

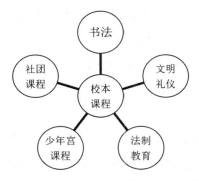

地方课程谓之"泉之根"课程。此类课程主要是通过地方特色的课程教育，培养学生本土意识，加强热爱家乡的情感教育。

这是清泉学校最初的课程建设框架，不管是课程目标还是课题内容都还显得稚嫩与粗糙，但不管怎样，清泉的老师们怀着对这片热土的挚爱之情，肩负着对清泉教育的责任，开始了一场课程改革的自我革命。最初的校本课程资源开发十分有限，但在学校的精心策划下，仍然开展得有条不紊、有声有色。如写字课程，每周一至周五的下午2点至2点30分，就是全校的写字课时间，铃声一响，一至九年级3000余名学生，统一在老师的指导下，坐姿端正，凝神于笔端，一笔一画认真书写，写出一个个端庄工整的汉字。又如武术课程，每当训练时间一到，近百余名身着白色太极服，手拿银色太极剑的孩子整齐地排列在操场中央，随着体育老师的一声令下，训练就开始了。"卧似一张弓，站似一棵松，不动不摇坐如钟，走路一阵风；南拳和北腿，少林武当功，太极八卦连环掌，中华有神功……"随着音乐结束，孩子们跟着广播中的节奏开始了行云流水般的太极武术动作，"起势""左右野马分鬃""白鹤亮翅"……动作整齐协调，韵味十足，操场上犹如白色波浪翻飞，煞是好看。

只有不断地在实践与反思中才能实现不断进步，清泉学校的老师们在初步的尝试中，既有收获的喜悦，也有失败的遗憾。在这一阶段的蹚水而行中，确确实实还存在诸多明显的不足。最主要体现在：

（1）校本课程体系不够完整系统

学校根据自身发展的需要，开发了一系列校本课程，如法制教育、书法教育、文明礼仪等，但各类课程还缺乏相关的实施计划、师资配备、课程安排等，显得不够系统。这也是当初学校课程改革的短板。

（2）课程评价有待进一步完善

三类课程要提升品质，需要依靠有效的课程评价做保障。在学校课程实施中，学校制定了相应制度与流程进行监控，虽然能确保规范落实，但检测的信度与效度仍不明显。因此，根据三类课程的不同特点与发展期待，需要进一步设计课程评价模式，使三类课程在各自的轨道上健康发展。

这些问题都实实在在摆在眼前，需要在进一步的摸索中去完善、提升。

附：

清泉学校2015—2020年度开设的部分校本课程

课程名称	教学年级	教学时间	教师	读本
写字课	一至九年级	周一至周五下午2：00-2：30	语文教师（班主任）	自主编写： 一至三年级版本 四至六年级版本 七至九年级版本
法制教育	一至九年级	单周或双周一课时（思品课）	思品课教师	自主编写： 一至三年级版本 四至六年级版本 七至九年级版本
文明礼仪	一至九年级	单周或双周一课时（班会课）	班主任	自主编写： 一至六年级版本 七至九年级版本
学生社团类（含少年宫）课程	不同年级开设不同课程	学校统一安排社团活动时间	本校各学科教师	鼓励教师自主编写没有教材应具备教学计划，教案等

三、尝试："体悟式教育"课程建设的发展

1. 寻找课程的根

王剑老师是清泉学校的一位资深科学教师，从事小学科学教学30余年。

学生们都很喜欢上王老师的课，因为王老师不仅教授科学知识，还会组织同学们开展各种各样有趣的实践活动。王老师觉得科学课就应该在实践中培养孩子们的观察能力、思考能力和动手能力，激发孩子们的探究精神和创新精神是科学课的主要目标。所以在他的课堂上，不是一句句枯燥无味的讲解，而是一个个生动有趣的实验。更难能可贵的是，王老师常常利用课余时间辅导学生制作各种富有创意的小制作，在各级科创活动中获奖无数，为学校赢得了许多荣誉。不仅如此，他本人也喜欢钻研，常常代表学校参加上级部门组织的各类教具比赛并取得不俗的成绩。

他说，科学课必须让学生在实践中多体验，多思考，多探究，只有让孩子们在实践中找到成就感，才会对这门学科充满兴趣，核心素养才会得到真正的培养。

王老师淳朴的教学思想和教学方法，不正是清泉学校所追求的办学目标和办学理念吗？不正是清泉学校"体悟式教育"的精髓所在吗？而这些朴素的思想和品质也正是学校多年来的优良传统啊。

像王老师这样默默无闻、却饱含着炙热教育情怀的老师，清泉学校有很多很多。

是的，这正是我们所需要的课程灵魂。这个灵魂，正是在"泉文化"孕育下的体悟式教育。

为全面提升清泉学校的办学水平和知名度，结合学校优势特点，在坚守"让学生健康成长，为学生发展奠基"的办学目标下，以学校优良传统为基础，坚持特色发展理念，积极探索学校课程建设的改革与创新，构建符合学校办学目标、办学理念的课程体系。2015年，学校在原有课程体系的基础上进行了完善提升，制订了"体悟式教育"课程实施方案（2.0版）。

本阶段的课程建设方案，重点对课程目标和课程结构进行了调整。

调整后的课程总目标：学校课程以"进步即优秀"为评价理念，打造"体悟式教育"课程体系，切实减轻学生学业负担，通过科研的途径与方式，使学校课程发展的思想力和领导力、教师课程实施的执行力和创造力、家长和社区课程建设的参与力得以不断提高。

2. 课程体系的初步探索

调整后的课程结构包括：基础性课程、体验性课程、探究性课程。

对于三大类课程，课程建设小组对内容和实施路径进行了新的定位。

第一类是基础性课程，内容包括国家课程和地方课程。国家课程，立足"生动高效"的课堂教学研究，开展"基础型课程校本化实施"项目，充分探索课程目标有效性与达成度的落实；借助"导学案"校本研究，分解落实教学目标，关注学生个体学习特征，激发学生学习兴趣，切实提高课堂教学有效性，减轻学生过重的学业负担，进一步探索课程评价标准与方式。而地方课程，则将清泉学校近百年的发展历史、泉文化的教育叙事和解读、清泉镇的人文地理、清泉学校关于法制教育的相关资源等，按照学校特色文化建设的顶层设计思路，进行系统整合，编制读本，并纳入课堂教学实践内容，真正将学校的特色文化建设纳入课程。结合学校实际，合理利用地方资源开设两门及以上地方特色课程，通过了解学校、了解家乡的历史与文化，培养学生热爱家乡的情感。

第二类是体验性课程，内容包括经验积累类课程、兴趣拓展类课程和品格完善类课程。在原有校本课程的基础上，进一步充实完善校本课程内容，继续探索具有课程特点的个性实施模式；结合学生发展需求，结合学校发展特色，结合教师个性特长，开设10门以上校本课程，并规范、完善科目建设；进一步探索课程评价标准与方式。

第三类是探究性课程，包括研究类课程、实践类课程和创作类课程。探究性学习的目标是着力培养学生收集、综合、分析和运用信息的能力，培养学生发现并解决问题的能力，培养学生的实践能力。探究性学习使学生能根据自身的兴趣，自主选择内容，进行个性化的探究活动，这有利于他们差异发展，培养个性特长；探究性学习把学生的学习生活、社会实践和个人经验都纳入其中，这有利于他们形成正确的人生观、价值观，为学生的人格发展奠定好基础。

对于课程建设评价，一直以来是清泉学校努力探索的一项重要内容。在本阶段的课程建设中，课程建设工作小组进行了深入思考，制定了课程评价的五大原则，分别是：

①科学性原则。对课程的评价要运用科学的评价方法，提高评价的效度和信度。

②可操作性原则。评价方法要简单可行，操作性强。

③素质培养的原则。对课程的评价要注重考察提高学生各方面的素质，培养学生的创新意识和创新能力。

④参与性原则。对学生的评价注重校本课程的参与情况，作为学生学分考核的依据。

⑤全面性原则。对教师的评价既要考虑到教师课程目标的实施情况，学生能力的提高水平，又要考虑到教材的编写质量。

3. 初见成效

经过深入实践，2015年至2020年，学校课程建设取得了显著的成效，主要体现在：

第一，国家课程校本化。

"一导三学"读本是清泉学校在青白江区开展"生动高效"课堂教学改革的大背景中诞生的课改成果，此读本本着"进步即优秀"的理念，针对传统课堂的弊端，进行了大胆探索与改革，努力构建高效教学模式。读本旨在培养学生自主学习的意识和能力，解放思想，转变观念，落实"一导三学"的教学理念。历经10年，10次修订的"一导三学"读本已日臻完善。读本是学校课改的有力抓手，是实施"体悟5+1"课堂教学模式的重要载体。"一导三学"读本的成功编写是落实国家课程校本化的有效途径，事实证明，这是一套行之有效的好办法。

一导三学读本

第二，体验性课程常态化。

兴趣拓展类——社团、兴趣活动丰富多彩。学校开展了40余项学生社团、兴趣活动，基本满足不同学生兴趣爱好需求。学校定期开展成果展评，成为师生张扬个性的盛宴；组织参加各级比赛，成果丰硕，2015年至2020年，学生1500余人次获奖，学校获奖杯奖牌奖状200余次。

品格完善类——搭建平台，润物无声。学校常态化开展重要节日纪念、学生纠纷自治调解、学生代表大会自治、法治大讲堂、道德讲堂等教育实践体验活动；开发《泉润》《法治书法摹本》《清廉》《遵规守章》等系列品格教育读本，"在体验中领悟，在领悟中习得"的体悟式德育取得良好成效，学生行为规范，上进进取。

各类读本

第三，探究性课程特色化。

社会实践类——模拟审判彰显学校法治特色。学校每学期举行模拟审判比赛，促使学生在此过程中通过阅读法律书籍、寻找法律依据、了解宣判程序等实践体验活动，得到法治的熏陶。

模拟法庭

创作类——电脑机器人激发创新能力。学校开设机器人创作培训，为学生发挥创造力提供了平台。在学校科学、物理教师的培训下，学生在各级机器人制作比赛中取得了优异的成绩。

科创课程

经过几年的实践，清泉学校的课程建设取得了明显的成效，2018年，学校参加了青白江区课程建设成果展评活动，彭兴德校长在活动中作了《细流如泉，自明至清》的课程建设汇报，受到了上级部门和各兄弟学校的高度认可，并荣获展评一等奖。

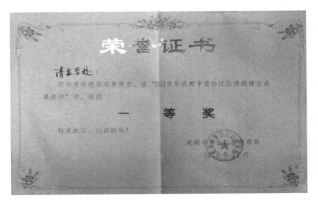

尽管学校课程方案强调了校本课程建设的重要性，但课程根本上体现的是国家意志，办学者的首要任务是保证国家课程的贯彻落实。所以学校始终坚决执行国家"三级课程"管理，严格按《义务教育课程设置实施方案》和上级有关课改

文件规定的标准设置课程。开齐了国家课程和地方课程科目，特别对美术、体育、音乐、综合实践活动等课程，不折不扣地按要求开设。各学科、各年级都没有增、减的现象。教师、学生个人课程表与学校总课程表、班级课程表一致，严格遵守统一的作息时间。自2015年清泉学校实施"体悟式教育"课程开发建设以来，至2021年，已有50余门课程得以实施，其中有20余门课程已完成课程读本开发，具有浓厚的校本特色。每学期初，学生通过自主选择确定学习课程，学生在自己喜欢的课程中参与学习互动、知识竞猜、技能体验等，进而了解科目内容，熟悉任课教师，结识学习伙伴，达到了发展兴趣特长的目的。在学习活动中，学生的角色不停地变换，既可以是学习成果的展示者，也可以是课程的讲述、倾听者。课程给了学生更多的体验和选择空间，把学习选择权交给学生，这正是课程价值的核心所在。尽管在选择之初，学生可能会被一些表面的东西所吸引，但当学生对课程有了真正的理解和认识后，选择就会更加趋于理性。这也是课程开设的准则之一——兴趣需要。

"路漫漫其修远兮"，学校将继续克服硬件设备不足、专业教师短缺的现实，立足实际，深化拓展，不断完善"体悟式教育"课程开发建设，提高教育教学质量，为建设一流教育强区做出贡献。

附：

清泉学校（2.0 版）"体悟式教育"课程体系顶层设计架构图

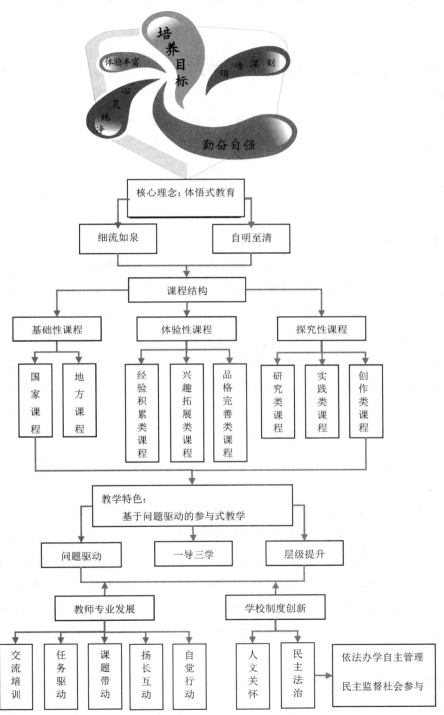

四、前行：用心课改，静待花开

2020年，青白江教育局经过严格把关，层层遴选，清泉学校成为青白江区五所名校建设对象之一，是仅有的一所农村学校。这是学校发展的难得机遇，同时也面临艰巨挑战。根据名校建设愿景，三年内按照"高位求进、树区域品牌"的发展定位，通过专家团队的引领，将清泉学校办成一所以"泉文化、德教育"为内涵的独具乡村风韵的品质品位特色学校，成为区内领先、全市知名、全省有一定影响力的农村九义名校。实现这一愿景，是清泉学校全体师生共同的目标。既有无限可能，又有诸多的困难。

1. 高屋建瓴，构建"3.0"版课程体系

学校校长钟德强是一位求真务实，极具教育情怀的校长，他清醒地意识到，当前学校具备突出的业绩与亮点，也存在严重的不足与短板。学校地处欧洲产业城，成南高速、成巴高速、第二绕城高速、龙泉山城市森林公园旅游环线均穿城而过，可谓"钻石合围"地带，交通十分便利，区位优势明显。加上区委区政府大力推进一流教育强区建设，以及教育局党组实施的关于提高农村学校教育质量的一系列重大举措，乡村学校有望各方面得到更多更大的扶持。近年来学校发展迅速，管理制度健全，教师踏实奋进，班子团结协作，学生淳朴努力，教学质量逐年提升，在区内已具备较强的影响力。

优势明显，但压力也很大。欧洲产业城新学校的建立无疑会加剧竞争。目前学校劣势也很突出，如师资短缺、设备老旧等，清泉学校这所百年老校要在新时代站稳脚跟，必须坚持走可持续发展道路，要打造自身的品牌和特色。而重中之重，就是教育质量的提升。教育质量要得到持续提升，需要坚定不移走课改之路。但由于学校本身资源的短板以及缺少省、市专家的引领和指导，课程建设和课堂改革的推进工作陷入瓶颈。特别是校本课程的开发进展缓慢，精品课程屈指可数，课堂改革没有创新，导学读本渐趋陈旧。针对九年一贯制学校的特点，如何系统思考学校课程建设，如何系统建构有清泉学校特色的校本课程等，还需要下大力气。

2021年，领导班子对学校现状进行反复调查、研究，同时在西部教育研究院的专家组的指导下，制订出名校建设项目实施方案《精准施策，办百姓家门口的

好学校》，该方案高屋建瓴，聚焦改革，放眼未来，对学校发展现状做了全面、深入、细致的分析，尤其是对学校各方面的发展提出了具体规划，课程建设作为学校发展的重要一环，也被纳入学校未来发展的顶层设计之列。

在西部教育研究院专家的一路关注与指导下，学校对原有的课程建设方案进行了一些调整，新方案（3.0 版）融入了教育部2022年新版《义务教育课程方案》新理念，对深入落实习近平总书记提出的"加快推进教育现代化、建设教育强国"的新要求，以及深刻理解党的二十大报告关于教育的新思想、新战略、新要求具有重要作用，方案符合新时代党的育人方针，也符合学校发展的实际。

根植于学校"泉文化"的核心理念，清泉学校提出学校的教育理念——水润万物，渐以成之，而学校的课程建设应该与学校的教育理念相匹配。学校将课程建设的核心理念定位于：实践育人。就是引导学生在"体验、领悟、反思"的情景中去学习、生活、探索，不断提升而实现全面发展。

基于此，"体悟式教育"主张"体之以身，悟之以心"，体验是学生学习与发展的源泉，领悟则是学生体验的高级表现。所谓"体之以身，悟之以心"就是引导学生用身去体验，用心去领悟。因此，清泉学校的课程目标确定为：在体验中学习，在学习中领悟，直至达到"体验丰富、领悟深刻、勤奋自强、心灵纯净"之效果。培养"会体验、善领悟、重坚持、净心灵"的社会主义事业的建设者和接班人。

清泉学校"体悟式教育"课程内容框架包含国家课程、地方课程、校本课程三个大板块和十个细分模块，简称"三级十模块"。在实施本方案的过程中，清泉学校始终遵循国家课程标准，结合学校实际，坚持科学性、创造性地开展工作，坚持"三大"原则不动摇。

（1）坚持以纲为本的原则

2022年教育部制定的义务教育课程方案和课程标准，强烈地体现着国家意志，是专门为未来公民接受基础教育要达到的共同素质而提出的国家标准。其主要目的在于确保所有学生学习的权利。国家课程是面向全国的，因此国家课程保证所有学生都享有在一定领域内的学习权利，都享有获得知识、发展智力的权利，从而获得一个积极的有责任感的公民实现自我价值和自身发展所必需的技能和态度。清泉学校在实施国家课程校本化的过程中，不管是"一导三学"读本的编写，还是幼小衔接读本的编写，都严格按照国家标准执行，体现出教育的普适性和全面性。

（2）坚持以校为本的原则

国家课程最终需要通过学校及其教师才能变成具体的教学行为，从而实现国家的教育理想与目标。但是不同地区、不同学校以及同一学校内部不同教师之间由于主客观因素的制约，在接受并实施国家课程的时候会表现出巨大的差异，因此，清泉学校在国家课程校本化实施过程中从学校实际出发，从教师和学生的具体情况出发，体现出学校的特色和办学目标。如"一导三学"读本，不管是教学流程还是教学方式，都具有浓厚的"体悟式教学"特色；幼小衔接读本，则遵循"泉文化"的理念，体现出"涓涓细流，润物无声"的育人特色。

（3）坚持循序渐进的原则

清泉学校开展新课程改革不是一项权宜之计，而是关系到学校的生存和发展的大事。但课程改革确是一项系统工程，不可能一蹴而就，甚至有可能受阻碍，走弯路。"一导三学"读本的编写始于2013年，最初实施的学科是语文、数学、英语、物理和化学，在经过一年的实践之后，效果得到充分验证，然后扩展到初中段所有学科，并取得了瞩目的成效，清泉学校的中考成绩屡创新高，2018年至2023年，六年内三次中考状元均花落清泉。当然，任何改革都不会一帆风顺，没有人反对的改革不是改革。清泉学校在实施国家课程校本化的实践中，当初也受到一些老教师的强烈反对，但学校也并没有针锋相对强制实施，而是率领部分骨干教师带头行动，最终用实际效果证明了改革的正确性，老教师们也逐渐改变观念，加入改革的大潮中。

关于课程评价，组建了以书记、校长为组长的"体悟式教育"课程评价"学术委员会"。制定了《清泉学校"体悟式教育"课程实施"好课"标准（试行）》《清泉学校"体悟式教育"学生成长综合评价实施办法》。按学年实施评价，形成评价报告，提出建设意见。

2. 教师是课程开发的主角

作为一所农村学校，开发课程资源尤为重要。近年来，在课程建设的历程中，涌现了众多的优秀教师，他们结合自身实际、结合学生实际、结合学校实际，立足实践，开发了一门门具有本土特色的校本课程。

在校本课程的开发过程中，老师们如燃烧的火炬，点燃了学生心中的火焰。2016年9月，年轻、美丽的小学音乐老师童舒来到了美丽的清泉学校。

说起陶笛，她有谈不完话题和感受。由于学校离家太远，不能每天回家，因此，课余除了去音乐教室练会儿琴外，她最喜欢的就是带上那支跟了她十多年的陶笛，坐在学校的灵溪竹林旁的石凳上吹奏几曲。此时，总有一些同学会寻着悠远的笛声来到此处，仿佛笛声也能赶走他们学习后的疲劳，这是孩子们和陶笛的第一次遇见。看到了孩子们渴望新奇的眼神，便让她有了一个想法，让涓涓细流的泉水声和孩子们笛声相互融合，让孩子们更阳光自信，让学校多一分色彩。但由于孩子们都来自农村及山区，家庭不富裕，甚至很多都是留守儿童，买乐器就是最棘手的问题。但看着孩子们渴望和求学的眼神，她决定自己垫资将器乐买回来发给大家，但又由于孩子们对各类器乐了解甚少，乐理知识薄弱，音乐基础差，开展这项乐器的教学有相当的难度。所以孩子们在学习过程遇到了各种问题，甚至有中途想放弃的，但在老师一对一耐心指导和鼓励下，克服了重重困难，经过刻苦训练，吹奏水平日益提高。

这批孩子最后代表学校参加了青白江区第六届中小学生课堂器乐大赛并荣获了一等奖，这份殊荣增加了孩子们的自信，让他们更愿意尝试和挑战，也吸引了更多的孩子加入陶笛学习中来。在2017年学校成立了"奇遇陶笛社团"，这支队伍代表学校参加了各级各类比赛和

奇遇陶笛社团

表演，取得了优异的成绩，得到了学校、家长及社会的好评。

这位扎根农村学校，倾情音乐教育事业的童老师，并没有止步不前，现在"奇遇陶笛"社团已经形成了梯队建设，童老师也在积极努力地探索更多的可能性，用她自己的话说："塑造美好的人性，培养美好的人格，让学生拥有美好的人生是作为一名人民教师的基本职责。"

杨波，专职体育教师，在清泉学校勤勤恳恳任教已10个年头。

2010年，青白江区举行第一届"30人31足"足跑比赛。杨老师觉得，作为农村学校的孩子，吃苦耐劳，团结互助是最大的优势，如果组建一支足跑队去参赛，应该可以取得好成绩。说干就干，杨老师立刻动员学校的体育老师一起开始组建队伍。清泉学校第一支足跑队在杨老师等体育老师的努力下终于组建成功。

但万事开头难，因为刚开始大家经验不足，训练方法十分浅显，不太讲究技巧，学生在训练中常常摔倒，一倒就是一大片，由于当时的场地条件差，整个操场铺的都是炭渣，地面灰尘大，危险系数高，一旦没跑好就容易受伤，有些学生

因此退出。这让杨老师感到十分苦恼，甚至连一些体育老师也打起了退堂鼓。

队伍虽然常常换人，但在杨老师的坚持下，还是挨到了最终的比赛，当然第一支队伍的成绩很不理想。

赛后，杨老师和大家开始反思并总结训练中的不足，并把所有问题都记录在本子上，作为经验保存下来。有了第一年的经验教训，第二年再次组队，训练效果得到明显改善。虽然有时难免摔倒一片，但孩子们不怕苦不怕累，更不怕流血受伤。第二年的成绩提高了很多，杨老师感到十分欣慰，终于看到了希望，坚持足跑训练的信心更足了。功夫不负有心人，第三年，清泉学校足跑队获青白江区第一名，并代表青白江区参加成都市足跑比赛，并取得第一名的佳绩。之后连续多年代表青白江参加各级足跑比赛均取得优异成绩！

为了进一步推广，学校成立了初中段和小学段两支足跑队。到2013年，足跑项目被学校纳入学校运动会团体项目，以年级为单位，班与班之间PK产生前三名。现今足跑比赛已成为学校艺体节的传统保留节目，到了比赛时刻，操场上孩子们脚并脚，手挽手，高声呐喊着"一二、一二"的口号奋力飞奔，气势宏大，各班的啦啦队员声嘶力竭地喊着"加油、加油……"，真是一道独特的风景！

经过多年的努力，足跑训练在不断的完善中形成了自己的训练体系，成为学校的特色校本课程之一，不仅是因为它能带来荣誉，更多的是因为在这个项目的训练中，培养了孩子们吃苦耐劳，团结协作，奋进拼搏的品质，还有那一往无前，所向披靡的豪迈气势！

在近10年的实践过程中，学校利用校内、校外资源开发了墨香书法、经典诵读、陶笛艺术、足跑、篮球、足球、STEAM兴趣活动等近20余门精品课程，同时也与校外培训机构合作，开展了武术、网球、器乐、轮滑等特色课程，为发展学生特长，促进学生全面发展搭建了精彩亮丽的平台。"双减"下的"泉娃"们，在"实践育人"校本课程的培育下，一路迎着雨露和阳光，正在茁壮、健康地成长。

"双减"背景下，清泉学校致力打造富有自身特色的校园课程体系，将课程体系建设纳入学校顶层设计，使课程发挥育人主渠道的作用。构建了以"实践育人"为核心理念，以"三级十模块"为基本结构的课程系统。开设了54门本课程，实现了周三下午全校学生选课走班的基本模式。

"路虽远，行则将至；事虽难，做则必成。"找到合适的课程，探索合适的课程体系，这条课程建设之路，是学校、老师和学生永不放弃的选择。

附：

清泉学校（3.0 版）"体悟式教育"课程体系顶层设计架构图

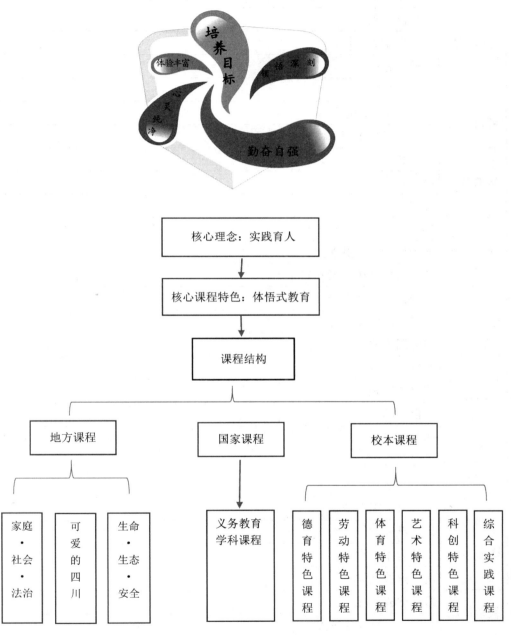

国家课程（含地方课程）教学设计模板

基本信息	学校名称	清泉学校
	授课对象	
	课程名称	
	授课题目	
	授课教师	
教材理解	表层的学科基础知识	
	深层的学科思想方法	
学情分析	前理解	
	触发点	
	困难处	
学习目标	知识目标（必备知识）	
	能力目标（关键能力）	
	情感目标（核心素养）	
学习内容	必须记住的知识	
	重点理解的知识	
	较为困难的知识	
核心问题（三选一）	习题式问题	
	课题式问题	
	项目式问题	
学习过程	体验（自学）	
	深究（合作）	
	领悟（展示）	
	活用（巩固提升）	
作业设计	记忆巩固类作业	
	迁移运用类作业	
	适度挑战类作业	
教学反思	目标达成情况	
	问题、不足及改进点	

德育特色课程实施方案设计模板

设计人		合作学科			
课程名称			适用年级		
德育目标	认知目标				
	情感目标				
	行为目标				
核心问题					
活动过程	子问题1：		子活动1：		
	子问题2：		子活动2：		
	子问题3：		子活动3：		
学习评价	评价指标	评价方法	评价结果		
			A	B	C
	道德认知：				
	道德情感：				
	道德行为：				

科创、体育、艺术、综合实践特色课程设计模板

设计人		学科	
课程名称		适用年级	
核心目标	Know（知道什么）		
	Understand（理解什么）		
	Do（能做什么）		
	Be（希望成为什么）		
核心知识	必须记住的知识		
	重点理解的知识		
核心问题（二选一）	课题式问题		
	项目式问题		
活动过程	子问题1：		子活动1：
	子问题2：		子活动2：
	子问题3：		子活动3：
学习评价	评价标准		评价方法
	Know：		
	Understand：		
	Do：		
	Be：		

153

第二节　焕发　让课程充盈学生的发展成长

"千淘万漉虽辛苦，吹尽黄沙始到金。"

——【唐】刘禹锡

"随风潜入夜，润物细无声。"清泉学校在不断补给自身养分的同时，力求让清泉学子在日常学习和生活中涉足未来发展的无限可能。

在校本课程的开发和建设中，教师是校本课程开发的排头兵，在实践中对自己所面对的情景进行分析，对学生的需要做出评估，由此确定目标、选择与组织内容、决定实施与评价的方式，逐步探索出"实践—评估—开发"的课程模式。新一轮基础教育课程改革以来，清泉学校校本课程开发和实施在持续推进中取得了可喜的成绩，新课程理念深入人心，课程内容、课程结构得到进一步完善，教学方式的转变也在促进学生学习方式的转变，学生的综合素质随之不断提高。

一、从无到有，日渐丰富的校本课程与学生成长的无限可能

1. 以体系构建为指引，践行全面育人目标

在校本课程体系构建之初，如何贯彻《基础教育课程改革纲要（试行）》精神，落实国家有关基础教育课程管理政策，开发并实施一套科学、合理、有效的校本课程体系，是清泉学校校本课程体系构建必须明确的命题。2021年，学校遵照《四川省教育厅关于进一步加强中小学校本课程开发与实施的意见（川教〔2010〕120号）》，在深化学校基础教育课程改革，全面推进素质教育的教育教学实践中，制订了《清泉学校"实践育人"校本课程建设方案》（试行稿）。

清泉学校结合地处欧洲产业城的区位特点，坚守"泉源溃溃，汇流成英"的办学理念，把对创新精神的培养与个性发展的追求融入具体的课程中，积极探索、

改革创新，努力构建符合学校办学目标和办学理念的课程体系。课程是学校教育教学活动的依托，清泉学校在校本课程开发和实施的过程中也在努力构建着清泉教育人心目中的理想课程蓝图。

清泉学校在"泉文化"底蕴的晕染下，依托"体悟式教育"课程体系全面落实素质教育。学校不断提升办学水平、持续提高学校区域知名度的同时，也建设起一支科研能力和综合素质不断跟进的教师队伍。清泉学校的校本课程将教师的创新意识与团队合作意识融入相应课程，培养学生的自主学习能力、自我完善能力和自我实践能力。就读于清泉学校的学子将在这里学会热爱生活、适应社会，拥有未来的无限可能。

2. 以课程开发为着力点，拓展丰富教学形式

清泉学校校本课程的设置及资源开发十分重视基础性、丰富性、发展性、专业性。最初的校本课程结构分为"共同基础+学科实践+跨科实践"三个层次，和"共同基础（学科学习；品格养成）+学科实践（新课内实践；单元内实践；跨单元实践）+跨科实践（领域内实践；跨领域实践）"七个模块。

跨科实践是指融合多个学科的实践活动，这里的"领域"是指语言与表达领域（语文、英语）、数学与科学领域（数学、物理、化学、生物、地理、信息技术）、社会与品格领域（历史、政治）和审美与艺术领域（音乐、体育与美术）四个学习领域。领域内实践是指在某个学习领域范围内展开的实践活动，跨领域实践则是指覆盖两个及以上学习领域的实践活动。例如，引导学生研究清泉这个地名的来源，涉及数学与科学领域（地理）和社会与品格领域（历史）两个领域，因而是跨领域实践；引导学生探究"巧升国旗"，主要涉及数学与科学领域，则是领域内实践。

又如，"经典演绎"是学校校本课程中跨科实践的典型，它是以中国经典故事为演绎内容的一门课程，主要以课本剧表演的形式展现，此项课程由施蓉老师和张丹老师负责。《卖油翁》是部编版语文七年级下册的一篇文言文，在校本课程《经典演绎》排演课本剧时，施蓉老师要求学生将《卖油翁》进行主题的丰富和情节的扩充。一开始，学生尝试放大人物表演的方式，此时的道具只有一根充当扁担的竹竿，表演两分钟就结束了。施蓉老师提醒学生给故事增加主题并添加相应的情节和人物。立刻就有学生从射箭联想到了战争，进而拓展到"爱国"这个主题。学生结合陈尧咨所处的北宋，很自然就构想出了征战疆场、上阵杀敌的内容。

当爱国主义教育和历史常识就这样自然而然成为学生创编剧本时运用和借鉴的素材时，校本课程《经典演绎》不再是单一的语文课堂的延伸，而是融合了语文、道德与法治、历史、劳动等学科的知识、思维和技能，激发了学生的参与热情，悄无声息地给学生搭建了创造、体验、展现的舞台。

校本课程在清泉学校的两个校区同步开设，学生不分年级班级，自主选择，实行走班制度，重新组成校本课程学习班。课程安排在延时服务时段。以2021—2022年度上学期为例，小学部开设的是25门课程，初中部则开设了28门课程。

3. 以规范要求促实施，彰显课程效果

为保障校本课程的实施质量，学校对校本课程的教学管理也进行了规范。任课教师要认真备好每一节课，认真上好每一节课，巡查组做好监管、测评，参与听、评课的指导，调控校本课程实施情况，总结经验，解决问题。每节校本课都必须有计划、有进度、有教学设计、有反思、有学生考勤记录。校本课的教学应按学校校本课程设置计划要求，达到规定的课时与教学目标。任课教师要收集好学生的作品、资料及在活动、竞赛中取得的成绩等，认真写好教学案例，及时总结反思。

学校一位老师在自己的校本课程反思中这样写道：

校本课程教学与我们平时的学科课程教学不一样，它是根据学生的兴趣和需求来设置。重点是要调动学生积极性，这个时候就需要换位思考，不是老师随意安排一节课的内容，而是根据学生的实际情况来充分考虑、合理安排。在"汽车筑梦 放飞理想"课程中，我们把活动作为课程构思的主线，将学生的动手能力贯彻在活动中，让学生在活动中体验、收获、成长。我想，在我们的社团活动中，发掘更多与学生成长相关的兴趣点，是需要引起重视并加以完善的一个方面。

对学生选学校本课程采取过程性评价和阶段性评价相结合的方式，以自我评价、教师评价、生生评价、小组评价等方式进行，用星级形式呈现。

对学生在学习过程中的表现，如情感态度价值观、积极性、参与状况等，主要从出勤情况、学习兴趣、学习态度、学习纪律、合作交流、能力表现、活动参与等方面衡量。对学生学习的效果形成阶段性评价，可以以作品、竞赛成绩、实践操作、汇报演出等形式呈现。对学生的评价重在过程性评价，兼顾阶段性评价。过程性评价占70%，阶段性评价占30%，最终以星级形式呈现。评价以鼓励为主，获4星、5星的学生纳入期末表彰，比例占参加学生的三分之一。而对学生的评价也将记入学生成长手册。

从二年级赵雪莲老师的"趣味成语"课程案例中，我们可以直观感受到学校校本课程评价理念的实现方式。

第一次"成语积累大PK"是以个人赛的形式展开的，参赛选手为积极主动自愿举手的同学们，总裁判为老师，其他同学是记录员和小裁判。当同学上台展示自己积累的成语时他们要负责数数量、判断正误并记录是否重复。到了真正比赛的时候，大家分工明确，斗志昂扬。但是，因为缺少竞争机制，台下的孩子的热情开始降低，这次以提高学生学习成语为目标的尝试，效果不佳。

在第一次的基础之上，第二次活动我们改为了小组赛，细化了比赛规则以及评价方式：将比谁记得多改为比谁理解得多、理解得准确。比赛分为两轮，先将班上同学进行分组，第一轮通过组内比赛选出小组代表，第二轮由选出的小组代表参加班级决赛。这一次，我们给学生设定了更明确、更细致的评分标准；从声音是否洪亮、速度是否合适、使用（造句）是否正确三项表现进行评价，每项最高可得三颗星，学生最终的得星总数是三项得星数的累加。第二次的效果明显优于第一次。

新课标要求教师要有意识地利用评价过程和结果，反思日常教学的不足，优化教学内容，调整教学策略，要保护学生的学习兴趣。第一次活动效果不太好，没有提起学生的学习兴趣，却给我们的校本课程提供了一次宝贵的改进机会。

每学期的校本课程都会召开一次校本课程总结研讨会，分享优秀教师的成功经验，探讨并解决存在的问题，总结校本课程的实施情况，也会对参与校本课程建设表现突出的师生进行表彰。

通过近两年的探索实践，清泉学校校本课程的开发和实施，对促进师生的成长与发展、提升学校的品牌效应和管理水平起到了明显的促进作用。校本课程的开发顺应当今教育发展的潮流，学校以多种形式开展师资培训，加上两年的校本课程实践，切实改变了教师课程理念，"教师"这一角色得以重新定位：由单纯的国家课程的落实者变为新课程的创造者。这体现了教师民主参与课程决策的精神。

学校在严格实行"国家课程、地方课程、学校课程"三级课程管理的基础上，结合学校特点，充分利用学校本土资源积极开发校本课程，以满足学生多样化、个性化的成长需求。学校建立了切实有效的管理机制，组建了强有力的研发团队，遵循开发一个成熟一个的原则，开发了墨香书法、经典诵读、英语诵读、陶笛艺术、武术、足跑、篮球、足球、STEAM兴趣活动等20余门优秀课程，成为学校发展的一张张亮丽名片。

二、从有到精，植根"泉文化"的校本课程与办学特色的完美契合

清泉学校校本课程的开发与实施，在贯彻《教育部关于加强中小学地方课程和校本课程建设与管理的意见》精神的同时，根据清泉学校校本课程建设的实际，不断完善和调整校本课程结构。调整后的校本课程以习近平新时代中国特色社会主义思想为指导，坚持为党育人、为国育才，发展社会主义先进文化、弘扬革命文化，传承中华优秀传统文化，落实有理想、有本领、有担当的时代新人培养目标，遵循教育教学规律和学生成长规律，把培育和践行社会主义核心价值观融入课程建设全过程，强化课程管理，激发学校课程建设活力，构建以国家课程为主体、地方课程和校本课程为重要拓展和有益补充的基础教育课程体系，增强课程适应性，实现课程全面育人、高质量育人。学校现行校本课程结构以"五育并举"为导向，由六大板块组成。分别是德育课程、劳动课程、体育课程、艺术课程、科创课程和综合实践课程。各部分课程以"泉文化"为核心，以"实践育人"为基本理念，以"体悟式教育"为育人特色。

1. 德育课程——泉润课程

习近平总书记在全国教育大会上的重要讲话指出，培养什么人，是教育的首要问题。学校必须把培养社会主义建设者和接班人作为根本任务，以培养一代又一代拥护中国共产党领导和我国社会主义制度、立志为中国特色社会主义奋斗终身的有用人才为使命。

泉润课程从国家课程、校本课程、常规教育三个维度展开，通过《道德与法治》、《习近平新时代中国特色社会主义思想学生读本》、班会教育、热点在线、国旗下讲话、礼仪教育六条路径对学生进行公民教育（初心教育、社会主义核心价值观教育、励志教育）、法制教育（法制教育、礼数教育）、心理健康（心理、安全、公益）、人文教育（校史、优秀传统文化、非遗文化、地方文化）、浸染式德育（学校文化）。

国旗下讲话作为学校泉润课程对学生进行德育渗透的六条主路径之一，特殊纪念日、传统节日、法定节日以及主题教育都是兼具社会价值和文化价值的教育素材，每学期根据德育课程计划，每个班级都会获得一次国旗下演讲的机会。国

旗下演讲呈现的不同主题，开拓了学生的视野、丰富了学生的知识；班级轮转的演讲方式也为更多清泉学子提供了当众表达情感、展示自我风采的机会。

2. "劳动"课程——泉力课程

为促进学生全面发展，落实"五育并举"教育方针，清泉学校结合学校"泉文化"理念和"体悟式教育"特色，开发了"泉力"劳动课程，课程以"实践育人"为核心理念，通过自我服务劳动、家庭劳动、校园劳动、社会劳动教育和实践，让学生初步学会一些基本的劳动技能，形成必备的劳动能力，培育积极的劳动精神，树立正确的劳动观念，养成良好的劳动习惯和品质。

"太阳光金亮亮，雄鸡唱三唱，花儿醒来了，鸟儿忙梳妆，小喜鹊造新房，小蜜蜂采蜜糖，幸福的生活从哪里来，要靠劳动来创造，青青的叶儿红红的花儿，小蝴蝶贪玩耍，不爱劳动不学习，我们大家不学它，要学喜鹊造新房，要学蜜蜂采蜜糖，劳动的快乐说不尽，劳动的创造最光荣。"《劳动最光荣》这首儿歌向孩子们传递出劳动的意义和价值，让新时代的孩子们对劳动不感觉陌生。学校开设的劳动课程引导学生从生活自理（内务整理、个人卫生等）、学习自理（用具管理、作业管理等）、家务劳动（家庭卫生、厨艺实践等）、家庭管理（买卖实践、管家理财等）、校园劳动（清洁卫生、教室文化等）、实践基地（种植管理、收获体验等）、公益劳动（社区服务、尊老爱幼等）、生产劳动（种植劳动、养殖体验等）等方面了解劳动、学会劳动、热爱劳动，达到培养学生服务自我、服务家庭、服务他人、服务社会的服务意识。

3. 科创课程——泉创课程

从社会学的角度来说，创新是指人们为了发展需要，运用已知的信息和条件，突破常规，发现或产生某种新颖、独特的有价值的新事物、新思想的活动。创新的本质是突破，即突破旧的思维定式，旧的常规戒律。

为激发学生科学创新的热情，培养学生的科学素养，科技创新课程应运而生。学校充分利用各类平台，统筹发挥各类资源优势，在综合教学内容、现有课程资源、学生学情等条件后，选择信息技术、通用技术、综合性实践活动、社团活动、校本课等作为科技创新教育的课程载体。科技创新是发现问题、分析问题、解决问题的过程，科技创新课程以学生为主体，以问题为导向，以研究项目为载体，注重学习过程与成果的科学性、可行性和创新性。科技创新的教学过程具有跨学科性、重实践、重过程的特点，在教学过程中融入综合性学习理念尤为必要。泉创课程开展科普教育（饲养、种植、科普知识等）、科创教育（动漫设计、无人机、航模海模、现代木工等）以及校代表队训演活动（中国青少年科技大赛、北斗青少年科技大赛等）。"泉"的价值除了"润泽"万物，也能"催生""创造"万物，科创特色课程，让孩子们如泉水般能化腐朽为神奇，创造新天地，打开新世界。

陈艺方老师是学校信息技术骨干教师，由她开设的"人工智能机器人"校本课程，目的在于培养学生对人工智能技术的理解和应用能力、培养学生解决问题和团队合作的能力。该课程不仅向学生介绍人工智能的定义、发展历程和基本原理以及与机器人相关的基本概念，而且让学生通过团队协作，动手搭建组装场地和机器人，在操作实践中学习编程技能。参加人工智能机器人校本课程的学生需要运用所学的知识和技能，以小组为单位完成任务，并将合作完成的机器人项目在课堂中进行展示。课程不仅激发了学生的创造性、培养了学生的创新思维，也让学生学会如何与他人合作去解决问题，从而让学生具备良好的沟通能力和团队合作能力。

4. 艺术课程——泉美课程

进入新时代，习近平总书记鲜明倡导美育并指出，"人民对美好生活的向往，就是我们的奋斗目标"，强调要建设美丽中国。新时代美育承载着促进人的全面发展、推进社会全面发展等责任与重大使命。

艺术是表达美的最典型方式，艺术课程则是美育的主要渠道。泉美课程由国家课程（美术必修、音乐必修、文学必修）、校本课程（绘画创作、奇遇陶笛、墨香书法）、社会实践（艺术鉴赏、艺术创作、美的应用）三大类构成。泉水不仅具有"灵动"之美、"纯净"之美，还能造化万物，创生新美，"泉美"课程就是在培养孩子们具有泉水般创造美的能力和意识。

合唱是声乐艺术的最高表现形式，其中童声合唱被称为"天籁"。那么如何让学生了解合唱，感受音乐魅力呢？管璇老师创设的"合唱与表演"校本课程，给学生提供了深入学习的机会。

擅长钢琴、演唱、指挥等音乐技能的管璇老师，通过给学生展示优秀童声合唱团演唱视频，让学生了解童声合唱团的相关知识，激发学生对合唱的兴趣。从简单好听的曲子入手，对学生进行专业的发声练习和分声部演唱的练习。管老师指导清泉学校"合唱与表演"社团已走过十二个春秋，她的合唱教学水平不断提高。近年来，清泉学校代表学校参加各类比赛并取得了优异的成绩：2014年合唱《快乐阳光》获得青白江区演唱比赛二等奖；同年，合唱《四季的问候》《踏雪寻梅》获青白江区合唱大赛二等奖；2016年合唱《让快乐飞翔》《娃哈哈》获青白江区合唱大赛三等奖；2018年合唱《爱是你的眼睛》《玫瑰，红红的玫瑰》获青白江区合唱大赛一等奖；2021年合唱《亲爱的旅人》获青白江区合唱大赛一等奖。

"艺术培育人文精神，艺术奠基幸福人生。""合唱与表演"校本课程力求最大限度给学生提供一个健康、全面、和谐、快乐发展空间，以期实现"以艺立德，以艺砺志"的育人效果。

5. 体育课程——泉健课程

《中共中央 国务院关于深化教育改革全面推进素质教育的决定》指出："健康体魄是青少年为祖国和人民服务的基本前提，是中华民族旺盛生命力的体现。学校教育要树立健康第一指导思想，切实加强体育工作。"《全日制义务教育普通高级中学体育（一至六年级）体育与健康（七至十二年级）课程标准（实验稿）》突出强调要尊重教师和学生对教学内容的选择性，注重教学评价的多样性，使课程有利于激发学生的运动兴趣，养成坚持体育锻炼的习惯，形成勇敢顽强和坚韧不拔的意志品质，促进学生在身体、心理和社会适应能力等方面健康、和谐地发展，从而为提高国民的整体健康水平发挥重要作用。

泉健课程分为国家课程（体育必修）、地方课程（三大球拓展：篮球、足球、排球；三小球拓展：乒乓球、羽毛球、网球）、校本课程（体育拓展、身体健美、身心健康）、社会实践（体育比赛）。泉，集柔弱与坚韧，静谧与灵动于一身，清泉学子当以泉为榜样，具备宁静的内心，能在喧嚣与躁动的环境中认清自我，不迷失方向，具备强健的体魄，能适应任何艰苦恶劣的环境，具备顽强的意志，能在前行的道路上披荆斩棘，所向无敌。

"快乐排球"校本课程已经开展两年时间了，张小丽老师作为"快乐排球"校本课程的指导教师，每学期的第一节"快乐排球"校本课程课，她都会根据该学期参加学生总数，把学生分成人数基本相同的四个组，并指定两名同学分别担任该组的组长和副组长。两位组长在组内各有分工：组长负责清点本组人数，维持组内纪律；副组长负责借还器材。分组练习时，组长还要发挥更多作用：根据每节课的训练要求，进行分工合作，即安排一名技术动作掌握较好的同学负责三位技术动作掌握差一点的同学，以组员间的互帮互助、相互鼓励达到全员的整体进步。组长还将结合组员每节课的综合表现，给予优秀、合格、不合格的评价，课后对本组进行小结（优点、不足、措施），每四周由组长进行月总结。

参加"快乐排球"校本课程的同学不仅要做到不迟到、不早退，还要学会服从组长安排，认真练习不偷懒。经过不断的努力，排球队从原来的默默无闻，成为区内后起之秀。尽管这支球队还需通过不断的训练弥补不足，但是我们有理由相信，积极上进的精神风貌将有助于球队踏上更高的台阶。

6. 综合实践课程——泉融课程

综合实践活动的产生既适应了学生个性发展的需要，又适应了社会发展的需求，为每一个学生个性的充分发展创造了空间，为学生参与、探究、理解一些新的社会问题提供了机会。综合实践活动是基于学生的直接经验，密切联系学生自身生活和社会生活，体现对知识的综合运用的实践性课程。综合实践活动以活动为主要开展形式，强调学生的亲身经历，要求学生积极参与到各项活动中去，从一系列活动中发现和解决问题，体验和感受生活，发展实践能力和创新能力。综合实践活动面向每一个学生的个性发展，尊重每一个学生发展的特殊需要，其课程目标具有开放性。综合实践活动面向学生的整个生活世界，其课程内容具有开放性。综合实践活动强调富有个性的学习活动过程，关注学生在这一过程中获得的丰富多彩的学习体验和个性化的创造性表现，其学习活动方式与活动过程、评价与结果均具有开放性。

泉融课程分别由研究实践类课程（小课题研究、法治实践类、学科知识验证类）和兴趣创作类课程（文学创作、书画创作、发明创造、动漫制作等）构成。泉水的伟大，在于汲取天地之精华，也在于包容万象的品性，"泉融"课程在于培养孩子们能如泉水般具备融汇万象的品质，在学科学习中，能将各学科知识"融会贯通"，达到学以致用，活学活用的境界。

龙明灯老师是清泉学校的一名科学老师，他开设的**STEAM**兴趣活动课程是一门综合课程。STEAM指的是Science（科学），Technology（技术），Engineering（工程）和Math（数学），Art（艺术）。这门课程注重跨学科学习和动手实践，把培养学生创新思维、问题解决能力作为核心目标，让学生在玩中学的同时也在学中玩。孩子们也将自己学到的知识充分运用到科创活动中去，在2023年青白江区青少年科技创新大赛中，龙明灯老师指导孩子们上交了15件科技创新作品，受到组委会好评。

科学老师指导学生做电能转化动能的实验

STEAM兴趣班的孩子制作重力小风车

龙明灯老师指导学生用数学知识放大图形

学生利用美术知识美化升降桥

　　清泉学校通过深入进行特色校本课程开发研究，有力地推动了课程改革，努力把学校建设成为具有"泉文化"底蕴、"体悟式教育"特色的品牌学校。学校将遵循育人目标，以特色课程为育人平台，努力培养出更多有个性、有特色、学

清泉学校"实践育人"校本课程架构图

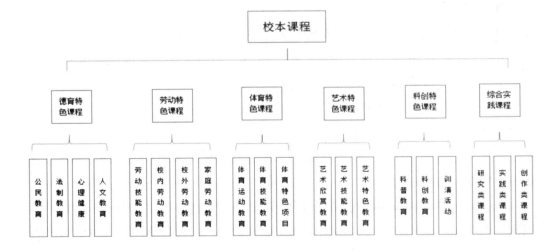

有所长的国之英才，为学校的可持续发展注入活力，全面推进素质教育，让特色校本课程成为学校腾飞的翅膀。

三、从精到专，校本化的国家课程开辟课程改革主路径

国家课程校本化是开展校本课程建设的一项重要内容。清泉学校在"国家课程校本化"实施过程中，始终坚持国家课程改革纲要基本精神，根据自身实际，将国家课程进行校本化处理，包括对课程内容进行适当的选择、改编、补充、整合、拓展以及个性化加工等，对国家课程进行再加工、再创造，使之更符合本校教师和学生的特点和需要。这样的处理并不是否定国家课程的设计，而是让国家课程得到更加有效的落实。

为有效开展国家课程校本化的研究与实施，清泉学校多年来坚持开展"集体备课"制度。集体备课由各学科备课组具体落实，其主要作用是对国家课程进行准确解读，根据本校实际制定课堂教学内容和评价方案。集体备课制度在清泉学校开展国家课程校本化的实施中发挥了重要的组织作用。学校制定的《清泉学校集体备课制度》《清泉学校备课组集体备课展评活动方案》，对开展集体备课提出具体的要求，并将集体备课情况纳入备课组年终绩效考核。清泉学校多年依托集体备课实施国家课程校本化策略取得了良好的效果，其成果主要体现在初中段"一导三学"导学读本的编写和小学段幼小衔接读本的编写两个方面。

1. 坚持精进，初中段"一导三学"读本的编制

2013年2月，当新课改的春风拂过清泉学校那潭清清碧波之时，清泉学校的课堂再次焕发出新的活力。学校领导狠抓新课堂改革，在教学上大胆创新，深化课堂改革。以科研为引领，以"一导三学"读本为抓手，作为"国家课程校本化"的重要突破口，以此激发学生自主、合作、探究的学习精神，努力构建有效课堂。所谓"一导三学"，即在教师引导下的体验性学习、探究性学习、反思性学习，这是"体悟式教育"课程实施的基本要素之一。"一导三学"读本是基于国家课程，由各学科骨干教师根据本校学生实际编写的课堂导学读本。该读本的编制和使用也是学校课改的核心内容。

"一导三学"读本的编写遵循主体性原则、探究性原则、课时性原则、层次性原则这四个基本原则。主体性原则体现在读本的设计必须尊重学生，充分发挥学

生的主观能动性，必须信任学生，留给学生时间，让学生自主发展，做学习的主人，使读本真正成为引导学生学习的帮手。而探究性原则是把培养学生自主学习的能力作为学生使用读本的目的，读本的编制要有利于学生进行学习，从而激发学生思维，让学生在解决问题的过程中体验到成功的喜悦。读本坚持一课一设计的课时性原则，每一课都有明确的目标导向。层次性原则体现在读本的内容应适应不同层次的学生，让每一层次的学生都能得到发展。

"一导三学"读本的编写包括以下几个方面的内容：由知识目标、能力目标、情感目标三个维度构成的学习目标；根据课标要求、文本内容、学生实际确立的重点难点；与学习本课内容相关联的知识链接；根据授课知识点、内容及教学要求给学生提供学法指导；对基础知识、整体感知、质疑存疑等内容进行设计的预习导航；体现导读、导思、导练功能的课堂探究；题型灵活多样、题量适中的达标检测；由学生自己总结当堂课所学到知识的学习小结。

读本的使用要求：要根据实际情况，在课前或当堂将读本设计发给学生，指导学生进行课前预习，为学习新内容做好铺垫；课堂上精心指导学生完成读本设计的各个环节，并注意及时反馈学习情况，及时调整教育教学的策略，促成教学目标的实现；对学生小结、课堂学习情况做好记录；教师需要反思课堂教学情况并做好记录；教师、学生将读本设计整理归类作为学习资料保存；在学期结束后，备课组要将读本使用情况进行总结，在下一版的编审中进一步修改调整。

"一导三学"读本

集结着各学科教师智慧与心血的"一导三学"读本，是根据"体悟式教育"的核心理念，按照"一导三学"的教学策略编撰的，它的五大板块：学习目标、读学预习、探究展示、巩固提升、拓展延伸，与学校"一驱四环三阶递进"课堂教学模式相照应，体现了不同学科特点。读本的编制，为教师的课堂教学提供了便利，更为学生的自主、合作、探究学习指引了方向。

"一导三学"读本经过十一年的修订与完善，已日趋成熟，各学科读本的校本化特征也十分显著。"一导三学"读本的成功编撰与使用，大大提高了课堂效率，从2013年之前的"灌输式"课堂转化为"有效课堂"，再从"有效课堂"逐步走向"高效课堂"，学校教学质量逐年提升，在众多农村学校中脱颖而出，步入全区教育质量强校之列。

"涓涓细流，润物无声。"愿每一位清泉学子，与读本同行，在泉文化精髓的滋润中成人、成才！

2. 方圆始具，小学段幼小衔接读本的创编

从幼儿园进入小学是儿童早期成长过程中一次重要的转折。儿童初入小学能否适应，一定程度上决定着其今后对学校生活的态度和情感。在2022年以前，我校小学一年级新生第一周都会进行习惯养成教育，一般不进行新课教学，所以一年级后期教学任务非常重。2022年6月，在关注一年级新生心理和生理需要的基础上，学校遵循儿童身心发展规律和教育规律，以"实践育人"为核心理念，以"体悟式教育"为特色，制订方案，成立编写小组，组织教师编写了一年级一周适应性教育读本。读本以一年级各学科第一单元教学内容为基础，结合生活实际，融入日常行为习惯、学习习惯等要素进行整合编写。课堂教学则是在小学生已有认知基础上开展的以活动、实践为主要形式的教育教学活动。其主要目的是对学生进行习惯养成教育。课程分为德育篇和教学篇，以幼小衔接为主要内容，帮助小学一年级学生完成角色转变，帮助一年级学生从身心、生活、社会和学习全方面适应校园生活。教学设计寓教于乐，既养成了好习惯，又不耽误教学任务。系好一年级学生小学阶段学习的第一粒扣子，有助于提高小学阶段教育教学质量，为孩子的后继学习和终身发展奠定良好的素质基础。

德育篇以参与式德育为核心理念，设计了《我的第一天》《我的一天》常规训练等专题教育。通过这些专题教育，让学生知礼数，学会爱自己、爱家人、爱老师、爱学校，让学生享受进入小学的第一天，做好成为小学生的每一天。

《我的第一天》，通过"正衣冠""击鼓明智""描红开笔""净手净心""拜师入门""班级建设破冰活动""平安路队制离校"等活动设计，让孩子们完成角色转变，知道自己是一名小学生，以积极、快乐的情绪走进小学生活。同时学会礼节、礼仪，能主动与老师、同学进行交流互动，积极参与集体活动。

教学篇严格按照《四川省义务教育课程设置方案》，开齐开足小学一年级适应

性教育课程，充分利用第一周的时间，把国家课程、地方课程进行校本化设计，校本课程进行特色化设计。整个课程分《泉润初苗》（语文）、《我是小学生啦》（数学）、《体育与艺术》（体育、美术、音乐）、《成长中的我》（道德与法治、科学、劳动）四大板块，结合一年级学生的身心特点，依据教育规律有效实施，让儿童快乐地适应小学生活，促进学生德智体美劳全面发展和身心健康成长。

《泉润初苗》共设计了8课时，以语文教材为依据，从课前准备、课堂常规到听、说、读、写的训练，用多样的儿歌、口令与学生达成课堂共识，充分调动起学生的眼、耳、口、脑，以期实现语文课堂中学生听、说、读、写习惯的养成与能力的获得。教学内容紧扣"初"字，重视学生的"初"体验，激发他们的学习"初"趣，保持学生快乐学习的"初"心。

清泉学校开发的一年级第一周适应性教育课程是一项重要创新，是国家课程校本化的典型成果。学校坚持在实践中不断探索、不断完善，为一年级新生的健康成长、快乐成长助力！

一年级第一周适应性读本

第三节　课程之花　赋予生命芬芳

"一点点种子，一点点泥土，一点点愿望，一点点这个那个；

一点点阳光，一点点雨水，一点点等待。然后，一朵小花！"

——【当代】七星潭

没有一朵花，一开始就是一朵花。每一朵花的绽放必然要从种子开始，从种植、浇水、施肥、生根、发芽、成长、开花的过程走来。一路顽强生长，经风雨洗礼，从幼稚走向成熟，正如清泉学校的特色校本课程，历经时间的考验，最终散发馨香。

特色课程是指学校在满足国家课程设置的基本要求基础上，结合时代发展需要、地域独特文化背景、学校办学传统和条件，以独特的课程理念为引领，充分挖掘可利用的课程资源，构建的具有自身特色的课程。简而言之，特色课程是以学生的"特需"为核心，有着独特的课程理念、目标、内容、实施与评价方式的课程。清泉学校坚持以质量求生存，以特色求发展，追求培养"会体验、善领悟、重坚持、净心灵"的时代新人为办学目标，以务实创新的精神和"泉源溃溃，汇流成英"的办学理念，把特色校本课程开发，作为全面实施素质教育的着眼点和突破口，积极实践，大胆探索，通过开发特色校本课程，促进学生的个性发展、促进教师的专业发展、促进学校的特色形成。

一、建立：百花争艳香满园

"明月几时有？把酒问青天。"

"不知天上宫阙，今夕是何年。"

"我欲乘风归去，又恐琼楼玉宇，高处不胜寒。"

……

下午的延时课时段，"经典诵读"教室里传出一声声抑扬顿挫、声情并茂的诵读声，这是参加校本课程"经典诵读"的孩子们在老师的指导下开展诵读训练。这个课程已经开展了多年，孩子们的诵读水平在整个青白江区内都是一流水平。在连续多年举办的青白江区经典诵读比赛中获得一等奖，并多次被推荐到省、市级平台参赛获得优异成绩。

回想当初，经典诵读校本课程的建立起源于一次奇妙的相遇。当时青白江区有一场"诵经典"的诵读比赛，为了给孩子们一个公平的机会，也为了寻找更多热爱朗诵的孩子，四年级的杨璐莹、康小静等语文老师组织了一次激烈的"海选"，消息一出，立刻在各班级中炸开了锅，好奇的同学们纷纷议论道：什么是诵读海选啊？怎么海选呢？我们参加了要做什么呢？一群爱凑热闹的孩子踊跃地报了名，甚至平常有些胆小的同学都参加了海选。由于场地有限，海选的现场定在了四年级办公室，霎时间，原本安静的办公室变得格外热闹，同学们兴奋地拿着老师给的朗诵稿，稚嫩的朗诵声此起彼伏，孩子们一个个涨红了脸，势必要拿出平生气力来夺得一个参加比赛的机会。那一次海选给老师们留下了深刻的印象，虽然这群孩子身处山区，但是他们想把握机会，大显身手。

海选过后，十二个嗓音条件较好又热爱朗诵的孩子脱颖而出，经过了紧罗密鼓地训练，指导老师付出了辛勤的汗水，孩子们也不负众望，朗诵的作品《少年中国说》慷慨激昂，在比赛中震撼了每一位观众，最终荣获了青白江区"诵经典"比赛的一等奖，并且作品被推送到了市级平台，获得了优异成绩。从此，经典诵读校本课程正式建立起来，这十二位同学也成为课程的优秀小骨干，陆陆续续也有更多热爱朗诵的同学加入进来，在之后多次的诵读比赛中都大放异彩，为学校夺得了多项荣誉。

在平时的常规训练中，指导老师所选的朗诵内容，大多是经典诗文。经典诗文不仅语言精练优美，而且意蕴深刻，境界动人，是对青少年进行爱国主义教育，培养学生初步树立正确的人生观和道德观，陶冶高尚情趣的重要内容。通过歌颂祖国大好河山和美丽风光，使学生充分感受到祖国江山如画，从而激发他们作为中华儿女的自豪感，培养他们高远的志向和博大的胸怀。"经典诵读"课程已成为学校特色课程之一。

学校特色是学校发展的驱动力量，是学校发展的灵魂。突出的学校特色决定着学校战略以及相应的制度策略的制定，决定着教育质量的提高和学校发展的速度，影响着校内各种资源的开发与组合，塑造着学校的品牌价值。

可以说，没有特色的学校就是没有生命力的学校。

在近两年的课程建设实践中，学校坚持以习近平新时代中国特色社会主义思想为指导，全面贯彻党的教育方针，落实立德树人根本任务，在坚定理想信念、厚植爱国主义情怀、加强品德修养、增长知识见识、培养奋斗精神、增强综合素质上下功夫，使学生有理想、有本领、有担当，培养了德智体美劳全面发展的社会主义建设者和接班人。在具体实施过程中，学校始终坚持"体悟式教育"的办学特色，将培养"会体验、善领悟、重坚持、净心灵"的时代新人作为育人目标，以务实创新的精神和"泉源溃溃，汇流成英"的办学理念，把特色校本课程开发作为全面实施素质教育的着眼点和突破口，积极实践，大胆探索，不断开发特色校本课程，促进学生的个性发展和教师的专业发展，对提升学校的办学品质和办学特色起到了巨大的促进作用。

学生参加诵读比赛

学校根据学生需求，利用校内外资源开发了20余门特色课程，这些课程如灿烂之花，赋予了学生生命的芬芳，最大限度地为学生全方面发展和个性化发展提供成长的沃土，让我们走进特色课程这座美丽的花园，细细品味其中的馨香。

1. 国学特色课程，一场寻根之旅

"天行健，君子以自强不息；地势坤，君子以厚德载物。"古人刚毅坚韧的秉性一直流淌在每一个中国人的血脉中，作为华夏儿女，我们应该学习国学文化，传承文人风骨，发扬中华美德。2019年秋季，全国一至九年级统一使用部编版语文教材。部编教材增强了国学文化元素，这是一个风向标，意味着在日常的教学中即将刮起传承和振新中华民族优秀传统文化的"中国风"。

在国家课程变革、学校课程变革双重背景下，清泉学校成立了国学文化课程开发研究课题组，结合学校实际，开设"国学"校本课程，引导学生接触国学经典，学习优秀传统文化，在国学经典中寻求滋养，加强思想修养，促进学生养成教育的进一步升华，培养学生对祖国传统文化的热爱，全面推进学校的特色课程教育，进一步深化新课程改革工作。

经过几年的摸索，针对清泉学校实际情况，课题组编写了一套适合本校学生学习的国学读本，分别是《国学文化》——文化礼仪与国学传承系列读本和《中华文化》——国学经典传承系列读本，根据年级不同特点选取不同篇目分学段归类，每一课包括文字、图片、故事、知识链接。由于照顾了学生年龄和学段特点，这套教材深受广大师生喜爱。

学校将国学读本纳入课堂教学，由语文老师进行教学指导。国学课堂主要授课内容包含自编国学读本《国学文化》系列和《中华文化》系列读本，以及《成都市国学经典诵读读本》。开展国学课程教学，让孩子们从小就有了与圣贤们直接对话的机会，直接汲取圣贤文化思想精髓的营养，也让中华优秀民族精神的血液在一代又一代人身上流淌。国学经典进课堂，就是借助经典，开启国学教育风气，为孩子们点亮心灯、温暖心房！

学生参加吟诵活动

2. 普法特色课程，学法守法伴成长

"不以规矩，不成方圆。"法律从来不是为了维护正义而存在的，法律维护的是秩序，如果正义得不到伸张，秩序将得不到保障。罗翔老师告诉我们：每个人都有阴暗面，我们要接纳它，在道德和法律的约束下与阳光共处。

12月4日，全国普法日。学校模拟法庭内坐满了人，审判长、审判员、书记员、原告、被告、辩护人、旁听人员等均已到场，大家表情严肃，气氛稍显紧张。只见书记员用洪亮的声音宣读：请旁听人员安静，现在宣布法庭纪律……审判长敲响法槌，宣布审判开始……

这是学校普法课程之一，模拟法庭。2008年，学校确立"依法治校"的治校方略，不懈探索实践，取得了显著成效，先后荣获全国青少年普法教育先进单位，省、市、区"依法治校示范校"。学校把普法教育作为素质教育的重要内容，从不同的侧面开展了形式多样、卓有实效的法制宣传教育活动和法治实践活动，把普法教育贯穿学校教育的始终。依法治校的成功实践，法治文化校园建设的不断优化，逐步铸就了清泉学校法治文化校园特色。学校与区法院合作，定期将一些对师生有教育意义的案子移至"模拟法庭"现场审判，学校师生旁听警示；与此同时，学校每学期举行模拟审判竞赛，让全校师生收集大量有教育意义的案例，由学生进行模拟审判，促使学生在此过程中通过阅读法律书籍、寻找法律依据、了解宣判程序等活动获得法治体验，真正感受法律"一锤定音"的严肃与威严。

此外，普法实践课还有学生纠纷调解。学生纠纷调解，总体由学生纠纷调解委员会负责。但在具体调解操作上，学校以班为单位，成立"学生纠纷自治调解小组"，各班班委增设调解委员1名，由调解委员任自治调解小组组长，另加调解员1~3名，班主任做顾问，组成各班学生纠纷自治调解小组。学生的一般纠纷由各班自治调解小组按调解程序自治调解，班级自治调解小组调解不成的，按程序由学校学生纠纷调解委员会调解。这样做的目的：一是培养学生运用法律法规和学校规章制度解决矛盾纠纷的能力；二是让学生在纠纷解决的过程中更深刻地认识了解相关的法律法规和学校规章制度本身的严肃性；三是促使学生养成解决矛盾纠纷的法治化途径，培养学生的法治意识，规则意识。实践证明，自学生纠纷调解机制建立以来，学生纠纷逐渐减少，杜绝非正常途径解决纠纷的现象，学生因纠纷打架斗殴的现象基本消除。

模拟法庭

3. 艺术特色课程，提升审美素养

墨香幽幽，令人平心静气；乐曲婉转，令人心旷神怡；色彩华丽，令人目不暇接。艺术能带给人美的享受，让人沉醉其中，无法自拔。

　　回首艺术教育工作，清泉学校在上级部门的正确领导下，经过学校上下的共同努力，艺术教育工作有了长足的进步。尤其是师资力量和教学设施得到很大的改善，从教师到学生，从社会到家长，对艺术教育有了新的认识，学校已经逐步形成了艺术特色教育的氛围。学生艺术水平、欣赏能力在原来的基础上有了新的提高。

　　清泉学校一直以来就有一批书法水平很高的教师队伍，书法教学历来受到学校的高度重视，学校曾在2007年被评为"成都市书法教育实验学校"，书法教学也一直是学校的一个特色亮点。

　　2013年至2021年，每天下午2点到2点20分，是全校9个年级统一的写字课时间。学校还制定了《清泉学校写字教学考核实施意见》，将各班级写字课执行情况纳入教师年终绩效考核。同时学校少年宫也开设了书法兴趣班，为具有书法兴趣和特长的孩子们提供成长平台。2021年开始，学校一至六年级每周专设一节书法课，由专业的书法教师执教，原来的书法兴趣班则由"社团"转变为"墨香书法"课程，课程的开设时间固定在每周三下午，共计两个小时。

　　多年来，清泉学校有近百名师生在省、市、区各级各类书法比赛中获奖，激励了一大批孩子学习书法的热情。应该说，学校的书法氛围相当浓厚，这对中华文化传承和发扬具有积极的作用。当然，作为学生个体，写得一手潇洒漂亮的好字，对自身的学习和成长，也能赢得一份成功的自信。

　　音乐类的特色课程有"奇遇陶笛""合唱与表演""管乐"等，这些课程对开发学生的音乐天赋具有重要作用。每年11月，学校一年一度的"艺体节"为这些孩子们提供了展示天赋和特长的平台，学校通过直播的方式把这些优秀的节目推送给家长和社会，得到了家长和社会的高度认可。学校积极参加上级部门组织的各类器乐大赛、表演大赛、合唱大赛等，常常超越城区学校取得优异成绩。如"奇遇陶笛"这门课程，就在2023年青白江区器乐大赛中获得全区第一名。而陶笛只是一种极其普通的乐器，但通过老师精心的教学，让这种古老又富有文化气息的乐器逐渐焕发出艺术的光彩，并在集体的演奏中展示出独特的艺术魅力，让学生在参与吹奏的过程中，获得了丰富的音乐体验，既增强文化自信，又是传承中华民族传统文化的一种有效途径。

　　"泉创美术"课程则是美术特色课程的代表。课程教学以超轻黏土为主要原料，通过搓、捏、擀、压、雕刻、组合等多种形式创造出不同风格的艺术作品，有栩栩如生的人物，有优美的风景，有各式各样的静物……这些作品色彩鲜艳，形象逼真，具有很高的艺术价值。超轻黏土课程带领学生们学习到更多的美术技能和知识，丰富了大家的学习生活，提升了学生们的审美能力，培养了学生们的想象力和创造力。

学生参加器乐演奏活动

4. 体育特色课程，在竞技中培养意志力

"站如松，坐如钟，行如风，卧如弓。"这是刻在中国人骨子里的自信和坚定，展现着当代学生的精神风貌。作为一所农村学校，充分挖掘和利用学校自身资源开展校本课程建设，是最常用，也是最重要的一种途径。清泉学校体育教师数量充足，且体育老师都有自己的专长，如有足球专业的、篮球专业的、排球专业的、武术专业的等。为了充分发挥这些校本资源，学校设置了多种体育类校本课程，基本满足了喜欢体育运动学生的兴趣爱好。

足球运动是世界上最普及的体育运动，它融浓厚的趣味性与欣赏性为一体，对少年儿童具有极大的吸引力。学校开设了"我爱足球"这门课程，课程目标就是培养学生对足球运动的兴趣和爱好，在比赛或活动中培养学生的合作意识，改善心理品质，提高社会适应能力。教学内容包括踢、传、停、运等基本技术，并能在比赛中灵活运用。对发展学生灵活性、协调性、力量和耐力等身体素质，以及培养学生勇敢、顽强、果断等意志品质和集体主义精神，都有极大的促进作用。

每年全区足球联赛，不管是小学段还是初中段，不管是男生还是女生，都会在赛场上奋力拼搏，为清泉学校争得一个又一个骄人的战绩。

具有篮球专业素养的体育教师，则开设了"篮球基本技能训练"这门课程。篮球运动是集跑、跳、投于一身的集体对抗性项目。经常从事篮球运动，可以有效地促进身体素质的全面发展，有利于心肺功能的改善与提高，有利于培养勇敢、顽强、竞争、拼搏的进取精神和良好的团队作风。学习本课程不仅让学生了解体育与健康的知识，掌握科学锻炼身体的方法，而且还能帮助学生养成良好的道德品质和优良的体育作风。学校每学期都会开展班级篮球联赛，联赛对促进学生的团队精神和班级凝聚力具有重要意义。

学校还开设了独具特色的"足跑"特色课程。该课程是一项以团队竞技为主的集体项目活动。以两人三足为基本形式，往往是10~20名同学同时参与。此项目主要训练团队协作意识，在足跑过程中，有一名同学跟不上节奏，往往会导致"全军覆灭"，最后以失败告终。清泉学校足跑队在历年的市级比赛中，都取得了优异的成绩，成为清泉学校的"当家"体育项目。

此外，花样跳绳、乒乓球、排球、中国象棋等体育项目也深受学生喜爱。

学校篮球联赛

5. 科普特色课程，插上创新的翅膀

"成都市青少年科技创新大赛"是近年来成都教育界的一项重要赛事。旨在营造良好的科技创新的育人氛围，为科技创新人才"种子"提供肥沃的土壤，为广大青少年的创新才能提供展示的舞台和成长平台，努力响应"深入实施科教兴国战略、人才强国战略、创新驱动发展战略"的国家号召。清泉学校积极参与此项活动，开设了"人工智能机器人"这门课程。学校人工智能机器人教学主要采用**ENJOYAI**–非攻、**ENJOYAI**–夏季运动会、**WER**–探索太空的可程序化积木的形式，学生可以自由发挥创意，搭建各种机械臂完成任务。人工智能机器人以"探究科学、创新实践、运动竞技"为特色，将设计、编程控制、人工智能等科技探究学习与竞技巧妙融合，比赛集趣味性、科技性于一体，把身、心与大脑联系在一起，促进广大青少年成为身心健康的学习者、竞技者和创造者。激发学生的创造力，培养科学素养，训练学生的逻辑——数学智能、视觉——空间智能、身体——动觉智能、交往——交流智能、自知——自省智能，养成科学习惯，增长科学探究能力，创新能力和团队合作的能力。学校高度重视科创类课程，近两年投入近十万元用于设备购置和活动组织，课程教学效果非常好，学校多次荣获市

级科技创新大赛优秀组织奖，近百名学生获竞赛一、二等奖。

随着人们生活水平的提高，汽车作为一种交通工具，已经走进了千家万户。对于当今小学生，汽车已经不再陌生，面对大街上纵横驰骋的汽车，学生们兴趣浓厚。因此，学校根据学生们的要求开设了"汽车筑梦放飞理想"这门课程。小学生汽车文化筑梦课堂是由（中国）北京市联合国教科文组织协会、日产（中国）投资有限公司、中国国际贸易促进委员会汽车行业分会联合主办的公益教育项目提供的资源。学校借用此项目的教育资源，结合自身实际，开发出校本课程资源，并作为学校小学段校本课程项目。本课程通过虚拟动画人物授课，通过学生小组合作、动手实验，在实验探究中培养学生的科学素养和创新精神。

随着人类探索自然的脚步加快，世间万物的奥秘都被科学一一揭开。春去秋来，潮涨潮落，自然的发展和变化都遵循着一定的科学规律。开设科普类特色课程，能够让学生了解万事万物的发展本质，解读宇宙奥秘，让他们的想象力在浩瀚的宇宙中自由地徜徉，让他们插上创新的翅膀越飞越高！

人工智能机器人课程

6. 劳动类特色课程，体验双手创造财富

习近平总书记在全国教育大会上强调，要在学生中弘扬劳动精神，教育引导学生崇尚劳动，尊重劳动，懂得劳动最光荣，劳动最崇高，劳动最伟大，劳动最美丽的道理，长大后能够辛勤劳动、诚实劳动、创造性劳动。为贯彻落实习近平总书记的讲话精神，清泉学校在小学部开辟了一块劳动实践基地。基地按年级划分种植范围，各年级再按照班级划分管理区域。种植基地由学生处统一管理，每一学期制订种植计划，各班按计划开展种植体验，如施肥、锄草体验，采摘、收获体验等，老师们还组织学生走进厨房，将劳动果实做成喜欢的菜品，和大家一起分享。对多余的蔬菜水果，学生们则走入市场，体验买卖的乐趣。劳动实践基地让孩子们体验到劳动的艰辛与快乐，培养了孩子们热爱劳动的品质。

　　学校周三下午还开设了"我爱劳动"课程，本课程旨在通过劳动理论教育以及实践活动，调动学生劳动的积极性，提高学生对劳动的认识，逐步培养其对于劳动的正确观点，掌握一些简单的劳动知识和技能，养成良好的劳动习惯，具备初步的生活自理能力。它是孩子们成长之路上重要的一课，对于学生未来的生活将会带来巨大的影响。课程分为三大板块，即日常生活劳动教育、生产劳动教育、服务性劳动教育，共计19课时。通过教师授课，传授劳动的方法和原理，设置互动问答、动手实践、反思总结三个环节，在寓教于乐中完成教学内容。老师们根据季节变化，时常让学生走进田园，亲自动手实践，初步感知劳动在人类进化中的重要性，知道人类的智慧都是源于劳动，明确劳动是光荣的，在生活中能热爱劳动，知道父辈的艰辛与不易，学会理解与感恩。

　　近年来，清泉学校不断创新思路，优化办学策略，积极整合资源，深化课程改革，因地制宜地开设了丰富多彩的校本课程，构建多渠道、多元化、多学科知识获取路径，促进了学生核心素养的提升和全面发展。

　　清泉学校校本特色课程的开发与建设，为孩子的健康成长与全面发展搭建了良好的平台，多姿多彩的课程让孩子们养成了阳光快乐、自信自强、乐学善思、社会参与、勇于创新的核心素养。在未来的教育规划中，学校还将不断探索培养学生核心素养的有效途径及实施策略，为办人民群众满意的教育，办老百姓家门口的好学校，办省市有一定影响的区域九义名校，为实现让山区孩子"同享教育蓝天，共沐教育之光"的承诺，为建设一流教育强区贡献清泉力量。

孩子们参加种植劳动

二、收获：硕果累累满树香

党的二十大报告提出，培养德智体美劳全面发展的社会主义建设者和接班人，加快建设高质量教育体系，发展素质教育，促进教育公平。近年来，清泉学校积极探索"特色课程"建设，聚焦核心素养，多措并举，全面提升学生综合素质。

瞧，在学校操场上，武术教师正带领孩子们进行传统武术套路练习。起式抱拳、正前踢腿、弓步冲拳……学生们动作整齐划一、虎虎生风，洋溢着活力气息。体育老师说："学生通过武术基本功训练，提高了身体素质，增强了体魄，达到文武双修和健康成长的目的。"参加武术训练的六年级学生说："习武使我变得自信、阳光、开朗、大方，武术既锻炼了体魄又培养了我们坚强的意志，我们还在武术中接受到了武德教育，使我们更加明事理、懂礼貌。"除了武术以外，同时活跃在操场上的，还有参加体育舞蹈以及各种球类项目的孩子们，他们一个个生龙活虎、健康活泼，这是清泉学校全面开设校本课程以来，下午延时服务时间学校操场上的常态画面。而在教室里面，孩子们根据自身的兴趣特长，参加了手工制作、绘画、唱歌、表演、戏曲等校本课程。多元化的课程设置，激发了学生们的学习热情，促进了学生们多方面发展。近年来，清泉学校将美育、德育、智育、体育、劳动教育相融合，充分挖掘各学科所蕴含的育人价值，有机整合教学内容，不断推进课程教学、社会实践和校园文化建设深度融合，形成协同育人格局。校长钟德强说："我们要把深入学习贯彻落实党的二十大精神作为首要政治任务，坚持正确的育人方向、坚持立德树人，引导师生听党话、跟党走，继续办好优质均衡的基础教育，着力培养学生的传承和创新能力，当好孩子们的引路人，为国家培养更多合格的建设者和接班人。"

1. 多角度、全方位启动优化机制

清泉学校在打造校本特色课程中，主要采取了以下几个方面的优化措施。

（1）明确培养目标，开发特色校本课程

为促进学生的个性成长和全面发展，学校逐步创建了"国家课程全面开、地方课程选择开、校本课程自主开"的三级课程框架。学校遵循"以人为本、全面发展"的原则，除规定课程外，开设了德育类、劳动类、艺术类、体育类、科技类、综合实践类50多种校本活动课程。其中20余门课程已初具特色，丰富多彩的

校本特色课程设置从不同层面满足了学生的个性需求和兴趣爱好。

（2）改造教学场所，满足学生发展需要

为满足各类课程教学的需要，学校对多处活动场所进行了独具匠心的设计和改造。看，那具有北方特色的冰雪运动场——轮滑场地；充满现代科技创新气息的STEAM兴趣活动场所；种满各类蔬菜瓜果的劳动实践基地；充满书法艺术氛围的墨香书法教室；各项体育训练设施齐全的网球场、足球场、篮球场……具有丰富数字化探究设备的理化生实验室、科学探究室……孩子们在充满文化气息和现代感的优雅环境中享受着校本课程带来的快乐。

（3）优化师资力量，规范各类课程管理

为了提升校本课程的质量，学校除配备本校具有各种特长的教师，还聘请了校外机构专业人员入校指导。如川剧课程、武术课程、管乐课程、网球课程、轮滑课程等，均由校外机构专业指导老师对学生进行训练，并签订相关协议，保障课程教学质量，同时学校还对这些课程进行单独考核，激发师生的热情和动力。

（4）必修选修结合，促进学生自主发展

学校开设的国旗下讲话、国学课、写字课、阅读课是要求每个学生都上的必修课程，具有普及性。如国学课使用《国学经典》《千字文》《中华文化》等国学经典教材或读本，每天以"晨读"的方式，诵读经典，感悟其内涵，整体提高了学生的文化修养。选修的活动课程则体现了独特性和自主性。每个学生根据自己的兴趣爱好自主选择喜欢的活动课，在课后服务时间段开展，参与率达到了100%，真正实现了"全员参与、兴趣优先、培养特长、共同发展"的目标。

（5）编制多种读本，固化校本研究成果

近几年，学校积极开展校本课程研究，编制了20余套较为成熟的校本课程读本，如：涉及德育的《泉润》《泉宝》系列读本；涉及教学的《一导三学》系列读本；涉及文化传承的《国学文化》《中华文化》系列读本；涉及学校管理的《清泉学校制度汇编》读本；涉及安全教育的《知规守章》读本；等等。特别是2022年7月编制的一年级入学适应性读本，更是填补了多年来幼小衔接教育的历史空白，该读本按学科分类印刷，作为一年级第一周入学学习内容，深受教师和学生欢迎。

（6）开设拓展课程，培养迁移运用能力

学校各教研组、备课组开设了丰富多彩的学科拓展课程，供学生选择学习，如语文学科开设的《文字与文学》《悦享阅读》等；数学学科开设的《趣味数学》《数学天地》等；英语学科开设的《嗨翻英语》《英语绘本故事》等；道德与法治学科开设的《法古通今》等；历史学科开设的《不能忘记我们的根》等；地理学科开设的《识地理，品世界》等；生物学科开设的《泉心泉意学生物》等课程。既能促进学生全面发展，又能满足学生兴趣爱好需求。

此外，学校利用社会和家庭等综合实践基地，采用多渠道开展综合实践活动。在寒暑假布置与社会实践相关的家庭作业，指导学生利用社会资源完成研究性学习项目，丰富校本课程的内容和内涵，促进学生核心素养的形成和发展。如2023年5月，清泉学校组织全校师生开展了春季研学活动，师生们走进青白江区铁路港、国际馆、欧产城，走进社区、田园……孩子们对自己的家乡有了更多更深的了解，激发了同学们的爱乡之情。

2. 特色课程促发展

"校本课程的开发，丰富了学生的知识，激发了学生对知识的探究欲望，培养了学生的创新精神和实践能力，开阔了学生视野，增强了学生热爱自然、尊重科学的意识，提升了学生的综合素质，也提高了教师的研究水平，使学校课程结构更加优化。"副校长周清荣表示，校本课程在学校已经生根、开花，学校在实践中已经初步探索出"实践育人"有效途径。多年的校本课程建设，对学生成长、教师发展、学校建设均起到了重要的促进作用。

（1）促进学生个性发展

清泉学校开发特色校本课程，关注每一个学生的不同需求，给学生一个自由发展的空间，具体体现在课程内容的多样性、可选择性和丰富性上。传统的课程强调学科知识，忽略了学生作为一个活生生的人的真实体验；而特色校本课程则注重学生的生活体验和学习经验，关注每一个学生发展的差异性。让每一个学生都成为与众不同的主体，满足每一个学生不同的发展需要，从学生经验出发，提供差异性课程，体现了差异性教育的原则，做到了因材施教。同时，特色校本课程的开发也体现了以学生为中心的原则，是从学生的需要出发的，是为了学生的发展而设置的，从而真正促进学生个性发展。

（2）促进教师专业成长

清泉学校开发特色校本课程锻炼出一支高素质的教师队伍。在校本课程开发的过程中，提高了教师队伍素质，促进了教研之风、学习之风的形成。教师具备了精良的文化素质、高尚的道德素质、健康的身心素质，不断提升自身的修养。随着校本课程的不断开发和深入，教师的观念在不断转变，课堂教学水平在不断提高。通过三年多的实践探索，老师们深深认识到，校本课程的开发也能提高教师的课程开发能力，能帮助老师们形成整体的课程观和整体的课程意识，还可以增强教师的研究意识和能力。学校2022年立项的市级课题《"实践育人"课后服务校本课程体系建设实施路径探究》要求教师研究课程的开发与实施路径，研究和思考学校发展的方向和文化的创生。所以，特色校本课程的开发同时也促进了教师的专业发展。

(3) 促进学校特色形成

一个学校有没有特色，首先要看有没有自己的办学思想。清泉学校"三级十模块"课程体系的确立就是在保证教育质量的前提下，在学校"泉文化"引领下，以"实践育人"为核心育人理念，以"体悟式教育"为教学特色形成的课程体系。在此基础上，学校充分利用校内校外资源开发一系列校本课程，并遵循"成熟一个开发一个"的原则，打造一系列特色化课程，以此凸显学校办学特色。特色校本课程的开发，赋予了学校教育选择的权力。特色校本课程支持学生、教师的个体发展，为每一个人的发展创造机会和空间，极大地调动了他们的积极性，激发了他们的创造性。清泉学校近几年开设的经典诵读、足跑、武术、奇遇陶笛等特色课程，连年在省、市、区各类大赛中获奖，成为宣传学校的一张张名片，提升了学校的影响力。特色校本课程开发强调自主决策、自主开发，有利于形成品牌效应，更好地适应教育发展的需求，扩展学校生存和发展的空间，从真正意义上促进了学校特色的形成。

总之，清泉学校特色校本课程的开发，遵循科学与校本课程相结合、生活与校本课程相结合、兴趣与校本课程相结合、文化与校本课程相结合的原则，从切实提高学生素养需要出发设置特色校本课程，实现学生的个性发展；教师挖掘各类课程要素，提出各类课程具体目标，追求课堂教学的有效性，最终掌握科学的育人方法，并形成"体悟式"的教育、教学风格，实现了自我发展；学校完善了办学理念，改革了学校管理，促进了品牌的形成，推动了特色学校的建设。

在课程建设历史长河中，清泉学校从没停止过向前的步伐。尽管，前行的道路有曲折，尽管，前行的道路有坎坷，尽管，前行的道路有荆棘，但她从不畏缩，总是斗志昂扬。如今，在新时代教育改革的光辉照耀下，她正以自己独有的特色和气质，以谦逊、务实、自信的步伐稳步前行！最终按照"高位求进、树区域品牌"的发展定位，将学校办成一所以"泉文化、德教育"为内涵的独具乡村风韵的品质品位特色学校，成为区内领先、全市知名、全省有一定影响力的农村九义名校。

第四节　课堂　课改的主阵地

"好风凭借力，送我上青云。"

——【清】曹雪芹

清泉学校的课改乘着时代的东风，借助国家的臂力，怀抱青云之志，愿如大鹏展翅，故九万里，则风斯在下矣，而后乃今培风；背负青天，而莫之夭阏者，而后乃今将图南。

《国家中长期教育改革和发展规划纲要（2010—2020年）》指出："中国未来发展、中华民族伟大复兴，关键靠人才，根本在教育……""要树立以提高质量为核心的教育发展观，注重教育内涵发展，把教育资源配置和学校工作重点集中到强化教学环节、提高教育质量上来。"显然，在新的时代背景和国家发展任务要求下，要落实《国家中长期教育改革和发展规划纲要（2010—2020年）》提出的目标，实现我国21世纪人才培养的宏大愿景，必须重视教学工作，把教学改革摆到事关教育改革成败的核心位置。在教学改革过程中，教师的教学方式、学生的学习方式，对学生的评价方式的改革是关键。三者体现在教学中并不是互相孤立的，而是互相融合互相渗透的有机整体。而建立新型的教学模式则是体现新型教学关系的有效途径，因为教学模式是在一定教学思想或教学理论指导下建立起来的较为稳定的教学活动结构框架和活动程序，不仅反映课程设计者与实施者对待"学"与"教"的态度，还直接影响学习者的学习成效。因此，要保证教育教学活动的顺利推进，促进教育的内涵发展，必须高度重视教学模式的改革与完善，尤其是教学模式改革在实践层面的探索。2013年，清泉学校结合青白江区教育局《成都市青白江区初中课程改革推进方案》（青教发〔2013〕52号）和成都市青白江区教育局《关于各中小学校构建"生动高效课堂"的实施意见》精神，着力进行课堂改革。学校经过10年课堂改革之路，取得了显著成效。

为了引导教师进一步更新教育教学观念、改进教学方法、教学行为和教学手段，增强教科研意识，适应新形势和新课改的需要，清泉学校深化课堂教学改革，针对传统课堂教学的弊端，进行大胆探索与改革，实现了创新教学模式，"减负增效"的改革目的。

一、探索："体悟5+1"课堂教学模式的形成

2012年，新一轮课程改革的号角搅动了清泉源的宁静，清泉学校的教师责任在肩、毫不怠慢，以强烈的紧迫感义无反顾地踏上探索清泉教育改革之路的征途。多年来，学校教师在不断地学习和摸索中持续跟进教育观念，制定出多项改革措施，取得了一定的进步。教学改革是一个漫长的过程，不可能一蹴而就，也不可能一劳永逸。只有在教育教学实践中积极发现问题、解决问题，才能让教改之路持续向前，教学水平持续提升。

1.直面问题

回顾11年前清泉学校的课堂教学，主要存在以下问题：

问题一：教师是课堂的主导，学生学习方式单一，课堂教学中缺少体现学生主动性、探究性的学习活动设计。

问题二：学生使用的教辅资料过于统一，缺少层次性和针对性，不能满足不同层次学生的学习需要。

问题三：学生在课堂教学中普遍缺乏交流和表达的意愿，不善于在师生、生生互动的氛围中，通过交流、讨论呈现即兴的、创造性的课堂生成。

在问题面前，清泉学校认识到，时代在进步，科学在迅猛发展，教育对象也发生了根本性的变化，处在教育改革风口浪尖的清泉教育者，只有与时俱进，大胆进行改革，真正体现学生的主体地位，满足不同层次的学生需求，才能真正落实新课程理念的核心，为学生的"终身学习"打下基础，从而真正实现教育的可持续性发展，实现"让学生健康成长，为学生发展奠基"的办学目标。2013年，当时还在分管教学的钟德强副校长坚定地说："课堂改革势在必行！"学校决心已定，立即成立了以老校长彭兴德为组长的课改领导小组，同时成立了以钟德强副校长为组长的课改工作小组，经过课改小组的研究，初步确定了学校课改的目标。

树高效教学观。从根本上改变教师的教学观念和陈旧的教学模式，真正体现学生的主体地位，养成自主学习的良好习惯，培养学生良好的学习能力，为学生

的终身发展奠定基础。

优化课堂模式。探索、总结、提炼出符合学校学情的课堂教学模式，为各学科教师的教学提供一个基本的模式框架，使各学科教师的教学都有章法可循，使教学过程科学化，合理化。

编制导学案。教导处牵头，教研组、备课组具体实施，编制具有清泉学校特色的导学案。导学案设计符合学生学情，具有良好的层次性和针对性，以适应不同层次学生发展的需要，切实提高课堂效率，为实现高效课堂奠定坚实基础。

课堂是改革的主阵地。只有建立完善的教学模式，实现教学内容的呈现方式、学生的学习方式以及教学过程中师生互动方式的变革，才能推动课堂改革不断深化，切实提高教学质量。

2. "体悟5+1"课堂教学模式的提出

2015年年初，基于对"泉文化"的挖掘，学校提出了"体悟式教育"的理念，并将"体悟式教育"作为学校的办学特色。即让教育有如泉水一样"泉源溃溃，不释昼夜""涓涓细流，润物无声"地潜移默化，滋养、孕育学生健康成长。针对教学，指的是"在体验中学习，在学习中领悟"；针对德育，指的是"在体验中领悟，在领悟中习得"。

同年4月，为进一步明确学校的办学思路，提升清泉学校的整体办学水平，向区域优质特色学校迈进，经过老师们的摸索和探究，初步形成了一套以学生为中心，教师为主导的"体悟5+1"课堂教学模式，该模式在课堂教学中逐步得到完善与提升，彰显了"体验性、探究性、反思性"这一教学特色。学校教学质量逐年稳步提升，为铸就品牌，涵养品质品位，打造区域一流学校奠定了坚实基础。

体悟式教学的要素概括为：①问题驱动，即以高质量的问题激发学生学习内驱力；②"一导三学"，即在教师引导下的体验性学习、探究性学习、反思性学习；③层级提升，即从经验到方法，从方法到思想，实现经验→方法→思想的逐级提升。

体悟式教学的模式概括为："体悟5+1"课堂教学模式。"5"指体悟式教学五环节：自学→合作→展示→巩固→提升；"1"指一个中心，即以学生为中心，以学生的需要设计教学，以学生的进步为目标。

"体悟5+1"模式图

3. 在培训中树立理念

这一时期，学校在区级课题《农村初中课堂教学有效性的实践与研究》的引领下，积极开展课堂改革实践，努力构建"体悟5+1"课堂教学模式的理论体系。在这一过程中，学校认为，课改需要一批具有改革意识和改革能力的教师队伍。那么，开展师资培训活动是首要任务，为此，学校制订了"强师兴教"教师培训计划。在教育局和学校的共同组织下，先后有50多人次到北京、上海、重庆、河北、山东、江苏、浙江等省市参加培训学习。罗隆英老师是第一批到天汇中学学习的教师之一。在天汇中学参加了第一天的跟班学习后，她感叹道，课堂还可以这样上课啊！带着强烈的好奇心和求知欲，她高度认真地完成了接下来4天的学习。按照学习安排最后一天将进行汇报课展示，罗老师积极报名争取上课的机会。汇报课上，她将一周来的学习所得尽数展示了出来。功夫不负有心人，这堂颠覆自我的汇报课得到了指导老师的高度认可。之后，学校陆续安排了三批老师到天汇中学学习，参加学习的老师感触颇深：我们的课堂确实应该改革了！

通过一系列的培训，老师们树立了课改的理念，有了课改的愿望。为了顺利、有效地推进课堂改革，构建"体悟5+1"课堂教学模式，学校制定了《清泉学校"生动有效课堂"管理及评价制度》，将课改推进工作纳入绩效考核和优秀年级组、教研组、备课组的评选，每年度进行"体悟式教学示范班"的评选与复审，对突出的学科及个人也进行了专项奖励。

4. "体悟5+1"模式的探索

学校提出该模式后，首先对初中段的各学科提出了相关要求。各学科课堂教学，要根据学科特点，围绕"5+1"建构课堂教学环节。教师讲解时间不超过15分钟，学生自主学习时间不低于15分钟，学生练习巩固时间不低于10分钟。这样，以往教师"满堂灌"的现象大大减少，学生自主探索和知识运用的时间增加，学习效果明显得到改善。

课堂展示是新教学模式中最亮眼的一个环节。天汇中学的学习经历如醍醐灌顶，打通了善于学习、自我革新的罗隆英老师的任督二脉。罗老师的数学课堂，往往是学生主讲，老师旁观，听了罗老师的课不免要说句玩笑话来表示一下赞叹，这简直分不清哪个是老师，哪个是学生！听一遍，不如写一遍，写一遍，不如讲一遍。只要学生能把学到的知识讲清楚讲明白，那就是想忘都难，真的可以让学生"难以忘怀"。从初一到初三，罗老师就这样整整坚持了三年，而她的坚持带给全班同学的是彻头彻尾的改变：班上每个学生都能上台进行讲解，不仅让学生把知识学懂学透了，还锻炼了他们的口语表达能力，让每个孩子都具备了敢于上台的勇气。王鑫宇同学就是这个班学生的代表之一，在清泉学校完成了初中阶段三年的学习后，他以全区中考第一名的成绩顺利进入成都七中继续自己的学业。

5. 小组合作机制建设

对于小组合作学习机制，学校已经形成惯例，即针对每年的七年级新生，利用假期的国防教育（军训），规范学生的行为习惯，开学第一学月，建立各班级学习小组，完善小组合作学习的考核评价方案。

各年级各班，从七年级至九年级毕业，学生的座位坚持6~8人一组的小组合作学习的编排方式。部分老师开始不太接受，到现在已然成为习惯，不再需要检查与督促。彭雪莲老师班上的小组合作学习建设，在融入她自己的想法后已经形成了一套相当完备的操作模式。在她看来，小组合作学习能够帮助学生提高学习效率的同时，培养学生的学习情趣、合作意识、交际能力，又能为学生的终身发展引渡、铺路、架桥。彭老师是这样想的，也是这样做的。2013年以来，她的语文课堂坚持让学生进行小组合作学习已近10年。彭老师班上的学生在她的课堂熏陶和耐心引导下，几乎个个都能做到不惧表达、思路清晰、语言流畅，具备了良好的沟通、交流能力。同时也让他们的合作意识不断增强，整个班级学习氛围十分浓厚。而彭老师的小组合作建设经验，也成为每学年向新七年级推广的学习样板。

6. "一导三学"读本的开发

为了有效推进课改工作，学校的"一导三学"读本经历了从活页式到书本式，从语文、数学、英语、物理、化学五门学科先行试验到所有学科全面使用两个阶段。教导处坚持在每学期放假后组织各类组长和各学科教师在校内集中编审读本。目前，语文、数学、英语、物理、化学五门学科已经编制到第11期，道德与法治、历史、地理、生物学科已经编制到第10期。通过研培中心领导和各学科专家的审阅与修改，助推了学校"体悟5+1"课堂教学模式的成熟，对学校教学质量的快速提升起到了积极的促进作用。

7. 在曲折中前行

课改工作并非一帆风顺，很多老师尝试一番之后便偃旗息鼓。坚持，成为课改的痛点！学校的体悟式教学课程改革从2013年起至2019年止，大致经历了三个阶段。

第一个阶段：从2013年1月至2015年1月，这是一个艰难的过程。学校既要组织教师培训，转变观念，又要下功夫制定措施大力推进。为了稳步推进，学校决定采用以点带面的方法，先从年轻教师入手，然后逐步推广。2013—2014学年度上期在七、八年级4个班先进行试点，建立试验班级。通过一学期的示范，其他老师触动很深，有了参与课改的愿望。于是下期七、八年级所有班级全面参与了课改，到2014—2015学年度，初中段三个年级已经全面铺开。

第二个阶段：从2015年2月至2017年1月，这是一个收获与证实的阶段。通过2013年至2014年两年的探索与努力，老师们看到了成绩的上升，但这一阶段的成果还缺乏理论支撑。此时，区级课题《农村初中课堂教学有效性的实践与研究》将课堂模式作为重点进行研究，在相关专家的指导下，逐步构建了理论模型。学校的课改工作从第一阶段的摸索转变为由理论到实践的研究。这一阶段，学校的教学质量进一步上升。在区教育局领导的指导下，学校的"体悟5+1"教学模式于2015年1月31日在全区开展的教学模式交流会中得到高度认可。之后，小学段也逐步加入课改的行列，课改已然形成常态。

第三阶段：2017年2月至2019年，通过四年的课改实践，学校的教学质量由点到面，从部分到整体，都得到了明显的提升。课改工作要求由原来的"生动有效课堂"转变为"生动高效课堂"，实现减负增效，让学生学习轻松、快乐成长、全面发展。

8. 初尝课改的甜头

整个课改，学校采用的最常规的方式就是学月主题活动推进。教导处根据期初工作计划，有序地开展各类活动。同时，结合工作中出现的问题，临时也开展一些相关的研讨会、表彰会、经验交流等活动。如：

2013年至2017年，为了让教师们转变观念，适应新的教学改革，每一次骨干教师外出学习之后，都要召开一次"新课程改革推进工作暨外出学习汇报会"，经过骨干教师的交流汇报，老师们逐步建立了课改的信心与决心。

每学月召开清泉学校课改阶段研讨会，以教研组、备课组为单位开展组内交流、讨论，对本阶段课改工作进行总结、反思。

每学期开展各类生动有效课堂示范课竞赛活动。如名师示范课、组长示范课、骨干教师示范课等。

每学年召开"生动有效课堂"研讨会。以教研组为单位，各学科汇报本年度课改的收获与不足，并提出努力的方向。

近几年，学校安排了罗隆英、彭雪莲、曹桂萍、廖洪昭、李小芳、张国昭等10余名优秀教师代表，分别就年级管理、班级管理、学科教学改革、教研组建设等方面进行交流发言。

为表彰课改工作中的先进个人和先进集体，学校开展了"体悟式教学先进个人"和"体悟式教学示范班级"评选活动。这两项评选活动是对教师个人和集体的最大肯定，评选条件不光要看课堂效果，还要看学生检测效果。应该说，这两项评选活动激发了大多数教师的课改热情。

自实施课改以来，大部分教师改变了陈旧的教学观念，课堂上不再是"一言堂"式的独角戏表演，学生们有了自己独立学习的时间和空间，学习状态明显转变。尤其是"体悟5+1"教学模式的建立，课堂效果得到极大的改善：自学感悟使学生由要我学转变为我要学，小组学习促进了学生交流与合作的意识，课堂展示提升了学生的学习自信……总之，新的教学模式建构了开放的、充满生命力的课堂，让学生思维的灵性和生命的张力得以释放。近年来，学校坚持走课改之路，教学成绩直线提升，各年级在期末统考中均名列全区前茅。

2016—2017学年度

教学工作先进单位

成都市青白江区教育局
2017年12月

附：

课改示范班级课堂评价表

评价指标	评价要素	评价标准	权重
教学目标	目标明确（5分）	一级目标：需识记的内容；二级目标：需理解的内容；三级目标：需熟练运用的内容；四级目标：需拓展的内容；标高适度。	5
学生学习情况	学习过程（20分）	体现"体悟5+1"模式，灵活运用。	5
		学生小组合作讨论，互动、探究学习组织有序，协作良好，参与交流积极。	5
		根据学科特点组织学生展示学习情况，学生敢于展示，敢于表达自己的看法，让不同层次的学生得到展示的机会，参与面广；学生主体地位突出。	10
	学习效果（30分）	学会解决问题的方法，养成良好的学习习惯，综合能力有所提高。	10
		学生学习愉悦，积极性高，学习氛围浓厚。	10
		学生知识掌握情况良好，练习或检测效果佳，学生学懂学会达成度高。	10
教师指导情况	导学过程（25分）	导学案设计合理，导学作用明显，使用落实，有效。	5
		精讲10分钟左右；师生互动、生生互动、人机互动和谐合作。	5
		善于发现学生存在的问题并当堂解决学生学习中存在的问题。	3
		及时对学生、对小组进行恰当的点评与评价。	5
		课堂结构安排合理，重难点突出。	2
		要留给学生足够的时间思考、梳理、总结，及时进行教学效果的检测，检测练习的深广度设计合理、有效。	5
	教师素养（3分）	基本功扎实；关爱不同层次的学生，既要全面，又要注重个性差异；语言规范，亲和力强；应变能力强。	3
媒体资源使用情况	电子白板（5分）	结合学科特点运用现代化教学手段，实验教学、媒体应用及辅助手段的运用要科学有效。合理利用好、发挥好电子白板的优势功能。	5
	课件（5分）	有效开发和应用生成性教学资源自制课件且效果良好。	5
	板书（2分）	合理运用黑板进行板书，板书设计精简、美观，工整有序。	2
教学反思	小结反思（5分）	学习小结明确、具体，总结清晰、可行，努力方向和措施确切、有效、可操作。	5
总体评价			

二、提升："一驱四环三阶递进"课堂教学模式的成熟

1. 专家引领

清泉学校的课改之路从2013年开始，尽管一路艰辛，但学校课改的决心从未动摇，因为学校坚信，只有坚持走课改之路，学校才会得到长足的进步和发展。回顾学校第一阶段的课改历程，感慨万千，尽管改革取得了不错的成绩，但就像自然界一切事物都有其发展规律一样，有潮起就有潮落，有兴盛就有衰退。至2019年，老师们的课改热情减退，动力不足，课改进入了瓶颈期。

学校领导看在眼里，急在心里。2020年，钟德强校长在学校行政会上语重心长地说："课改必须坚持开展，任何困难都必须克服！"在钟校长的带领下，学校课改小组经过深入调研，和老师、同学进行深入交流，发现了问题的症结所在：

第一，老师们感到课堂上"体悟5+1"模式运用比较耽误时间，尤其是学生展示环节，不易掌控，学生普遍说得时间较长，课堂时间不够用。

第二，学生的成长是一个缓慢的过程，并不能直接通过分数很快体现出来，而学校许多老师过于着急，恨不得立刻见到成效，所以逐渐失去耐心，放弃了正确的道路，没有尊重教育的规律。

2021年，在李松林等专家的指导下，学校形成了以"体之以身，悟之以心"为核心理念，以"一驱四环三阶递进"为基本模式的课改体系。新的模式并不是对原有模式的否定，而是一种继承和发展。

"体悟式教育"即"体之以身，悟之以心"。所谓"体之以身，悟之以心"就是引导学生用身去体验，用心去领悟。其课堂教学的基本模式为：一驱四环三阶递进。"一驱"是指问题驱动，即以高质量的问题来驱动学生的好奇心、求知欲和探究欲，以高质量的问题来驱动学生的体验、领悟和实践。"四环"是指教学的四个核心环节：体验、深究、领悟、活用。"三阶"是指经验水平、理解水平和实践水平三个学习层次，就是引导学生依次从经验

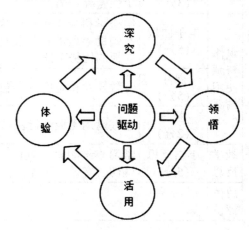

水平提升到理解水平和实践水平。

2. 在活动中推进

经过专家的指引，学校的动员，清泉学校终于拉开了第二轮课改序幕。学校仍然以主题活动为主要推进方式，营造课改氛围，加快课改进程。

2021年6月18日，学校召开了体悟式教学"一驱四环三阶递进"课堂模式探究活动。各学科课改骨干和学校行政30余人参加了本次活动。

研讨活动的第一个流程是示范引领。初中段数学骨干教师谢尺玉和小学段语文骨干教师李莎分别执教了一节七年级数学课《勾股定理》和一节五年级语文课《青山处处埋忠骨》，两堂课均围绕"一驱四环"课堂教学模式进行了精心设计。在核心问题的驱动下，孩子们在整个学习过程中显得主动积极，能力也实现了三个梯度的逐级提升。两堂课的设计框架和流程已初具"一驱四环三阶递进"的基本特征，为大家呈现了新课堂模式的基本雏形。

紧接着是思维碰撞环节，初中段和小学段各学科老师也纷纷发言，畅谈后期如何在学科教学中运用新理念新模式开展课堂改革。黄铭仁主任对课堂改革提出了指导性建议，并对后期工作进行了安排。周清荣副校长强调：课改的根本目的是要提高课堂效率，大家要更新观念，加强学习。课改不是几个人的事情，而要依靠整个团队的力量，才能行稳致远。钟德强校长对会议进行总结并给大家指明方向：第一，大家要统一思想，坚定推进课改的信念；第二，要善于学习，深刻理解体悟式教学的内涵；第三，扎实开展模式研究，要勇于探究勇于实践；第四，各学科课改骨干要勇挑重担，起到示范引领的作用；第五，学校将全力以赴做好后勤保障，为课改保驾护航。

研讨会现场

这次课堂模式研讨活动统一了思想，坚定了信念，鼓舞了士气，为顺利实施第二轮课改迈出了坚实的一步。

2021年秋季，学校趁热打铁，于12月初，开展了"一驱四环三阶递进"课堂模式推进活动。吴燕、李正艳、肖瑶、李想、王芹等7位青年骨干教师分别结合自身的课堂实际交流了具体落实体悟式教学模式的情况，他们既肯定了做得好的方面，也反思了不足之处。老师们的发言见解独到，理解深刻。交流最大的亮点，是王芹老师代表英语组详细介绍了英语学科不同课型的设计思路，他们对"一驱四环三阶递进"课堂模式的有效落实赢得了大家的高度认可。

为进一步深化认识，教科室赖万赋老师对体悟式"一驱四环三阶递进"课堂教学模式内涵进行了解读，他提醒教学过程应体现学生学习的自主性、实践性和探究性。彭雪莲老师对小组合作学习的建设与评价机制进行了详细介绍，并希望大家以此为模板，结合班级实际积极开展小组合作学习。黄铭仁主任对为期一年的课改情况进行了全面总结，对精彩课堂进行了表扬，也指出了老师们在开展各个教学环节的过程中存在的认识误区，并对后期课改工作提出了设想与建议。

2022年至2023年，学校在课改路上孜孜不倦，继续以各类活动为平台持续推进。这一时期，学校的课改再次呈现出了勃勃生机，老师们以极大的热情投入课改，课改成为教育教学的一种常规常态。

3. 科学构建

对于这一阶段的课改工作，学校主要立足课堂，重点从"驱动内在潜能"和"优化课堂结构"两个方面开展改革。

（1）驱动内在潜能

问题是开启学生思维的发动机，在学习的各个环节，教师要精心设计核心问题，达到"驱动"效应，促使学生参与体验与思考。一个高质量问题，需要结合学情适时抛出。首先问题表述要精准，紧扣教学目标。其次是由浅入深、难度适当，以便增强学生的自信心，激发学习兴趣，促进积极思考。体悟式课堂的核心问题不宜过多过细，应在关键环节合理设置。如当学生通过一定的体验而产生疑惑之时，及时抛出问题，随即引发共鸣，学生思维火花瞬间点燃，继而引导学生深入探究。需要强调的是，核心问题如果能让学生本人产生质疑，其驱动效果会更加明显。

白雪老师在执教《普罗米修斯》这篇神话故事时，是这样设计情境体验的：

师：通过前几学期的学习，你已经阅读了哪些中国古代神话传说？

生：《盘古开天地》《精卫填海》……

师：同学们积累得可真不少。今天我们要在古希腊神话故事中，认识一位新人物。他与……有关。

师：课件出示"火"：同学们，火给我们的生活带来了什么？谁来联系生活谈一谈。

生：火可以煮饭、烧水；火可以照明，给人们带来温暖；火可以……

师：同学们知道得真多！火是怎样来到人间的呢？那就让我们一起走进古希腊神话，走进《普罗米修斯》。

师：普罗米修斯是个怎样的英雄呢？今天这节课我们就来走近人物，感受他的精神魅力……

开课后，白老师从生活出发，让孩子们谈谈对火的认识和体验，通过师生互动，很快便激发了孩子们的共鸣，然后再抛出关键问题：火是怎样来到人间的？这更让孩子们充满强烈的求知欲，孩子们自然会迫不及待带着这个问题进入下一个环节的学习之中。不得不说，这是一个非常成功的开课案例，以生活体验为根基，以关键问题为驱动，孩子们的好奇心和求知欲得到完美激发。

（2）优化课堂结构

根据学科特点设计适宜的教学模式，整个教学环节才会有的放矢，才会帮助学生把内在的学习潜能激发出来。根据体悟式教学理念，各学科形成了以实践为核心的教学流程，即"体验—深究—领悟—活用"。体验，即引导学生去观察、感受、操作、尝试等，其目标是促进学生的经验积累和自主发现。深究，即引导学生在自我体验和自主发现的基础上，去展开更为深入的探究，其目标是帮助学生弄明白背后的原因和道理。领悟，即引导学生对解决问题的过程与方法进行归纳、概括和升华，其目标是帮助学生领悟学科思想方法。活用，即引导学生迁移运用所学到的知识去灵活地解决问题。

来看看另一位语文骨干老师郑丽设计的《火烧云》三个片段：

学习活动一：赏颜色之美。1.自由小声读第三自然段，抓关键词体会火烧云颜色变化的特点，和同桌交流。2.生交流汇报，师随机指导：（1）从"变化极多""一会儿"等词语感受到火烧云颜色变化快。指导朗读，归纳读法：抓关键词，提炼信息，品读悟法。（2）"这些颜色"指哪些颜色？这些颜色说明了火烧云颜色变化多。（3）总结：作者围绕火烧云的颜色，从颜色变化多、变化快两方面来写。指名朗读。（4）仿说：这地方火烧云变化极多，一会儿（　　　），一会儿（　　　），一会儿（　　　），一会儿（　　　）。（　　　）、（　　　）、（　　　），这些颜色天空中都有。引导学生观察文中写颜色的词语结构，仿照填空后朗读。

......

学习活动三：写形状之妙。1.出示火烧云图片仿说：一会儿，天空出现了_____，_____，_____。过了两三秒，_____，_____，_____。看的人正在寻找_____，_____变模糊了。2.展开想象，火烧云还可能是什么形状？请围绕"出现—样子—变化—消失"四个方面来写一写。生写作，师巡视指导、点评。

学习活动四：拓展阅读。推荐阅读：《观日落》请思考：文章从哪几个方面写了日落的特点。

"新课标"强调要引导学生形成主动积累和梳理语言文字的意识，掌握语言积累和梳理的方法，这一教学环节，是学生"深究"和"领悟"的环节。在教师指导下，学生积累文中表示颜色的词语，发现构词规律。并以"读"为主要学习方式，学生人人读，反复读，多层次读，将单调的语言文字知识变成了灵活的语言实践活动，为学生积累丰富的语言材料和语言经验奠定了基础。围绕"火烧云的颜色，从哪几方面写?"的探讨，直指本课核心问题。

"体之以身，悟之以心"，体悟式课堂教学设计，要引导学生在自我体验和自主发现的基础上，对知识点的学习方法进行归纳，在深究过程中领悟学科思想方法，在迁移运用中形成能力。

（3）"一导"与"三学"

在重点打造课堂教学模式的同时，学校也积极开展对体悟式教学评价的研究。一是对教师的"教"，二是对学生的"学"，均提出了相应要求。

对教师"教"的要求。

问题驱动。贯穿教学各个环节，是教师引导的具体体现。问题驱动是以学生为主体，以各种问题为学习起点，以问题为核心规划学习内容，让学生围绕问题寻求解决方案的一种学习方法。教师在此过程中的角色是问题的提出者、课堂的设计者以及结果的评估者。问题驱动教学法能够提高学生学习的主动性，提高学生在教学过程中的参与程度，容易激起学生的求知欲，活跃其思维。

教师引导。课堂教学在以学生为主体的前提下，教师的引导作用不能被忽略。学生的学习有赖于教师的引导和指导，尤其在学生把握不了学习方向，或者对知识感到迷茫的时候，教师应及时加以点拨。教师的点拨需要讲究技巧与方式，应该具有较强的启发性，引导学生去思考和探究，而不是直接给出结论。

对学生"学"的要求。

"三学" 则是体悟式教学中构建新型学习方式的高度概括，这是基于对体悟式教学"元认知"理论的具体理解和运用，即在各个学习环节中激发学生内在学习潜力，最终以自身领悟的方式达到学习和提升的目的。

体验性学习。体验性学习是学生最基本的学习形式，是指学生在教师创设的教学情境中，或生活实践活动过程中，通过反复观察、实践、练习，对情感、行为、事物的内省体察，最终学到知识，掌握某些技能，养成某些行为习惯，乃至形成某种情感、态度、观念的过程。体验性学习同样体现在各个环节中，有利于培养学生独立思考的习惯和能力。

探究性学习。指学生在学习过程中选取某个问题作为突破点，通过质疑、研究、分析、研讨等探究学习活动获得知识的过程，体现在教学过程的各个环节当中，其最大的特点是学生的自主参与，在自发的学习动机的基础上，去感受学习的过程，通过亲身体验与探究从而得到需要的结果。

反思性学习。是通过对学习活动过程的反思来进行学习，反思是对自己的思维过程、思维结果进行再认识的检验过程。它是学习中不可缺少的重要环节。当代建构主义学说认为：学习要在活动中进行建构，要求学生对自己的活动过程不断地进行反省、概括和抽象。反思可以发生在整个学习过程中的任何一个环节，以便及时检验学习的有效性，及时调整学习状态和策略。

层级提升，学生通过独立体验，反思巩固后形成了经验，这个过程就是由无知到有知、生疏到熟练的过程，在这个过程中，由于学生思维通过亲身的体验得到验证，最终获得方法上的提升，取得学习上的进步。

4. 完善评价机制

对师生的教与学提出了核心要求后，学校重点制定了学生评价体系。学生评价体系必须符合"为党育人，为国育才"的总体目标，符合全面发展的原则。在这个基础上，以"实践育人"为核心理念，以"体悟式教学"为理论依据，构建符合学校实际的评价机制，打造"进步即优秀"的评价理念。

"进步即优秀"是清泉学校的评价理念，学校对学生评价建立在这一理念的基础之上，这一评价理念以促进学生的成长为前提，既充分重视了学生学习的过程，也充分考虑了学生学习的结果，整个评价理念以激励为主，对不同层次的学生均体现了评价的公正性、公平性和激励性。

清泉学校体悟式课堂教学评价主要体现在教师评价和小组评价两个方面。

对于教师课堂评价，重在运用评价这一杠杆，激发学生学习动机，激励学生学习行为，通过多样化评价手段、标准等的应用，使学生更积极主动地参与课堂教学活动,真正在课堂教学中有所获、有所得。

课堂评价案例一:《四个太阳》教学片段(执教:张中明)。

师:孩子们,课前我们已经预习了这篇课文,下面我请同学来读一读这篇课文的生字词语。

生:(声音洪亮,正确流利地朗读了生字词语)

师:(评价)这位同学读得既准确,又流利,而且声音还很洪亮。可见这位同学进行了认真的预习,希望其他同学能向他学习。让我们把掌声送给他。

师:哪位同学愿意和他比一比,再来读一读这些生字朋友?

生:(增加了口令:请你跟我一起读,声音洪亮,流利)

师:你是一位善于思考的孩子,懂得吸引同学们的注意力,词语读得很有节奏感,让我们为这位同学点赞!(全班点赞)

师:接下来,让我们一起来读一读这些生字,相信你们是最棒的!

在教学中,教师的评价应该诚恳,饱含真情,通过丰富的评价语言,让学生在平等、和谐的氛围中,品味成功的喜悦,增强学习的自信心。在课堂中,要用鼓励的语言去评价孩子:"相信自己,你一定行!""再努力一点,你就成功了!""你是一个会思考的孩子。""你有一双会发现的眼睛。"这样的评价会让学生内心得到满足,会有成就感,更愿意参与到课堂中,得到老师的认可。老师灵敏、生动、丰富的课堂评价,让学生如沐春风,课堂内总是欢声笑语,如此生动、亲切的语言,学生听后怎么会不受感染,不受鼓励呢?一个个教学高潮就这样形成了。

课堂评价案例二:《小壁虎借尾巴》教学片段(执教:张中明)。

师:同学们,小壁虎的尾巴断了,很伤心,他会向谁去借尾巴呢?让我们读一读。

生:(学生自由读对话)。

师:老师被同学们这种认真的态度所感动,相信你们还会做得更好。下面就让我们帮助小壁虎,去借一条尾巴吧。(出示小壁虎与燕子的对话。指名学生进行朗读)

生:(学生朗读不太流利。)

师:你很勇敢,老师很高兴听到你的朗读,但是有些地方还需要得到同学们的帮助,谁愿意来帮助他?让他得到更大的进步?

生:(学生积极地举手,想来帮助这名同学)

196

师：你是一位乐于助人的孩子，你来读一读吧。

生：（学生大声朗读）

师：谢谢这位同学的帮助。通过同学的帮助，你愿意再来试一试吗？

生：（学生再次进行朗读）

师：读得很棒！声音洪亮，吐字清晰，比之前有了很大的进步。你是一位乐于学习的孩子，让我们为他喝彩！

师：老师相信你们都是最棒的！接下来让我们看看小壁虎借到尾巴了吗？

作为老师，要以关心、关爱、理解、赏识的心态评价孩子，让孩子积极、乐观自信地参与到课堂中，应该看到孩子的每一次进步，学生答得好，及时表扬；学生回答得不好，要及时鼓励，不让孩子难堪，在和谐的氛围中，保持愉悦轻松的心情，让学生品味到成功的喜悦。但是，在对学生鼓励时还要因人而异，同一个班的学生在智力、品德、个性等方面往往存在差异，因此，我们对他们的评价也要有所区别，赞赏优秀学生，肯定鼓励中等生，宽容表扬后进生。如果说一堂成功的课是一曲动人的交响乐，那么课堂评价就是这首音符中震撼心灵的完美音符。每位老师要用科学的评价引导学生，用智慧的评价激发学生，用艺术的评价唤醒学生的热情，相信每一堂课都有它自身的价值。

除了教师课堂上对学生饱含深情的评价，体悟式课堂教学也设计了小组内学生之间的相互评价，在每节课的小组学习过程中，轮值组长会对每一位成员进行学习过程评价。评价的要素包括：听课情况、发言情况、互动情况、作业情况、检测情况等几大板块，以学月为单位进行统计表彰。

项目　　成员	听课	发言	合作	作业	检测
成员甲					
成员乙					
成员丙					
成员丁					

根据小组合作学习制度，课堂上，教师也会对各个小组进行评价，学校在每个班的固定位置设计了课堂评价表。

体悟式教学是清泉学校在教学改革进程中的一个有效举措，也是将教改理念与本土实际结合的一次有益的尝试。实践证明，教学改革一定不要盲从于某一种理念或某一种模式，必须结合自身实际，在不断地实践与反思中取得成果，当然，清泉学校以"泉文化"为本源构建的体悟式教学还存在必然的不足之处，教学改革永远在路上。

在近几年的课改中，学校结合"双减"政策，强化质量意识，深化课堂教学改革，始终以"一驱四环三阶递进"的课堂教学模式为主线，以各科"一导三学"为载体，以教师为主导、以学习小组为单位，引导学生自主学习、合作探究、巩固提升，从而推进教学改革。通过理论学习与课改实践，课堂课改逐步突破瓶颈，在"双减"背景下，为课堂"提质增效"找到一个很好的突破口。课堂教学质量的有效提升，促进了学生学业质量的显著提高，学校教学质量已步入全区前列。

附：

"一驱四环三阶递进"课堂教学设计示例：利用全等三角形测量距离

基本信息	学校名称	清泉学校
	授课对象	初二学生
	课程名称	数学
	授课题目	利用全等三角形测量距离
	授课教师	张发明
教材理解	表层的学科基础知识	全等三角形的基本原理
	深层的学科思想方法	模型化思想；等量转化方法
学情分析	前理解	学生已掌握三角形全等的判定和性质，并初步具备解决简单问题的能力
	触发点	全等三角形的性质的应用
	困难处	学生从生活实际中，抽象出数学模型和全等三角形的构建

续表

学习目标	知识目标	全等三角形的基本原理；全等三角形的实际作用
	能力目标	能够利用全等三角形测量距离
	情感目标	形成运用数学观察、分析和解决生产生活问题的兴趣与习惯
学习内容	必须记住的知识	全等三角形的基本原理
	重点理解的知识	构造全等三角形的方法及其根据
	较为困难的知识	不同情况下构造全等三角形的方法及其根据
核心问题（三选一）	习题式问题	
	课题式问题	如何运用全等三角形测量生产生活中的距离
	项目式问题	没有任何测量工具，而且只剩下最后一枚炮弹，如何为李云龙的部队成功炸掉敌人的指挥所设计一个距离测量方案
学习过程	体验	引导学生独立思考和发现测量距离的方法及理由
	深究	引导学生借助全等三角形的原理探究构造全等三角形的不同方法
	领悟	引导学生进一步领悟构造全等三角形用到的基本思想方法，即模型化思想和等量转化方法
	活用	设计更多的问题，引导学生运用构造全等三角形的思想方法去迁移运用，以挖掘学生的潜力
作业设计	记忆巩固类作业	如图，$\triangle AOB \cong \triangle ADC$，$\angle O = \angle D = 90°$，记 $\angle OAD = \alpha$，$\angle ABO = \beta$，当 $AO /\!/ BC$ 时，α 与 β 之间的数量关系为（ 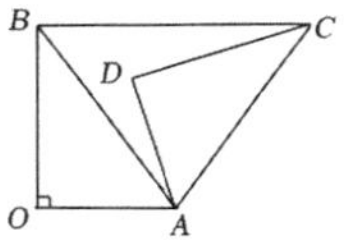　　） A. $\alpha = \beta$　　B. $\alpha = 2\beta$ C. $\alpha + \beta = 90°$　　D. $\alpha + 2\beta = 180°$ ……
	迁移运用类作业	1. 如图，$\triangle ABC \cong \triangle FDE$，$AB = FD$，$BC = DE$，$AE = 20\text{cm}$，$FC = 10\text{cm}$，则 AF 的长是____ cm。 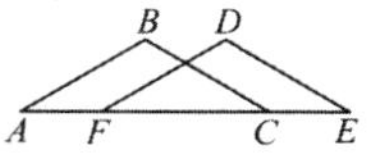 2. 已知 $\triangle ABC \cong \triangle DEF$，$\triangle ABC$ 的周长为 12，$AC = 4$，$EF = 3$，则 $AB = $ _____。 ……

续表

教学反思	目标达成情况	1. 通过组织学生开展小组成员间的交流和讨论，学生对三角形全等的原理加深了理解 2. 学生能够运用三角形全等的知识解决简单的生活实际问题，顺利进行数学到生活的知识迁移
	问题、不足及改进点	1. 学生在从生活实际中抽象出数学模型的能力方面还比较欠缺，利用建立数学模型来解决实际问题的能力还需要进一步培养 2. 学生在运用三角形全等的知识解决较复杂的数学问题方面的困难比较大 针对上述问题，可以在今后的教学工作中，让学生多对生活实际的问题进行思考，并鼓励学生运用数学知识解答相应问题

第五节　实施体悟式教学的有效载体

"在一个崇高的目的支持下，不停地工作，即使慢，也一定会获得成功。"

——【德】爱因斯坦

苦练内功，凝心聚力，研究载体，扶摇借力。清泉学校以"体悟"为核心理念，以"一导三学"为载体，以"小组合作"为重要的学习方式，在课改的道路上笃定前行。

一、高质量学习的法宝："一导三学"读本的开发与使用

初中段数学组在"一导三学"读本的使用上，已经有了11年的经验，并形成了一套自己独有的方法。在课改交流会上，数学教研组长张发明老师以八年级上册的第四章的第1课时《一次函数的图像》为例，向大家介绍读本的使用方法：

我们的导学案主要是针对新授课而编写，它的使用一般说来共六个步骤。

第一步，我确定好次日要上新授课《一次函数》，便通知同学们先浏览"课前体验"板块，了解本课学习的主要知识点，带着问题对教科书第75至第82页的内容进行自学预习。

第二步，同学们结合预习的情况，回答学案中"课前体验"板块中提到的问题，对预习的知识点进行初步的归纳整理，同学们对函数的定义、表示方法以及一次函数的定义有了初步的了解。

第三步，经过课堂学习，对"课前体验"板块整理的的内容进行修订和复习，逐步梳理本堂课的重要知识点，对函数的定义、表示方法和一次函数的定义有了更准确的理解。然后借助小组合作学习的方法，有目的地开展成员间的讨论和交流，进行课堂知识的深入学习，并回答"课内深究"板块所提到的问题，对函数

的唯一性、一次函数与正比例函数的关系有了清楚的认识。

第四步，引领和指导同学们尝试解决"领悟展示"板块中设置的问题，并且进行板书示范。根据学生的学习情况不同，本板块中的问题分为了三个层次，由易到难分别是"基础达标""能力提升"和"知识拓展"。老师会对不同层次的学生提出相应的学习要求。

第五步，同学们运用当堂所学的知识和技能，完成"活学活用"板块的练习，达到巩固的目的。

第六步，让同学们对《一次函数》的知识进行回顾和小结，并要求同学们对学习过程进行反思，完成"课堂反思"板块。

在整个学习过程中，导学案贯穿始终，大大提高了课堂效率。其中"课前体验"重在自主学习；"课内深究"是关键，重在探究；"领悟展示"重在成果交流；"活学活用"重在升华提高。

1. 开发读本的缘由

新课程改革的一大重心是教学方法的变革。教师的"一言堂"已成为过去。自主学习、合作学习、探究学习等一系列新型学习方式被大力倡导，在其背后起支撑作用的乃是一个核心理念，即把课堂还给学生，重现学生的学习者主体地位。为了让学生成为学习的主人，很多一线老师开始思考：怎样的课堂教学模式才能实现学生的主体性。在这种特殊的背景下，"学案式"教学以其特有的新颖性、实用性、高效性和易操作性受到很多老师的关注。

学案是教师为学生设计的有目标、有流程、有题例的课堂学习活动方案，是教师站在引导学生自学的角度上，对教材作二次加工而编写的适合学生学习的文本。学案成为教师教学有力的辅助工具，也是学生学习的文本；是教与学最佳结合的载体，也是教与学同步操作的方案。有了学案，我们应如何引导学生学习呢？于是出现了"学案导学"这种新型的教学形式，它旨在通过学生的自主学习，培养学生的自学能力，提高教学效益。所谓"学案导学"是指以学案为载体，以导学为方法，以学生自学为主，教师引导为辅，师生共同合作完成教学任务的一种教学方式。这种方式一改过去老师单纯的讲，学生被动的听的"满堂灌"的方式，充分体现了教师的主导作用和学生的主体作用，使主导作用和主体作用和谐统一，发挥最大效益。2013年，清泉学校开发的"一导三学"读本，即学案，以"体悟式教育"为核心理念，在教师的指导下，学生开展体验性学习、探究性学习和反思性学习。"一导三学"读本体现学生主体和教师主导的教学关系，同时充分地体现学校"在体验中学习，在学习中领悟"的育人理念。"一导三学"读本至今已编写了11个版本，由于不断地在实践中改进完善，读本日臻完美，并形成了一套符合学校实际的编写与使用规则。

（1）**基本原则**

主体性原则；探究性原则；层次性原则。

（2）**基本要求**

应该具备明确的学习任务目标；

应帮助学生梳理知识结构体系；

应为学生提供适当的学习指导；

应突出导学功能避免习题模式；

应突出学科特色适应各类课型。

（3）**编制流程**

编制计划—明确任务—轮流主备—备课组复备—教研组校审—教导处终审。

（4）**使用要求**

学生进行课前预习；

教师检查预习情况；

学生做好课堂记录；

教师反思课堂教学；

师生保存学习记录；

期末修改调整学案。

借助"学案导学"这一策略，将教材有机整合，精心设计，合理调控课堂教学中"教"与"学"，从而极大地提高了课堂教学效率。学生通过自主、合作、探究、交流、展示、反馈等学习活动，真正成为学习的主人。

2. 在各学科中开花

各学科"一导三学"读本在多年的使用和修订过程中，形成各自的特色，对学生学科素养的养成起到了重要作用。如《道德与法治》学科具有以下特征。

第一，展示课堂学习目标和学习重难点。使用操作性、观测性更强的融合式课时目标。将较难把握的"过程与方法""情感态度价值观"二维目标与"知识技能"紧密联系起来，形成便于操作和观测的融合式课时目标。

第二，通过"快乐预习"，让学生在自学的基础上初步掌握学习的内容。从整体上把握学习内容的线条。

第三，以"活动元"为基本单位，以学生自主学习、探究学习和合作学习为基础，合理地利用"活动元"来改变以往过于强调"接受学习"的教学，使学生在收集和处理信息，交流与合作以及问题解决过程中主动参与，乐于探究，从而获得新知识。

第四，科学地利用"课后练习"不同层次的习题，让不同层次的学生有所收获。习题完成后，趁热打铁，针对重点知识，易错、易混部分，提炼解题方法和技巧，巩固学习成果。

第五，通过"课后反思"，师生反思教学和学习的过程中的得与失，不断改进和提高。

又如《物理》学科读本，则有以下特色：

全——知识点覆盖全面、信息量大。涵盖了新课标的各级内容，内容丰富，题量充足，面向全体学生，体现了"一册在手，学习内容全有"的编写思想。

实——该读本紧扣教材，适用于初中学生，内容由浅入深，由易到难，学生多学精练，学习效果明显。

新——本书兼具了课堂笔记，课后作业、阶段单元检测的功能，使教和学完美结合，使学生学得轻松、愉悦，体现了学生学习的主体性。

经过多年的努力，各科读本逐步完善，成为清泉学校落实教改，提高教学质量的法宝。"问渠那得清如许，为有源头活水来。"我们将继续探索课改的奥秘，开辟课改的航道，追寻课改的真谛。让课改走进心灵，撞击心扉。我们在用心浇灌着课改之花，我们始终坚信，只要是有心的教育者，最终都能在课改的艺术殿堂里，塑造自己完美的作品！

"一导三学"读本

二、从开展活动到任务驱动：小组合作机制的构建与提升

清泉学校的智慧教室里，数学骨干曹桂萍老师正在执教一节公开课《一次函数》。

教室里的桌子摆放很特别，四张桌子紧挨在一起，共有6组。每组有6~8个同学。这是小组合作学习的最典型的课桌摆放方法。

只见同学们以组为单位，或站立，或坐着，他们正在热烈的交流。曹老师一会儿在这个组倾听，一会儿在那个组指导，忙得不亦乐乎……

此时的黑板上，曹老师给大家展示了两个问题：

第一，对于一次函数 $y=2x+3$，当自变量 x 的值增大时函数 y 的值有什么变化？对于一次函数 $y=-2x+3$ 呢？

第二，观察图中各个一次函数的图像，你发现了什么规律？

原来曹老师根据这两个问题，正在组织大家开展小组合作学习呢。

曹老师告诉大家：我们已经知道，一次函数的图像是一条直线，因此，画一次函数 $y=kx+b$ 的图像时，只要画出图像上的两个点，就可以画出这个函数的图像了。请以小组合作的方式完成下列问题：

第一，分别画出函数 $y=2x+3$，$y=-2x+3$，$y=\dfrac{1}{2}x$，$y=-\dfrac{3}{4}x+3$ 的图像；

第二，观察各个一次函数的图像，你能得到哪些规律？

于是小组组长安排组员第一步：每人分别画其中的一条直线，思考其中的规律。第二步：每人把发现的规律与同伴交流，并利用同伴的图像验证自己发现的规律；讨论、归纳所发现的规律，形成小组的观点，并用文字表达。第三步：小组派代表汇报结论。

在这个小组合作学习的设计中，比较明显地体现了合作意识的行为表现：从分工到合作，其中包含了对同伴的信任，如每人承担其中的一部分任务；同伴的相互帮助、鼓励，如速度慢的、不会画图像的，可以得到同伴的帮助；和谐的人际关系，如与同伴交流发现的规律、利用同伴的图像验证规律；集体的力量，如讨论、归纳所发现的规律，形成小组的观点，还有由此产生的合作意识、合作能力等。

学习金字塔理论把不同学习方式按照学习内容平均留存率的高低进行排序，金字塔的上面为被动学习部分，包含听讲、视听，其学习内容的留存率分别为5%和20%；金字塔的下面一部分为主动学习，包含讨论和教授他人，其学习内容的留存率为50%和90%。曹桂萍老师在数学课堂上以提高学生学习留存率为目标导向，以小组合作学习为突破口，力求改变传统课堂中以老师讲学生听为主的被动学习，转变到以老师精讲少讲，学生小组讨论、讲解为重的主动学习。主要做法有：一是学生差异化分小组，每小组6人；二是对知识生成的重点环节、难点环节进行小组讨论；三是小组内"小老师"对讨论的问题进行组内讲解；四是及时对小组考核反馈，构建小组学习共同体，提高小组学习积极性。

在体悟式教育理念的倡导下，以小组为单位进行合作学习，不仅能突出学生的主体地位，培养主动参与的意识，激发学生的求知欲，还强化了对自己学习的责任感和对同伴学习进展的关注。小组合作学习也能为学生提供一个较为轻松、自主的学习环境，提高学生创造思维的能力，真正做到让学生在体验中学习，在学习中领悟，从而实现我们的体悟式教育的理念。

1. 小组建设

我们在学习杜郎口中学和天卉中学的模式基础上，结合自身实际，经过长期的摸索与实践，建立了一套我们学校独有的小组建设和评价体系。那么，如何进行小组建设呢？首先是小组各方面的搭配，要精心策划。

（1）男女比例分配要合理

有的老师分配小组只是简单地按成绩分，没有结合班级内学生的性别比例进行合理搭配，这是非常不科学的，要想让小组的效益最大化，还必须注意小组内成员的性别搭配，也就是男女生比例要合理调配好。这样做有几点好处：一是便于劳动时合理分工。我们大部分的卫生都是由学生亲自去打扫，宿舍、卫生区、教室，如果男女同学比例不均衡，有时打扫卫生就成问题。二是思维的互补性。一般情况下男同学抽象思维较好，敢想敢做，思维跳跃性大；女同学形象思维较好；男同学粗心大意，女同学细心认真。这样男女同学搭配，会让他们在各方面的工作中都有一个很好的互补。三是便于竞争。小组学习既竞争又合作，如果男女比例搭配合适，老师可以在小组评比的基础上再开展男女生比赛，以此来最大限度地激发调动学生的积极主动性。

（2）学生性格搭配要互补

无论是在分班还是在分组时，老师应该注意学生性格的差异，尤其是开放性的课堂，如果不把外向内向性格的同学搭配好，那么小组的同学在课堂中便不能很好的配合，让各小组都能获得展示的机会。所以老师必须把外向的同学平均分配到各个小组中，只有这样才能让外向的同学带动内向的同学，从而得到更好的提升。作为老师更应该不断地对同学进行指导，让他们在课堂中能够充分地展示自己，把自己靓丽的一面展示出来，只有展示才会有提升，因为这样你才会得到不断的完善。

（3）优势与弱势学科要互补

小组互助式教学，有助于同学间的互帮互助，那么老师在排位时更应该注意，在同一个小组内，应该让数学、英语、物理、化学等各科都有带头人，否则容易造成难以交流，难以帮扶的情况。老师应该结合学生的学科成绩，把各小组的同学根据学科优势和劣势进行合理的微调，这样更便于帮扶与交流。

（4）座位的安排要合理

兵练兵、兵教兵、兵强兵是学生合作学习最好的效果，老师应该为同学们创设这样的机会，因此在座位的安排上应该有所规划，同一小组内，优生可以相互探讨，后进生也可以随时请教。一般来说，我们座位的排布是优秀生居中（通常是正副组长），中等程度和待转化同学在两边，这样优生与优生可以随时交流，优等生与待转化同学也可以随时进行交流。

（5）具体分组方法

每班以6个小组为宜，每组6~8人（每组学生编好座位后每个学习小组8人中，按照学生知识基础、心理特征、性格特点、兴趣爱好、学习能力、家庭情况等分为A、B、C三类，A类学生我们称作特优生，B类学生称作优秀生，C类学生称作待优生，A、B、C三类学生既有个性发展的共性，又有学习程度上的差异性）。在学习过程中，可以实现A对A、B对B、C对C的分类合作交流，使学习更具有明确的针对性，同时，可以实现A教B、B教C的目的，使每个人都能实现"最近发展区"的学习目标。这样分组，提供了A与A、B与B、C与C的交流合作条件，又有利于A帮B、B帮C，充分利用了学生间的差异资源，进一步优化了班内、组内学生学习的最优学习环境，达到了共同进步的目的。

（6）阶段性随机调整搭配

小组内成员固定好后，并不是一劳永逸、一成不变的，经过一段时间的观察、评比，也许会因为当初小组初建时无法预设的情况，小组成员之间的配合、小组之间的实力出现一些问题，这时老师就应该及时地进行调整。该协调的协调，如果协调还不行，就应该考虑对座位进行调整，决不能怕麻烦，任其发展下去。

2. 组员设置

小组内成员的具体设置，每个班有每个班的特色，但一些基本的设置已经达成了共识：

①正、副组长各一名：正组长主抓全面工作，副组长侧重于纪律、卫生等方面的工作。

②人人组内科代表：根据学生各科成绩的不同，设置组内科代表，每人负责1~2科的作业收缴和作业检查工作。

3. 组长选拔

在合作学习中，小组长是小组活动的灵魂，既是小组活动的领导者，又是小组活动的组织者，同时又是教师的小助手，小组长在小组合作学习中具有举足轻重的作用。只有明确了小组长的职责，开展系统有效的培训，充分发挥小组长的作用，小组合作学习才能真正产生实效。

学习要优秀。小组长是一个管理者，无论是在学习还是在生活方面的作用都很关键。小组长在各方面必须能够起到带头引领作用，小组长的选拔必须考虑他的学习成绩，如果学习成绩不好，即使再负责任，也不会被同学信服。小组长不一定是学习成绩最好的，但必须是佼佼者，只有这样才能服众，自己在小组管理方面才会有号召力，才能把整个小组管理好。

情绪较稳定。小组长不但学习成绩要好，性格应该比较坚韧，情绪要比较稳定。小组长事务繁杂，很考验一个人的耐心和细心。情绪稳定的小组长会不懈努力，永不言弃，带领小组披荆斩棘。

责任心要强。一个优秀的小组必然有一个责任心很强、组织管理能力较强的小组长。如果小组成员学习不投入、不认真，课堂展示中不参与，小组长应该及时发现及时进行整改，否则，学生的学习效果不会好。所以老师在选小组长时，必须挑选责任心强的同学，至于组织管理能力，老师可以在以后的工作中对小组长进行专门培训，通过后天的培养锻炼小组长的管理能力会得到一定程度的提高。

自我要求要高。小组长要管理好自己的小组，必须以身作则，在平时的学习中投入度高，在课堂中积极参与，勇于展示，做事严谨认真，要做到自身标准要高。一头狮子带领的绵羊会很勇敢，一只绵羊带领的狮子绝对强不了。

总的来说，小组长在小组建设中起到了至关重要的作用，根据学生素质能力的不同，可以适当降低选拔要求，但原则上是本班级中较优秀的人担任。

有合作就有竞争，组内竞争，组与组之间的竞争，有竞争就有考核，有考核就有各类评比表等。只有把小组合作学习深化到课堂的每一个环节，才能充分发挥学生的积极性和创造性，发挥教师的主导作用，构建高效课堂。

附：

学生评价周统计表

组别	项目	星期一	星期二	星期三	星期四	星期五	小计
一组	学习						
	纪律						
	卫生						
	其他						
	小计						
二组	学习						
	纪律						
	卫生						
	其他						
	小计						
三组	学习						
	纪律						
	卫生						
	其他						
	小计						
四组	学习						
	纪律						
	卫生						
	其他						
	小计						
五组	学习						
	纪律						
	卫生						
	其他						
	小计						
六组	学习						
	纪律						
	卫生						
	其他						
	小计						

三、与时俱进的体悟式教学："双减"与新课标的时代要求

体悟式教学紧跟时代步伐，在"双减"背景下，积极落实新课标理念，不断完善自己的理论建构。

1. "双减"背景下的体悟式教学：提高效率，提升质量

2021年7月，中共中央办公厅、国务院办公厅印发《关于进一步减轻义务教育阶段学生作业负担和校外培训负担的意见》（以下简称《双减意见》），明确提出"全面压减作业总量和时长，减轻学生过重作业负担"的要求。"提高作业设计质量"既是"双减"的要求，也是"双减"的重要手段。《双减意见》明确指出要在减少学生作业总量和时长的同时提高作业质量。我们敏感地意识到，这是一个契机，为进一步深入推进课改提供了强大的政策支撑。为全面落实"双减"工作要求，进一步推动课堂教学改革，完善体悟式教学模式，助力教学质量提升，学校多次召开专题会议讨论改革策略。最终形成两个共识。

第一，课堂是"减负增效"的主阵地。要提高教学质量，必须聚焦课堂，积极改革课堂教学，提高课堂教学效益。

第二，严格落实"双减"要求，制定作业管理制度，在减少学生作业总量和时长的同时提高作业质量。

抓好课堂是关键，在"双减"背景下，结合学校"一驱四环三阶递进"的课堂模式改革措施，我们将"双减"与"课改"深度融合，合二为一，创造性地开展教育教学工作。在近两年的课改实践中，学校主要开展了以下相关工作：学习"双减"文件，落实"双减"精神；制订"双减"方案，落实"作业"管理；强化课改理念，转换"教学"思想。

学校利用每周一次的周前会，两周一次的组长会，一月一次的教学质量分析会对老师进行"双减"培训。老师学习后，在教育教学中积极实践，不少教师撰写了"双减"论文、案例和反思，"双减"精神得到有效落实。结合"双减"文件和教育部"五项管理"要求，学校制订了《清泉学校关于落实"双减"和"五项管理"工作实施方案》，方案对学校如何落实"双减"政策和"五项管理"工作提出了具体的要求。我们结合体悟式教学理念，进一步深化教师思想：凡是学生能自主探索的，老师绝不代替；凡是学生能独立发现的，老师绝不提示；给学生

多一些思考时间、多一些实践空间。

在学校的高度重视下，在全体教师的有效执行下，学校课改在"双减"政策的加持下取得了良好的效果。

（1）论文成果获丰收

大批高质量的作业设计案例、论文如雨后春笋一样蓬勃生发。如陈怡和周庆老师的论文《"双减"背景下初中英语作业设计原则与实践》获得成都市论文评选二等奖，吴燕老师的《"双减"背景下农村小学高段以经典阅读平衡手机快文化的研究》获得成都市论文评选二等奖，张中明、陈中兰老师的单元作业设计案例获四川省作业设计评选二等奖。共计30余篇案例或论文获省、市、区表彰。

（2）区域联动促进步

顺利组织了成都市区域教育联盟第三联盟"3R学校发展共同体"双减下的教学研讨活动。2023年3月，清泉学校举办了"3R学校发展共同体""双减"下的教学研讨活动，共同体的五所学校如约相聚，共同参加本次研讨活动。活动中，杨璐莹和李正艳两位老师分别执教了语文课《匆匆》和数学课《圆锥的体积》，五所学校的领导和老师对两节课给予高度评价。之后周清荣副校长针对课改成果"一驱四环三阶递进"教学模式做了详细的阐释，这让参会的老师对清泉学校的课改历程有了一个更加深刻的认识，对清泉学校近年来教学成效有了一个更清晰的了解。

周清荣副校长解读教学模式

（3）固化改革成果

圆满主持了清泉学校"双减"成果资料汇编工作，自觉固化跟"双减"政策相关的实践成果。2023年7月，学校成立"双减"成果汇编工作小组，在工作小组的努力下，圆满完成了《双减，我们在行动》成果汇编。这些工作结合清泉学校体悟式教学展开，极具清泉特色。此举旨在促进"双减"政策在清泉学校扎扎实实落地，也在很大程度上发展了、丰富了体悟式教学的内涵。

2. 体悟式教学与新课标：保全兴趣、挖掘深度

2022年，教育部印发了《义务教育课程方案和课程标准（2022年版）》（以下简称"新课标"）。新课标一般十年印发一版，本次新课标涉及16门具体学科。清泉学校老师开展集体研读活动，将新课标与之前的版本做对比，大家感受最深的是，不管这个时代有多卷，义务教育阶段呵护孩子的学习兴趣，保障孩子的基础积累依然是重中之重。只有在基础积累的基本功练到位，孩子对该学科的学习兴趣得到充分的保障的前提下，才可能沉淀出核心素养的内功。各门学科都在重视核心素养的培养，体悟式教学在新课标的引领下也有意识在构建核心素养的相关认知和实践方法。我们始终相信，体悟式教育在新的环境中能焕发出新的生机与活力。

（1）新课标的启示

为更好地领会和贯彻2022年版《义务教育课程方案和课程标准》，全面了解、准确把握新课标的实质和主要变化，并切实把新课标的教育理念和基本要求落实到课堂教学中，2022年4月，清泉学校以备课组为单位，组织全体教师开展了"我与新课标"学习活动。

在教导处的精心组织下，各备课组利用集体备课时间进行了新课标学习交流。老师们都畅所欲言，对新课标提出的新理念新思想进行了热烈的讨论，同时也将新旧课标进行了对比，大家都对新课标与时俱进的变革表示认同和赞赏，认为新课标的目标更清晰，操作性更强，能够更好地落实学科核心素养。学习之后，老师们收获很大，都积极撰写了心得体会。

通过这次新课标的学习，老师们了解并领会了教材的编排意图和特点。钟德强校长强调：老师们一定要将新理念新方法与清泉学校的体悟式教育理念紧密融合，扎实开展教学工作，使课堂教学更加高效。

2023年6月9日，清泉学校44名课改骨干教师和学校全体行政相聚智慧教室，共同问道"体悟式"课堂教学，追忆十年课改，探寻教改之路。本次课改研讨会分

课改研讨会现场

为三个环节，"探寻课改之路，展示学科特色""分享实践经验，构建学科模式"和"引领坚持之路，传授课改之道"。此次活动各学科紧紧围绕着新课标的要求，探寻体悟式教学的新路线。

以语文学科为例：义务教育的语文课程目标是围绕语文核心素养展开的，核心素养要求"在语文课程中，学生的思维能力、审美创造、文化自信都以语言运用为基础，并在学生个体语言经验发展过程中得以实现。"核心素养所要求的都是内功，这需要深度学习，需要学生在兴趣中积累沉淀。所以体悟式教学，要在核心问题的设计上，在体验、深究、领悟、活用的四个环节中注重兴趣、注重积累、注重深度。在语文中改变心态，大量阅读，建立更长效的、更个性化的评价机制是对核心素养的积极回应。

作为老师，如何在相对枯燥的基础积累这一环节保全甚至增强孩子的语文兴趣，是我们需要长期思考的问题。我们需要争辩的不是康德和鲁迅谁更高贵的问题，而是康德和鲁迅如何被更多的人深刻认识的问题。这个时代物质过于丰腴，人们过于忙碌，很少有人会在不考试的情况下静下来读"闲书"，读那些在人类历史长河上熠熠生辉却又无法及时给读者带来利益的书。在这样一个大环境下，我们很难孕育出大师，很难培养出创造型人才。国家也是看到这样一种现状，才印发了新教材和新课标。近几十年的现状是，为了在考试中取得优良的成绩，很多老师人为地将语文变成了各式各样枯燥乏味的题目和答题技巧。很多学生在读完九年义务教育之后就开始对语文形成刻板印象，觉得语文的基础就是记和背，觉得语文的作文就是假大空，与此同时，丧失对语文学科的兴趣，更丧失对阅读的兴趣。进入高中后，在国家现代化进程的大背景下，"学好数理化，走遍天下都不怕"的社会氛围下，大多数孩子选择了理科，语文更是成了边角料学科。孩子进入大学之后，除了考试要用的书，以及一些"闲书"，基本上就没读过什么书。那些人类历史上伟大的灵魂居然会离一个大学生如此遥远。这是一个读书人的悲哀，更是一个民族的悲哀。所以新课标将阅读作为语文的重中之重来提倡。

作为一个义务教育的从教工作者，如何让学生在义务教育之后，对自我、对语文、对人类、对世界产生更加浓厚的兴趣，是我们要去长期思考的问题。如今我们给出的解决方法或许粗糙浅薄，但我们会在实践中不断调整和完善。

为成绩、为排名、为外在的名和利读书是我们首先要改变的心态，我们要告诉学生我们之所以要读书，是因为书籍真的是人类智慧的结晶，它们本身就超越了成绩排名等外在的条件，值得一代又一代饱学之士用尽一生刻苦钻研。义务教育阶段的老师，不能过于短视，不能总是在心底想着学生只要离开了自己，便与我无关，不能为了短期的成绩而破坏学生的长效学习兴趣，这是一种不负责任的想法。我们要关注外界的指标，但不能舍本逐末，抛弃读书的内核，甚至读到最后，看到书就恶心。离开学校之后，在没有了外界的强制指标考核之后，你是否还愿意继续阅读那些体现人类尊严的著作，这应该成为评价教育是否成功的一个长效标准。

（2）坚持课改的初衷

心态改变之后，我们要从以下几点来着手。

重视人的感官。人的感官是人兴趣的载体，越是抽象的知识越要学会调动学生的感官。大多数语文知识其实都跟人的感官相关。我们在进行基础知识讲解的时候，要尽量找到那个和感官相通的点，然后充分调动学生的想象力去记忆，这样的话，既能保证孩子的兴趣，又能增加孩子的知识储备。

勾连生活实际。关注孩子生活中的人与事、关注生活中的大自然。关注他们这个时代的童真童趣到底在什么活动中得以体现，从他们感兴趣的点切入那些对他们而言还比较抽象的知识点。

勾连社会环境。我们的时代呼唤有担当、有理想的年轻人，可是人的理想与担当并不会凭空产生，他需要结合这个时代的大环境和自身的兴趣来不断调整和完善。要让他们知道，课本上的知识离他们并不遥远，课本上的知识依然在关照这个时代。老师要做的就是去找到课本与时代相关联的点，然后切入。

总而言之，体悟式教学在落实新课标的时候尽可能让知识有温度，尽可能在基础积累的阶段保全学生的兴趣，然后积极引导，将积累的知识沉淀为自己的初步素养，为下一步练就更深层次的内功打基础。

附：

从生成走向深度：深度学习视域下语文课堂教学设计表（节选，作者：吴燕）

教学环节	环节目标	教学内容	评价方式
1.导入	回顾课文，引出人物形象，引发思考。	1.回顾"谢道韫"的人物形象——体验环节。 2."博涉有逸才"是历史上对谢朗的经典评价，那他为什会说出"撒盐空中差可拟"这样不太文雅的比喻呢？ ——"一驱"	1.第一问抢答（以速度来评价他们的熟练度）。 2.第二问开放式回答，引发兴趣。
2.独立阅读	对课外文献有一个大致了解，并找出不理解的问题。	1.带着问题："谢朗是一个什么样的人""说出这个比喻的原因"来有目地地阅读补充材料：《续晋阳秋》《晋书·谢朗传》《世说新语文学第四》《晋书·谢安传》等片段。勾画出文中不理解的地方。 2.完成事先预备好的导学案。 ——深究环节	以导学案的完成情况来评价。
3.小组合作	1.对课外文献资料有进一步的了解。 2.整理出小组还未解决的问题。 3.认识谢朗。	1.小组合作翻译文章。 2.小组讨论归纳出谢朗的人物形象和此时谢家及谢安的处境。 3.初步回答最开始的核心问题：天才谢朗可能因为什么原因说出"撒盐"这个粗鄙的比喻。 ——深究环节	以导学案的完成情况来评价。
4.教师讲授	全面理解课外文献，全面了解谢朗及其"撒盐"比喻的可能原因。	1.根据导学案上的问题来着重翻译学生不理解的地方。 2.引导学生逐步详细归纳谢朗这个比喻的原因。关注他们忽略的地方，让学生对谢朗有一个更审辨的认识。 3.总结：要学会独立思考、从不同的角度来看待人物，对审辨式阅读有一个初步的感官印象。 ——领悟环节	以回答问题的深度和听讲的专注度来评价。
5.课后任务	学会收集佐证材料，学会用审辨的眼光来分析人物。	1.小组确立好要分析的人物。 2.小组分工。 3.规定下次分享的时间。 ——活用环节	以最后上台的成果汇报水平来评价。

第六节　具有学科特色的体悟式教学模式建构

"等闲识得东风面，万紫千红总是春。"

——【宋】朱　熹

一、生成：问渠那得清如许？为有源头活水来

教育是心灵与心灵的沟通，是情感与情感的交流，是生命与生命的对话，教育的重要媒介之一就是课堂教学。当传统的教学模式已无法适应社会与时代的需要时，教改就势在必行。

1. 走出去

读万卷书，行万里路。清泉学校在多年"走出去，引进来"的交流中，逐渐找到了更符合学校自身发展的"一驱四环三阶递进"教学模式。

2012年12月，学校先后派出10余名一线骨干教师到江苏、山东等地进行观摩学习。杜郎口中学"三三六"教学模式和洋思中学"先学后教，当堂训练"教学模式对学校教师启发尤为深刻，点燃了教师们心中教改的星星之火。

到山东杜郎口中学学习　　　　　　　　到江苏东庐中学学习

2013年10月，学校安排多名教师到河北天卉中学学习，天卉的课堂教学模式对大家触动很大。在区教育局的大力支持下，2014年3月和8月，学校第二次、第三次安排教师到天卉取经。教师们在深入了解天卉模式后，进一步坚定了学习天卉模式的决心。

到河北天卉中学学习

"学而不思则罔，思而不学则殆。"参加了省外课改培训的老师，回到学校后积极撰写了学习心得，并在全校进行了学习汇报。2013年11月，彭雪莲、罗隆英等几位骨干教师从天卉中学学习回来后，仿佛是心中积蓄已久的动力终于找到了出口，主动投入课改之中，在她们的带动下，老师们积极响应，掀起一股课改浪潮。同时，借青白江区构建"生动高效课堂"改革的契机，学校着手对初中段课堂教学进行全面变革。

罗隆英老师做学习汇报

彭雪莲老师在学习汇报中这样说道：走进天卉中学，走进天卉的课堂，与学生、老师进行交流，我真正体会到了新课改的威力。传统的课堂教学模式在这里已经不存在了，取而代之的是一个充满活力的，被称为"知识超市"的新型课堂教学模式，其结果就是：学习不再是一件枯燥的事，而是轻松的令人愉快的过程……我们能做的就是要不断学习高效课堂的有关理念、小组建设的方法、班级建设与管理的措施，逐渐形成具有特色的班级文化，在实践中不断摸索、尝试，探寻适合我们学校的高效课堂模式。

在充分学习借鉴的基础上，学校结合自身实际，着手创建符合学校特色的课堂教学模式。2013年12月，学校召开了"生动有效课堂研讨会"，研讨会总结了2012年至2013年学校课改总体情况，对老师们表现出的课改热情给予了高度肯定。同时组织部分课改骨干教师重点研讨了课堂教学模式的创建。在这次会议上，学校提出了构建课堂教学模式的设想，这为后来的进一步深入推进课改提供了方向。

学校召开生动有效课堂研讨会

"不积跬步，无以至千里；不积小流，无以成江海。"世上能经得起推敲的事物从来不是一蹴而就的。构建课堂教学模式不是一件想当然的事情，这需要经过长期的实践与探索。学校《农村初中课堂教学有效性的实践与研究》课题组作为课改的排头兵，在研究后一致认为，课改的基本策略是"先模仿，后创新"。于是，在2013—2015年，学校的课改以学习天卉、模仿天卉为主。

为了巩固课改成果，2014年12月，学校开展了一次课改阶段成果展示活动。本次成果展示以课堂展示为核心，同时围绕班级小组建设、班级文化建设等内容对各班、各年级进行考核。活动以"组内推荐教师献课、学校抽查教师上课、外出教师示范课"三种方式相结合，全面考察课堂教学的真实状况。此次活动是清泉学校自2013年年初实施"生动高效"课堂改革以来的第一次阶段性成果展示，学校在肯定前期成果的基础上进行全面的反思和总结，为继续推进课改制订有效策略。

2. 借鉴与创新

经过近两年的实践探索，学校意识到，天卉模式确实让师生找到了一种前所未有的感觉，课堂效率得到提升，尤其是学生的学习主体地位得到真正凸显，这是课改最大的变化，也是最大的收获。但同时我们也觉察到，学生的主体作用尽管重要，却不能无限放大，否则教师的主导作用将无从谈起。完全模仿的策略是行不通的。课题组开始思索：只有学生的主体作用和教师的主导作用达到平衡，才能发挥课堂最佳效果。

如何构建符合学校实际的课堂教学模式呢？

2015年学校召开了课改工作推进会，会上重点研讨了课堂教学模式的创建。学校领导与课题组骨干共同商议了构建课堂教学模式的两大原则：

第一，必须符合体悟式教育理念。

第二，必须以学生的发展为中心。

于是，学校初步提出了"体悟5+1"课堂教学模式构想，这也是清泉学校第一次有了课堂模式的雏形。

"体悟5+1"课堂模式逐渐得到大家的认可，其课堂效果也逐渐显现。

2015年，学校邀请青白江区教育局研究培训中心专家到学校指导课改工作，专家们深入课堂，悉心指导。学校对这几年的课改工作向专家们作了详细汇报，并虚心请教。在专家们的反馈信息中，可以看到当年课堂的转变。

如语文教研员这样评价青年教师刘海波的课堂：

刘老师是去年到天卉中学学习的，他在本节课采用的就是"小组合作学习"的模式，但不是完全照搬，有自己的改进。学生在课堂上已经完全"动"起来了。这个"动"，并不单指外显的动笔、动口，更包含了动脑。每个人参与度都很高，学生的阅读、分析、陈述能力得到了锻炼，对文本的解读也比较准确。可以说，这部分的理解，学生是"过手"了的。

道德与法治学科的教研员这样评价罗泽梅老师的课堂：

该教师认真领会了新课改的精神，教学中教师从教学设计开始就特别注重启发和引导学生积极参与教学活动，对学生活动掌控适度，发现学生的疑惑和活动中的问题不是简单判断对与错，而是帮助学生疏导和分析是什么？怎么样？怎么解决？学生在本节课堂中有很多收获。教师注意了精讲、少讲，教师起引导和导演的作用，教学重点放在学生活动、思考问题和练习方面，课堂教学充分体现了新课改学生的主体地位和教师的主导作用。

2016年，根据青白江区教育局的安排，清泉学校在全区作了"体悟5+1"课堂教学模式交流，新模式得到上级领导和兄弟学校的高度认可。

自此，全校一至九年级开始推广该模式，并取得了很好的效果。

3. 请进来

2021年5月，学校邀请李松林等专家到校指导课改工作。专家们深入课堂，与老师们进行了细致交流，了解了当前课改的现状和存在的弊病。在专家的建议下，学校重构课堂教学模式，形成了以"体之以身，悟之以心"为核心理念，以"一驱四环三阶递进"为蓝本的课堂教学模式。

为顺应课改的发展，同年，学校申报了市级课题《义务教育阶段道德与法治课中的体悟式教学策略研究》，这是第一次以单独一门学科与体悟式教学相结合的形式来申报课题，这为"一驱四环三阶递进"的教学模式在各学科的系统推广做出了良好的示范。

随着学校教改在区域内的影响逐渐扩大，学校成为青白江区教育局在区域内打造的五所名校之一。2022年，学校为此制订出了《青白江区"名校建设工程"项目清泉学校课程建设实施方案》，并积极推进"一驱四环三阶递进"的教学模式在区内的广泛应用，增强区域内的影响力。

"响必应之与同声，道固从至于同类。"2023年，清泉学校44名课改骨干教师和学校全体行政相聚智慧教室，共同问道"体悟式"课堂教学，追忆十年课改，探寻教改之路。

问渠那得清如许？为有源头活水来。同仁的教学智慧与专家们的指点，正如源头活水一般不断涌入清泉学校，带来的新方法、新思考、新理念，让"一驱四环三阶递进"教学模式焕发出勃勃生机。

体悟式课堂模式教学研讨课活动

二、开花：无边光景，万紫千红

"教"与"研"是教师成长和学校发展之路上盛开的双生花，二者辅车相依、息息相关。近年来，清泉学校各个学科以"体悟式教育"为核心理念，立足教科研，围绕"提高教学质量，打造高效课堂"这一中心工作，积极开展各项课题研究，力求通过科研促进教育教学质量的稳步提升。

"以研促教，以教哺研"是学校面对科研课题的积极态度。自课改以来，学校积极申请相关课题。作为农村学校，理论与实践的基础都相对薄弱，在课题这条路上走得格外艰难，但我们的教研热情从未因此而消减。经过全校师生的共同努力，体悟式教学终于在不同年级、不同学科开出课改之花。虽然鲜花娇小，但令人驻足的香气也足够引以为傲。

围绕课堂教学改革进行研究的课题主要有两个，其中《农村初中课堂教学有效性的实践与研究》于2013年学校第一轮课改伊始立项，于2016年结题。在课题组孜孜不倦的研究下，在不断地实践与探索中，逐步构建了"体悟5+1"课堂教学模式。该模式在课题组多年的教学实践中日趋成熟，对构建高效课堂提升教学质量起到了重要的促进作用。

2020年，学校顺应课改的发展，成功申报了市级课题《义务教育阶段道德与法治课中的体悟式教学策略研究》，该课题于2020年10月立项，2023年结题，是区级课题《农村初中课堂教学有效性的实践与研究》基础之上的升级版本，以《道德与法治》为研究学科，将体悟式教学作为研究内容。

通过三年的研究，在《道德与法治》学科中构建了一套成熟的"一驱四环三阶递进"教学模式：

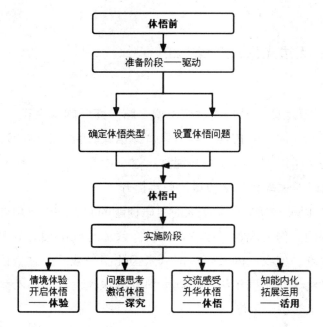

市级课题《义务教育阶段道德与法治课中的体悟式教学策略研究》的研究成果在2021年和2022年的成都市科研课题阶段评审中获得二等奖，这对学校"一驱四环三阶递进"的模式研究是莫大的鼓舞，激发了老师们的科研热情。

"一驱四环三阶递进"的教学模式，是体悟式教学的结晶。各学科结合自身的学科特色，在教学中不断践行和完善这一教学模式。经过不懈探索，该教学模式在不同的学科中得到了不同程度的发展，呈现出多点开花的局面。这期间，大批优秀案例、论文等在各级评选中斩获佳绩。

张悦老师在相关论文中谈道：

在语文教学中，要从学生的日常生活中生成驱动问题，引发学生的关注；同时要把一个个语文要素有意识地放入课堂的四个环节中，体验中细思，深究中琢磨，体悟中总结，活用中实践，学生的学习能力才会逐步提高。

肖瑶老师在课后反思中说道：

这堂课基本达到了我的预设。一是充分体现"体之以身，悟之以心"的核心理念，以"问题驱动"为主线，发挥学生的自主性，充分激发了学生的潜能；二是教学活动能紧扣生活，让学生体会到语文与生活实际的密切联系；三是善于创设情境，在情境中培养学生发现问题、分析问题、解决问题的能力；四是善于引导学生深入参与学习，促进学生深度学习，符合由经验水平到理解水平再到实践水平的学习层次，逐步培养学生推理能力和逻辑思维能力。这种授课风格带给我最有价值的导向是教师把课堂还给学生，在课堂上引导学生积极参与，互相质疑答疑，讨论分析，让学生在充分思考和理解之后自己得出结论。同学们的精彩发言让我意识到古诗词学习绝不是老师要求学生以特定语气读出同一种感情，要立足自主、合作、探究的学习方式，促进新课程理念落地生根，逐步培养学生的语文素养。

另一位老师在长期的体悟式教学实践中深有感悟，她在自己的阶段性教学反思中这样写道：

教师是教学的中间桥梁，是将知识与学生紧密联系的纽带。思考学生如何积极主动完成学习事项，转化自我驱动、自我探索的认知结构，会极大地促进教师专业发展。体现在以下方面：

科学备课——指引体悟式课堂。充分发挥学生的主观能动性，将学生主体性凸显出来，教学效果才更好。

积极思考——落实体悟式教学。了然于心的体悟式教育理念如何生动自然与课堂教学内容连接起来，考验着老师的教学专业水平，以问题为核心，驱动学生的好奇心、求知欲和探索欲。体验、深究、领悟、活用这几个环节是教师需要重点思考和设计的环节。

广泛学习——拓展体悟式教学。"三人行，必有我师焉。"为了拓宽自己的知识视野，我会回过头去再读那些名著，扫除自己的知识盲区。

总结方法——推广体悟式教学。一要有生动清晰的语言，二要借助信息技术完成授课，三是充分利用多种多样的学习方法。

日常反思——加深体悟式教学。注重学生是不是内在吸收，关注角落里的默默无闻的孩子们是不是有所收获。在意学生的感知、反馈，收获，才能真正做到"体之以身，悟之以心"。

数学学科则在教研组长张发明老师组织下，全体数学组教师共同努力，将学校的体悟式教学模式与数学课堂深度融合，并进行了高度提炼，形成了数学学科的体悟式教学流程：

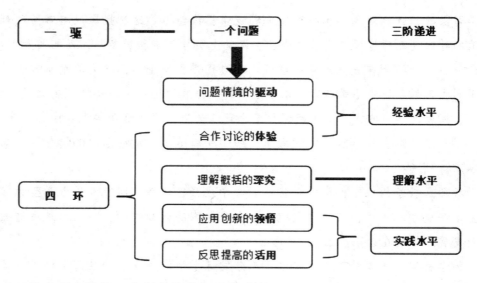

尹勇老师在他的《小学英语体悟式课堂教学改革的反思》中提到：

小学英语体悟式课堂教学改革是一项重要的教育创新，旨在培养学生的英语应用能力。然而在实践中，我们也要面对一些挑战和问题。比如如何营造英语学习环境、激发学生兴趣、提升教师能力等。总之，推动小学英语体悟式课堂教学改革的顺利实施是现阶段大家共同的目标。同时，我们也需要不断反思和改进，以适应和应对教育发展的变化，为学生提供更好的英语学习体验。

英语教研组组长在体悟式教学实践中也感受很深，她在教研组会议上谈到了自己的一些想法：

要想学好英语，自主学习在整个学习过程中占比达60%~70%的份额，英语学科读本的作用就是使教师由学生学习的指导者变为学习的策划者、组织者、促进者、引导者，从而在根本上改变了学生的学习方式，变"被动学习"为"主动学习"，实现了两个前置，即学习前置和问题前置，使学生能在学案的引导之下，通过课前预习导学，课堂学习提高等环节的调控，降低学习难度，将教材有机整合，精心设计，合理调控教学中"教"与"学"，从而极大地提高了课堂学习效率，学生通过自主、合作、探究、交流、展示、反馈等学习活动，使学生真正成为学习的主人。

……

如雨后春笋般，其他学科也在体悟式教学实践中不断跟进、创新，凝结成令人欣喜的成果。

总的来说，语文、数学、英语、道德与法治这几个学科无论从教学业绩还是科研成果质量的角度来看，效果都较为显著，走在了探索体悟式教学道路的前列。

然而教改并不只是追求一门学科的改变，而是所有学科的整体提高。我们一部分学科已经"先富起来了"，在后续的工作中，学校将统筹规划，加强引导，通过优秀课改学科的示范作用，让薄弱学科也迎头赶上。

教改之于清泉学校，正如风雨之于春天。深化课改，犹如春风吹拂，春雨浸润，让独具清泉特色的课堂教学模式在这和风细雨里生根、发芽，带来春日里的无边光景；各学科的教研之花万紫千红，学生的发展气象万千。

穿过风雨，迎来春晖。在中考的竞争中，清泉学校屡次突破农村学校的地域限制，取得佳绩，其中王鑫宇、孟想、姜佳甫三位同学分别荣获2018年、2022年、2023年青白江区中考状元，学校取得的优异成绩获得了学生和家长的一致好评。清泉学校教师将创新意识与团队合作意识融入课改，培养学生的自主学习能力、自我完善能力、自我实践能力和创新能力，让学生更加热爱学习、热爱生活、更适应社会。

清泉学校，这所百年老校，历经百余年风雨岁月，如今在党的领导下，以课程改革和课堂改革为契机，全面贯彻党的教育方针，落实立德树人根本任务，培养德智体美劳全面发展的社会主义建设者和接班人。正如学校的办学理念"泉源溃溃，汇流成英"，孩子们在校园中努力、快乐地学习，每天进步，不断进步，最终成为国之英才、国之栋梁。

这所文化底蕴深厚的百年老校，在青白江教育的百花园里，如一朵艳丽的奇葩，正焕发着无限生机与活力，赋予了生命幽远的芬芳。

坚苦今如此，前程岂渺茫。万里腾飞仍有路，莫愁四海正风尘。